看见儿童 向美而行

董娟 著

东南大学出版社
SOUTHEAST UNIVERSITY PRESS
·南京·

内容提要

《关于全面加强和改进新时代学校美育工作的意见》提出，美是纯洁道德、丰富精神的重要源泉。儿童以其天生的敏感性，对美有着独特的辨识和独到的见解。数年来，董娟老师从对儿童美术教育的研究走向对儿童本质的研究，一直投身于儿童美育的探索实践。

习近平总书记指出，要全面加强和改进学校美育，坚持以美育人、以文化人，提高学生审美和人文素养。本书从"看见儿童""向美而行"两个视角出发，通过实践探索、园本课程、倾听童声、环境建设、课程资源、活动方案、主题材料探索与实践等版块，呈现董娟老师及其工作室部分成员多年来以认识、理解儿童为基础，站在儿童天生爱美的立场，探索儿童美育，顺应孩子天性的研究成果。其以欣赏、体验、表达、创造等为手段，多通道、艺术化地看待世界，借助环境、课程、教学、游戏、生活等多种途径与大千世界建立联系，获得人类生活真善美的完整性。

图书在版编目（CIP）数据

看见儿童 向美而行 / 董娟著 . — 南京：东南大学出版社，2024.3
　ISBN 978-7-5766-1091-8

Ⅰ.①看… Ⅱ.①董… Ⅲ.①美育—学前教育—教学参考资料 Ⅳ.① G613

中国国家版本馆 CIP 数据核字（2024）第 002686 号

责任编辑：陈 跃　　责任校对：周 菊　　封面设计：顾晓阳　　责任印制：周荣虎

看见儿童 向美而行
Kanjian Ertong Xiangmei Erxing

著　　者	董 娟
出版发行	东南大学出版社
出 版 人	白云飞
社　　址	南京四牌楼 2 号　邮编：210096　电话：025-83793330
网　　址	http://www.seupress.com
电子邮件	press@seupress.com
经　　销	全国各地新华书店
印　　刷	南京迅驰彩色印刷有限公司
开　　本	700 mm×1000 mm　1/16
印　　张	21.25
字　　数	439 千字
版　　次	2024 年 3 月第 1 版
印　　次	2024 年 3 月第 1 次印刷
书　　号	ISBN 978-7-5766-1091-8
定　　价	120.00 元

本社图书若有印装质量问题，请直接与营销部调换。电话（传真）：025-83791830

序言 1

富有诗意的主张表达

（南通市中小学名师培养导师团团长　王笑君）

董娟老师自成为南通市名师培养对象以来，一直以一个研究者的身份，将丰富的实践积累提炼成经验，上升为主张，使自己有了厚积薄发的底气。"看见儿童　向美而行"是她的教育理念、教育追求，更是她的教育主张。

"看见儿童　向美而行"的表达很有诗意，并有着丰富的内涵。看见儿童，看到的是儿童的内心，看到的是儿童的精神世界，看到的是儿童的生命状态。这种由内心出发的看见是美的情绪激发，是美的情感体验，是儿童的成长从美起步并向美而行。向美而行，就是和儿童在一起，就是与儿童相伴同行，从而让看见更真切，让看见更全面，让看见更深刻。

在这样的教育主张表达下，我们可以看见儿童的力量和闪光点、儿童的生命活力和无限可能、儿童的成长状态和未来的发展样态。看见儿童就是拥抱儿童，就是接纳儿童，就是关爱儿童，就是共情儿童。

我们从董娟身上得到了很多启示。第一个是名师的培养和成长需要条件和平台，更需要内驱力的激活和培育。董娟在 2018 年增补进一梯队的时候，我们从她身上看到了强大的内驱力，这种内驱力使她勇毅地坚持向前行进。

第二个启示就是，名师的培养和成长，需要不惧挑战，坚定信念，勇毅前行。董娟是一个特殊的存在，她既是一名老师、一名幼儿园副园长，同时又兼区域幼教行政工作，担任基教科副科长。如何处理好行政工作和自身专业成长的关系，坚定不移地走在名师成长的这条路上。从她身上，我们看到，不管遇到什么样的困难和挑战，不管面临怎样的改变和选择，只要坚定信念、勇毅前行，都是可以克服的，都是可以战胜的。

　　第三个启示就是，名师的培养和成长需要阅读，需要实践，需要研究，更需要爱心和奉献。教育需要用爱来支撑，学前教育需要爱，我们的儿童更需要关爱。正是这份爱，才使她真正看见儿童；正是这份爱，才使她能够和儿童一起向美而行。这么多年来，就是这份爱心，就是这份奉献，证明了名师的成长不是为了个人的名和利。她的成长带动了一个团队，培养了更多的新人，惠及了更多的孩子。

　　　　　　　　以上文字根据"董娟专业成长"汇报活动的部分讲话内容整理而成。

序言 2

以美润泽至纯心灵

（南通市中小学名师培养导师团导师、
原南通师范第二附属小学幼儿园园长　朱秀芬）

苏霍姆林斯基曾经说过"没有一条富有诗意的感情和审美的清泉，就不可能有学生全面的能力发展"。董娟老师用了多年时间，探索将美育置于教育的最高境界，以儿童为本位，以美滋养儿童幼小的心灵，以美激发儿童生命和智慧的潜能，培塑健康人格。

1. 择善而从，提出时代命题

爱美之心人皆有之，儿童也不例外。在李吉林老师看来，爱美的天性在儿童身上的表现是最充分的、最自然的，也是最纯真的。面对一群天生爱美的儿童，每一个教育者都应该感受到一种神圣的美的魅力。作为特级教师的董娟，深深体悟到了这一思想，提出了"看见儿童　向美而行"这一既适合儿童内在诉求又有时代意义的教学主张。这一主张尊重儿童爱美和创造美的天性，强调了美育在儿童教育中的核心地位和重要价值，有助于推动幼儿教育理论和实践的创新和发展。

2. 向宽而行，拓展研究内容

美的本质是人的本质最完满的展示。美具有全方位的教育功能，董娟老师提出了以美育德、以美启智、以美健体、以美善美、以美崇劳的观点，这是一种对于人的本质观或者说是弥漫于现当代文化世界的人性观，是儿童教育实践中创造性的诠释。美是人类精神和情感的直接表达。通过美的教育，儿童能够更好地理解和表达自我，发掘内在的潜能，实现个人的全面发展。以美育人、以美润世，这一主张有利于实现教育的人文关怀和社会责任。

3. 循生而探，培塑完美人格

"循生而探"揭示了生活体验是幼儿教育的基石，强调了美的教育具有多维性。美丽的全貌是幼儿完整的生活。幼儿和成人一样拥有丰富多彩的物质生活和瑰丽莫测的精神生活，外在的、可感知的物质生活呈现具象的美的形象，内隐的、多变的精神生活通过诗意化具体对象，形成诸多想象的作品和创造性的印象。董娟老师聚焦儿童的生活，支持儿童充分地探索物质的生活，支持儿童自由地表达、表现精神生活。幼儿的心灵便在真善美的生活中得以滋养，养成健全人格。

以上文字根据"董娟专业成长"汇报活动的部分讲话内容整理而成

向美而行,指引我的专业成长之路

董 娟

无论什么时候,什么地方,只要心向美好,一定会有美的发现、美的回报。2018年10月,通过导师推荐与团部面试选拔,我有幸成为南通市一梯队(四期)的名师培养对象,这是我专业成长的又一个崭新起点。5年来,导师们的谆谆教导、循循善诱,小伙伴们的同心协力、和衷共济……镌刻在我成长的点点滴滴之中。

进入一梯队的每一次研修,聆听智者教诲,这不仅是对我思想修养的一次次洗礼,更是在思想碰撞中深化自我,专业水平得到一次次提升。

德国作家黑塞曾说:世界上任何书籍都不能带给你好运,但是它们能让你悄悄成为你自己。5年来,导师团的一次次交流与考核,促使阅读成为我的自觉行为,它滋养并指引着我的成长。从国家政策到专业理论、从儿童心理到图式解读、从美学素养到艺术教育……大量的阅读帮助我拓宽视野、明晰研究的方向。《儿童立场》助力我坚守儿童研究的视角,《儿童心理学》帮助我看懂孩子的行为、与孩子正确地相处,并帮助我更好地看到自己。我主持并完成江苏省重点课题"美术游戏与幼儿个性发展研究",并作为南通市幼儿园课题研究成果交流;我的个人专业成长历程及研究成果受邀刊登在《名师之路》杂志"当代名师"专栏上;我在《早期教育》《好家长》等重点期刊发表多篇论文;我的多个专题讲座和优秀课例被收入全国家校园数字化共育、全国优质科研成果、江苏省学前教育学会送教送培公益展播、江苏省中小学(幼)网络培训课程建设等项目平台,在开发区、如皋、海门、海安、通州、启东等"校园行"和"会课"活动中留下展示交流的足迹;我还曾多次执教市级以上公开课,并举办讲座20余场。

教育主张是教育人实践与理性思辨的结晶。我谨遵团长和导师们的谆谆教诲，将教育的视野放远，聚焦教育的本质，扎根实践，逐步积累，接受导师团每年一次的专题访谈，不断修正和提炼自己的教育主张，确定了"看见儿童"的教育立场和方向。2020年主持申报的"'真正看见儿童'的美育与幼儿发展的实践研究"获江苏省教育科学"十三五"重点课题立项，代表阶段性教育研究成果的论文《看见儿童 以美育人——做"看见儿童"的幼儿美育》在《早期教育》发表。从最初的迷茫彷徨到逐渐地清晰明朗，从"回归发展本原"到真正"看见儿童"，从"以美育人"到"向美而行"，从视角的转变到目标的追寻，通过一次次的淬炼，我的教育主张走向儿童内心，并真正指向儿童身体和心灵的协同发展。

启事在教诲，成事在榜样。进入一梯队后，我进行了重新定位与规划思考，在个人专业成长、区域行政管理和专业引领辐射之间寻找平衡的支点，在做好区域内学前教育科学规划和办园行为规范的同时，辐射和影响并带动区域学前教育保教质量的整体提升。2019年，我担任"江苏省第四届乡村骨干教师培育站"的主持人。同年，启东市"董娟名师工作室"成立并启动。我和小伙伴们坚持专业引领、立足实际问题、发现幼儿需要、注重多元体验、探寻适宜路径，发挥名师和团队的示范引领、辐射带动作用，使工作室成为"成长的阶梯、研究的平台、辐射的中心"。3年多的时间里，工作室成员从最初的10人扩充到24人，22次走进基层幼儿园，足迹遍布城镇、乡村幼儿园，开展送教展示和交流研讨活动，直入现场深入剖析，引领基层教师共同参与，获得教育的深刻体验。团队成员学术荣誉不断升格，14名成员获评市、县级学科带头人、骨干教师和教坛新秀，多人次获得省、市级综合荣誉和省、市级各项比赛的一、二等奖。我个人入选江苏省第六期"333高层次人才培养工程"第三层次培养对象，被聘为南通市中青年名师工作室导师、启东市人民政府责任督学、民办幼儿园评审专家、幼儿园课程游戏化项目建设指导专家，获评江苏省幼儿园特级教师、南通市人社局记功等荣誉称号。

回望5年的行程，是领导、导师们的一路指引、一路鞭策，让我深知肩上担负的沉甸甸的责任。未来，我将继续不忘初心，不断修行，踔厉奋进，不仅"看见儿童"，更"看见未来"，"看见"区域高质量教育的发展。

董娟个人简介：启东市和睦幼儿园党支部书记、园长，高级教师，江苏省特级教师，江苏省"333高层次人才培养工程培养对象"，南通市一梯队（四期）名师培养对象，"董娟名师工作室"主持人。

目 录

第一辑　看见儿童

看见儿童，向美而行　　　　　　　　　　　　　　　　　003
聚焦幼儿游戏观察的实践与思考　　　　　　　　　　　　011
依托园区资源，让课程建设贴地而行　　　　　　　　　　015
材料之效，投放之妙
　　——幼儿园自主游戏中的材料投放策略研究　　　　　019
故事在游戏里发生
　　——记一次建构之旅中大班幼儿自主学习能力的培养　022
课程游戏化路上的"行"与"思"
　　——以游戏为核心的园本课程之案例分析　　　　　　026
走进生活，走近课程
　　——以大班创生课程"幼儿园要盖新房子啦"为例　　030
运用生活资源推进幼儿园班本课程研究　　　　　　　　　034
从"搭便车效应"谈幼儿园班本课程开展方略
　　——以大班班本课程"一场美丽的'蟹'近"为例　　038
源于生活，回归幼儿
　　——从班本课程"我们的'藕'遇"谈起　　　　　　043

幼儿园生活活动的价值审议与质量提升　　　　　　　　　　**046**

坦克动起来啦

　　——"一对一倾听"安吉探险岛故事分享　　　　　　　**052**

滴答滴答下雨啦　　　　　　　　　　　　　　　　　　　**058**

一"听"一世界　　　　　　　　　　　　　　　　　　　　**062**

你慢慢说，我细细听

　　——倾听记录中的小发现与小美好　　　　　　　　　**065**

一对一倾听背景下，幼儿自主表征丰富支架构建

　　——以大一班《晒秋日志》为例　　　　　　　　　　**073**

第二辑　向美而行

现代艺术背景下幼儿园美术教育的融合初探　　　　　　　**087**

当代"波普"艺术元素与幼儿美术教育的融合初探　　　　**093**

优化活动，助力幼儿创造性表达

　　——以小班创造性美术活动的开展为例　　　　　　　**096**

巧用吕四地域资源，实现幼儿美的传播　　　　　　　　　**100**

一场秋季美术元素的学习之旅　　　　　　　　　　　　　**104**

美术创作·无限乐

　　——《汽车乐园》主题活动下的美术创作　　　　　　**109**

以美育心促发展

　　——在游戏中进行美育的实践研究　　　　　　　　　**113**

幼儿园班本课程中美育的实践研究

　　——以课程"小金鱼来了"为例　　　　　　　　　　**117**

美术活动中培养幼儿创新能力探析　　　　　　　　　　　**121**

从印画谈幼儿创意美术的开展　　　　　　　　　　　　　**125**

放飞幼儿"自由"天性　　　　　　　　　　　　　　　128

依托创意美术活动，培养幼儿个性品质　　　　　　133

大美育视角下怎样开展幼儿园审美教育　　　　　　136

美术游戏活动对幼儿健全人格培养的促进作用　　　139

学前美术教育与儿童人格培养研究　　　　　　　　143

构建美育空间，为孩子成长赋能　　　　　　　　　146

给孩子创造美的能力

　　——幼儿园美术课程资源开发策略探析　　　　150

将"美"发挥到极致

　　——大班美术区域游戏例谈　　　　　　　　　154

论"真正看见儿童"的美育在生活课程中的作用　　157

幼儿园游戏之适宜指导　　　　　　　　　　　　　162

幼儿园高质量的师幼互动　　　　　　　　　　　　172

第三辑　案例集锦

大班美术活动：祖国的山　　　　　　　　　　　　181

大班美术活动：秋天的树林　　　　　　　　　　　183

大班美术活动：太空之旅　　　　　　　　　　　　185

大班美术活动：快乐"波普"　　　　　　　　　　187

大班美术活动：夜晚的房子　　　　　　　　　　　191

大班美术活动：小脚丫　　　　　　　　　　　　　193

大班美术活动：创意环保时装秀　　　　　　　　　195

大班美术活动：打喷嚏　　　　　　　　　　　　　197

大班美术活动：会变魔术的画　　　　　　　　　　202

大班陶艺活动：变脸　　　　　　　　　　　　　　205

大班美术活动：玩墨	207
大班美术活动：舞动的线条	209
大班美术：有趣的手印画	211
大班综合活动：会跳舞的影子	213
大班打击乐：小鼓响咚咚	215
大班音乐欣赏：牧童短笛	217
中班美术活动：有趣的脸	219
中班美术活动：百变大怪物	221
中班艺术活动：木棒造型	223
中班创意美术：美丽的星球	226
中班美术活动：五颜六色运动会	228
小班美术活动：泡泡的舞会	230
小班美术活动：小蚂蚁的家	232
小班音乐游戏：普通的艾伯特	234
小班综合美育活动：我来为你撑把伞	236
主题活动：筷筷乐乐	238
主题活动：嗨！吸管	259
主题活动："纸"趣	274
主题活动："牌"来排趣	288
主题活动：树叶的100种可能	313

参考文献　　　　　　　　　　　　　　　　　　　　323

第一辑
看见儿童

看见儿童，向美而行

2020年10月15日，中共中央办公厅、国务院办公厅联合印发的《关于全面加强和改进新时代学校美育工作的意见》提出，"美是纯洁道德、丰富精神的重要源泉。美育是审美教育、情操教育、心灵教育，也是丰富想象力和培养创新意识的教育，能提升审美素养、陶冶情操、温润心灵、激发创新创造活力"。由此可见，美育教育被定位为人文教育。

当前，在江苏省幼儿园课程游戏化项目建设的背景下，探讨美育与幼儿发展的关系，以情感美化、趣味提升、创造激发、个性涵育为内涵，寻找幼儿美育的发展方向，以自然教育、艺术教育、生命教育为载体，构建科学的幼儿园课程，对促进幼儿生命主体全面、和谐、自由发展具有必要性和紧迫性。

儿童，是教育者永恒的话题。我们常常把"以儿童为中心""儿童立场""儿童视角"挂在嘴边，这样似乎我们就离儿童近了。但很多时候，儿童就在我们面前，我们却未必能真正看见他们。

审视当下，幼儿美育仍然存在一些问题：

（1）美育等于艺术集体教学活动。有的幼儿园往往将组织开展的艺术领域的集体教学活动视为美育活动，以美术或音乐等集体教学活动替代美育活动。

（2）美育等于艺术区域活动。从室内到户外，幼儿园设置专用的美工室，班级开辟专门的区域，投放供幼儿欣赏、绘画、做手工的工具和材料，将实施美育等同于美术、音乐等区域活动。

（3）美育等于艺术技能的练习。聚焦幼儿园艺术集体活动或艺术区域游戏可以发现，有的活动局限于幼儿艺术技能的练习，忽视了与当下活动主题的连接、与其他领域的渗透，忽略了激发幼儿对自然美、生活美的追求。由此可见，有的幼儿园尚未充分认识到审美教育的内涵及其在儿童生命发展中的重要作用。

一、主张内涵

"看见儿童"源于德国教育家伯特·海灵格的《真爱的发生》一文。他认为需要遵循孩子的身心发展规律和年龄特点，了解并关心孩子行为意图背后的需要和感受，看见孩子的真实内心。教育史上，蒙台梭利是第一位真正走进儿童世界、看见儿童的教育家。她发现了儿童具有完全不同于其生理胚胎的"心理胚胎"和身心发展的"敏感期"，提出教育必须激发和促进儿童内在的生命力量，必须"让我们的儿童自己生活"。对于成人来说，"看见儿童"不仅意味着注意儿童之所在、观察儿童之所为，更意味着在看到其表面后见到其内心：共情并接纳儿童的情绪与感受，觉知并尊重儿童的需要与兴趣，发现并激活儿童的力量与无限可能，从而共享儿童的意义世界，认识和理解儿童，支持儿童的生长与发展。对于儿童来说，"看见儿童"是看见同伴、看见自己，感受并体验到自己被理解、懂得、抚慰，从而更加相信自己，更有力量与动力去成长与超越。对于教师来说，"看见儿童"更多的是感受被儿童照亮的时刻，发现自己在成长过程中的失落，体悟自我情感的投射，重新认识习以为常又生趣盎然的世界，通达舒展的生命境界，也通达教育的本真。

"向美而行""美是上帝的名字"一直以来都是神学与美学的核心命题。在辨美的语境里，在幼儿成长的过程中，美是孩子的名字，是孩子生命的自由舒展与完整实现的精神基底。孩子的生命不但是丰富的，而且是生动的；不但是紧要的，而且是美妙的。儿童的成长不是以知识为基础，而是以美为基础，并且美是一直伴随着的。

"看见儿童，向美而行"就是以认识、理解儿童为基础，站在儿童天生爱美的立场，顺应孩子的天性。其以欣赏、体验、表达、创造等为手段，促使儿童多通道、艺术化地看待世界；借助环境、课程、教学、游戏、生活等多种途径，促使儿童与大千世界建立联系，在学校、家庭、社区等环境的成长过程中伴随着美，获得人类生活真善美的完整性。

二、价值追寻

1. 美美铸魂

以美润心，能使理性说教变得生动形象。3~6岁儿童正处于社会交往的初级阶段，他们往往不能以"主客二分"的理性方式看待万事万物，而是以"推己及物"的移情方式与事物互动。在他们眼中，一切皆有生命，他们与小草、小花对话，把小狗、小猫当成伙伴来对待。"移情"的方式使道德教育转为情感熏陶，进而唤醒道德自觉，培养孩子的爱心、耐心、责任心。

以美生情，使儿童的作品焕发情感温度。将美作为德育的有力手段，可以激发和培养儿童的道德情感，如借助耳熟能详的儿童寓言故事，使孩子在审美愉悦中自然接受道德教育。以真、善为内质，经由美育的中介作用，幼儿的道德情感会进一步转化为道德行为，这种行为不仅是善的，也必然是美的。

2. 美美启慧

3～6岁儿童的思维发展偏向具体形象性、艺术性、审美性。美的事物对于儿童而言具有天然的吸引力，能引导儿童认知的发展，促进其智慧开发。如儿童诗歌中优美的语句、朗朗上口的韵律，会让儿童在愉快的情绪体验中自然地学习知识。又如供儿童欣赏的美术作品中蕴含的均衡的构图、对称的造型、连续的图案，能让儿童感受美学现象背后的科学性。智慧并不单纯等同于认知能力，而是以智力为核心的精神能力的实践表征。儿童在音乐、文学实践活动中不仅能提升审美水平，发展审美能力，还能有效促进认知能力的发展，启迪智慧和提升智慧水平。

3. 美美强魄

健与美向来是紧密联系的。健康的身体呈现出的生命活力本身就是美的，如规律的心跳、呼吸富有节奏美，左右对称的身体形态富有对称美，每日生活从一日三餐的定时到生活作息的交替安排富有规律美。运动可以强健体魄、美化形体，如幼儿园户外体育游戏的开发、现代社会公共体育设施的建立为幼儿日常身体锻炼创造了良好的条件。教师和家长作为引导者、支持者，在鼓励幼儿进行身体锻炼时，还要把握生理活动和美感愉悦的有机联系，促进儿童的身心健康。如增强幼儿早操活动的审美性和趣味性，激发幼儿的学习热情，在展现人体美的同时，进行队列和造型的变化组合，从而达到动态美、节奏美、造型美等整体美的效果。

4. 美美促品

法国教育家卢梭强调，通过感知自然的美而全面丰富生命，倡导自然美育是适合儿童天性的教育。儿童自由活泼的天性与大自然的生机勃勃相随应和，儿童通过感受、观察、比较、探索，在自然美中提升感觉、知觉、思维，萌发对美的感受力、想象力和创造力。艺术美育则是借用美的环境、美的艺术作品对儿童进行审美教育，其可感性、生动性、具体性更加契合幼儿的天性，对于儿童的心理、情感、直觉力、想象力和创造力等方面的培养具有重要作用，有利于提升幼儿的审美品位。如在欣赏格里格的音乐作品《挪威舞曲》时，教师可借助小树生长玩耍、小精灵与小树游戏狂欢等情境，引导幼儿在游戏中感受音乐的旋律，体验乐曲舒缓、连贯、快速、紧张的特点。愉悦的游戏体验既激发了幼儿的审美兴趣，又拉近了他们与艺术作品的距离。

5. 美美增志

幼儿在劳动实践和动手操作的过程中，能够有目的、有意识地运用体力和智力改造外部世界，从而获得知、情、意、行等多方面的发展，助力意志品质的形成。如通过劳动，幼儿能够感受美，欣赏美，创造美；通过自己改造外在事物而使周围世界变得更加美好，达到身体、情感、心理、道德和美学的平衡发展。

三、实践策略

1. 美在园所看得见

（1）观察中看见儿童成长。《幼儿园工作规程》和《幼儿园教师专业标准（试行）》中多次强调，观察是教师必备的专业能力和首要职责，教师必须观察了解幼儿，并根据幼儿的行为表现及发展变化需要调整活动，设计与实施适宜的课程。在幼儿园，教师带领幼儿寻找并观察生活中所有美的事物，运用融合性的视角，观察并记录幼儿的行为表现，以《3~6岁儿童学习与发展指南》为参照，通过儿童行为解读和反思的实践探索，在观察儿童与发展评价、发展目标、课程设计之间建立综合性的联系。不管是在美育专项活动中或是在其他生活、学习、游戏活动中，通过观察，教师能清楚了解儿童"现在"的基础，能够看懂儿童的行为特点、学习风格、兴趣倾向，理解不同幼儿间的差异性，进行科学的判断，重视幼儿对美的体验，看见孩子当下的内心感受与后续的发展需要，并提供有针对性的引导和支持。

（2）互动中看见儿童成长。《幼儿园保育教育质量评估指南》有较多要点围绕师幼互动，从教师积极、乐观、愉快的情绪状态和观察、支持幼儿参与决策到重视幼儿表达表征、倾听并记录想法和体验、尊重并回应想法与问题，都在突出高质量师幼互动的重要性。如在沙水区游戏时，老师看到孩子抓着沙子往下撒，面对孩子撒沙子这一具有安全隐患的行为，教师并没有马上制止，而是看了几秒钟，然后走过去，说："我看到你正在很用心地把沙子撒到地上……"孩子说："是啊，沙子是直直落下去的，不像雪会飘啊飘的。"因为几秒钟的停顿和客观的描述，老师倾听到了孩子最真实的想法，听他讲述了自己的实验发现。接着，老师用"你发现了很有意思的事情"对孩子的探索行为给予了肯定，最后告诉孩子沙子撒到外面有危险并给了孩子建议，孩子欣然接受。由此可见，没有什么比停下来倾听和积极回应儿童更为重要。

（3）活动中看见儿童成长。有趣的集体活动除了重视内容本身的审美教育价值之外，还要重视活动过程和方式的审美性，尊重儿童的学习方式和年龄特点，注重与美育的融合实践探索。自主游戏能够激发儿童的大胆想象，除美工区、音乐区外，益智区的棋盘、找规律等游戏能让幼儿感受到规则美、节奏美、科学美，建构区的自主搭建等游戏能让儿童感受到结构美……自由的户外活动能够支持儿童的创造表现，如户外围墙边悬挂着的高低错落的瓶瓶罐罐，成为幼儿的打击乐器，他们敲敲打打，演奏出美妙的音符；树林里、草地旁、花朵间，随处可见孩子们拿着画板写生的身影，记录着他们眼中美丽的世界；小树桩、大水缸、废纸盒等材料成为孩子们手中的涂鸦板，他们用稚拙自由的笔触宣泄情感、恣意表达，游戏结束后的自由表征更是孩子表达情绪情感体验的绝佳方式。自主游戏中儿童的观察力、感受力、情感力、想象力协调配合，使其获得精神上的极大满足。

2. 美在家庭看得见

家长是家庭美育的主导者和引领者，家庭美育对家长的艺术修养提出了重要要求。因此，家长应注重自身的艺术修养，帮助孩子选择合适的艺术欣赏对象，指导孩子掌握合适的艺术欣赏方法，和孩子交流艺术欣赏的感受和体验等，进而提升孩子的审美能力。

创设内外兼美的家庭环境。家庭环境的美育包括家庭室内装饰和布置的美化与家庭人际关系的和谐。风格鲜明、整体和谐的家庭装饰和布置是家庭生活客观的审美环境，能在潜移默化中给孩子以审美熏陶。同时，家庭成员的衣着打扮、言谈举止是家庭生活内在的审美环境，对孩子的审美影响更大。

因需而行，开展家庭美育活动。年幼的孩子应更多地到户外、自然中活动，这样不仅能增进儿童身体健康和促进亲子情感交流，还能丰富儿童的审美情趣，提升其审美能力。

家庭儿童美育因家而异。家庭生活的方方面面皆是艺术熏陶，家庭儿童美育要将艺术和审美之心融入生活，从而给孩子带来全面的美的滋养。

3. 美在社区看得见

随着儿童友好城市建设的推进，面向儿童的社会公共文化服务体系正在如火如荼地建设。主题公园、儿童城市（社区）等城乡自然和人文景观以及社会总体的审美文化氛围等，都是社会儿童美育的重要载体。如少年儿童图书馆或儿童阅览区能够提供丰富的少儿读物，也有专门的儿童剧院搭建了艺术欣赏、展示、表演的舞台，还有的社区创设了童趣涂鸦、艺术舞台、妙想画廊等美育微空间等。丰富多样的社会美育载体，使孩子们得以在美的环境中成长。

除了专门的儿童环境建设外，儿童也时刻生活在社会其他美育资源氛围中。如城市建设的标志建筑、街角绿化的布局设置、高雅艺术展览中心等人文景观，还有四季的更迭交替、山川河流的奔腾、朝雾晚霞的变幻莫测等自然景观，无时无刻都在给予儿童艺术滋养。

"看见儿童"不仅仅是通往适宜教育的路径，更是其目的。如果我们每一个家庭、每一所学校、社会中的每一个人都能感受儿童的感受，明晰儿童的需要，发现儿童的力量，那么儿童就会因我们的看见而看见自己，相信自己，从而会更有力量与动力去成长与超越。

四、实践成效

1. 主题实践，看见课程生长的方向与可能

艺术源于生活。"看见儿童"强调，唯有真正地看见儿童，体认、理解每一个儿童鲜活的经验、需要与意义世界，才能真正找到课程的根基与生命力。因此，幼儿活动的主题必须来自幼儿的生活。学习、生活、游戏也都不是凭空呈现的，而是由教师用敏锐的眼光发现幼儿感兴趣的话题，通过内容审议确定探究主题，再延伸、探索、发现、提炼出主题中适合幼儿欣赏和表现的美的事物，并引导幼儿从不同的角度感受、发现、理解、体验美，以促进其审美能力的提升。同样，针对同一事物也可以从不同的角度进行探究，如在开展"桥"主题活动时，对孩子生活中随处可见的这一类建筑，教师引导孩子和家长一起从石桥、拱桥、独木桥、高架桥、天桥……再到幼儿园沙水池里的桥、游戏场上搭建的桥，大家从外表到用途，从前世到今生……进行不同维度内容的积累、延伸、交汇，围绕发展目标、涵盖能力全面发展组成主题框架，既有建筑欣赏、建构搭建，又有纸桥承重、筷子架桥，将力与美融入其中，促进幼儿的全面发展。

2. 积极体验，看见每一个完整、鲜活、具体的儿童

"看见儿童"的美育重视幼儿美的经验和体验，关注活动过程中幼儿对美的感受以及创造表现，让幼儿以异于其他人的方式表达其独特的思想和情感，并以此树立自我表现的信心，最终还幼儿以生命本真。《幼儿园保育教育质量评估指南》重视幼儿通过绘画、讲述等方式对自己经历过的游戏、阅读图画书、观察等活动进行表达表征，教师能一对一倾听并真实记录幼儿的想法和体验。

培养儿童创造力的最佳途径是美育，美感是美育的核心价值，而审美是以体验的方式存在的。因此，幼儿美育是建立在多样化体验基础上的。"看见儿童"的美育鼓励儿童对事物原始形态进行充分的感受与体验，始终把个性探索和心灵感受放在首位，支持幼儿大胆自由地表达表现，聆听幼儿创作背后的声音，使幼儿自由联想的灵活性、广阔性和丰富性得到提高。如，在开展秋天主题活动时，绚烂的秋景是培养幼儿审美能力

的内容之一，教师选择了秋天的树林作为幼儿主要欣赏的对象。树木远景中绚烂色彩的呈现，帮助孩子们将色彩与情绪感受进行连接；对于树林近景中交错的枝干、婆娑的树影，让孩子们通过肢体动作进行表达与表现，以感受枝条的舒展，并体验多样化的表达方式。

因此，在解读儿童的美术作品时，教师从以往的关注技巧和绘画水平，到现在的能关注儿童的创作过程，倾听孩子画面背后究竟表达了何种经验与向往；在面对儿童出现"意料之外"的言行时，教师不急着下定论，而是先去思量他为何这样、反映的是何种感受，并表示理解与关切。活动中，老师不是着急思考"如何才能按照我的想法去做"，而是先去听听孩子是怎么想的。教师用多元的视角、真诚的好奇去看待每一个儿童，抱以共情、接纳与反思，就能看见每一个儿童的丰富与完整、具体与独特，看见儿童的意义世界。

3. 资源拓展，看见儿童在展现中成长

美，无处不在。在幼儿园，教师充分挖掘幼儿生活中的资源，将生活中美好的事物作为提升幼儿审美能力的内容，从大千世界中具象的人文景观或自然变幻，到内隐的美好品行再到坚毅品格，为孩子创设美好的环境，开展丰富多样的美的活动，引导孩子调动多种感官，充分感受和体验自然生活及艺术作品的美，引发儿童的自由创造。同时，教师还充分调动幼儿的多元感知经验，并与其原有的审美经验相结合，从幼儿喜闻乐见的、美的事物中创造性地生成适合幼儿兴趣和发展需要的课程内容。如，在活动中，教师引导幼儿通过白天和黑夜房子的变化进行对比，从色彩、线条的呈现节奏等方面进行探索，感知美的韵味，从而获得形态、色彩、形状等相关的审美经验，激发幼儿运用自然素材创作的愿望。又如，艺术区域中大量低结构自然材料的投放。自然材料质朴的花纹和色彩、对称和谐的造型处处蕴含着美。"看见儿童"的美育是以回归自然的方式开展的，不仅仅是让幼儿感受大自然的艺术气息，更是一种自然形态的教育，蕴含着自然与美的教育的有机融合与统一。在课程游戏化实施背景下，教师们将游戏和探究活动的自主权、表现和交流的机会还给儿童，让我们能够在更广阔的舞台上看见儿童的精彩观念、无尽潜能、大胆创造。

4. 美育渗透，看见自身、看见他人、看见世界

专项美育活动的课程设置因其实施内容和形式的局限性，而易忽视美育的整体性作用。只有设置和实施完整的美育，才能促进幼儿审美情趣、审美能力的完整、均衡发展，最终促进幼儿人格的完善。幼儿园里，一日生活皆课程，回归美的生活，要让幼儿在一日生活中真正感受和体验到美。我们要紧紧抓住"美"这条主线，将美育贯穿融合于入园、自由活动、区域游戏、用餐、谈话、午睡、散步、户外活动等各个时间段，使美育既贯穿始终又自然融合，在活动策略、环境创设上，使审美教育既穿插呈现又相对独立。走出幼儿园，我们更要关注并引导幼儿在日常生活实践中认识自我、与他人和社会世界建立联系，成为热爱美、追求美的完整的人，这既是落实美育对儿童发展实践引领的重要价值内容，更是儿童美育的终极价值内容。

"看见儿童"要求教师不仅是看儿童，更应学会用儿童的眼光来看，要理解、接纳儿童的审美特征并适时引导。"看见儿童"是教师通往看见自己与世界的重要路径，在看见儿童的同时，教师自身的专业素养也会得到不断提升。得技明道，技道相成。使儿童美育发展回归儿童发展本身，使儿童美育实践回归正途，使儿童发展实践取得实效，需要儿童美育的实践维度与价值维度的良性互动，需要家庭、学校、社会的共同努力。

本文发表于《早期教育》艺术教育版2022年第10期，文字表述有所改动。

聚焦幼儿游戏观察的实践与思考

观察是人们认识客观世界的重要途径。对教育工作而言，观察更应为教师们所熟悉。随着教育改革的深入推进和教育观念的持续更新，特别是自 2014 年江苏省幼儿园课程游戏化建设项目实施以来，教师的"观察"被一次次赋予了新的内涵。

《幼儿园工作规程》（以下简称《规程》）和《幼儿园教师专业标准（试行）》多次强调，观察是教师必备的专业能力和首要职责，教师必须观察了解幼儿，了解幼儿的行为表现及发展变化需要，调整活动，设计与实施适宜的课程。我们的幼儿园积极落实政策倡导，引进和学习各种观察技术，并认真践行，以期为孩子的学习与发展提供有效支持。

但实施和践行的过程并不是一帆风顺的，我们在幼儿园会看到这样一些现象：

1. 观察是任务，为了观察而观察

多数幼儿园会要求教师每周或每月撰写观察记录，有的甚至要求每日都要有观察便利贴。一些教师碍于工作任务的复杂和繁重，只能随意写上两笔或是对网上资料进行复制或抄写以应付差事。

2. 观察是热点，跟随时尚频繁更换工具

儿童观察记录没有一个完美的方法。有的幼儿园盲目崇拜，今天学习故事，明天高瞻课程，后天可能又是采取瑞吉欧或多元智能等其他流行的儿童观察和评价模式，而不思考其对本园儿童实际或幼儿园课程发展的适宜性。

3. 观察是视听，观察记录流于形式

细看有些教师的观察记录，大都只停留在感官层面的看和听上，无法说明孩子学习与发展的具体表现，也没有教师对儿童语言和行为认知的参与，无法准确解读孩子行为背后的需要，无法为后续的学习和发展提供支持。

不少幼儿园在努力寻找短平快的观察工具，期望帮助教师便捷高效地完成观察工作。聚焦式的观察帮助教师以融合性的视角，观察并记录幼儿的行为表现，以《3～6岁儿童学习与发展指南》（以下简称《指南》）为发展参照，通过儿童行为解读和反思的实践探索，在观察儿童与发展评价、发展目标、课程设计之间建立综合性的联系。

一、眼看、耳听、笔记全面运用，发现儿童

我们的教师不可能把一天中观察到的所有儿童的所有行为都记录下来，因此，眼看、耳听、笔记的全面运用，可使观察围绕确定的焦点和目标进行。

眼看——识别幼儿的真游戏。观察儿童不仅仅是随意地观看儿童的游戏。不管是直接观察还是间接观察，教师只有用心去看儿童，才能有效识别幼儿是在主动玩自己的游戏，还是在被动玩教师的游戏。只有"真游戏"是自由的、自主的、愉悦的、创造的，可为幼儿带来积极的情绪体验。

耳听——游戏中的童言稚语。言为心声，对幼儿来说更是如此。教师尝试以旁观者或同伴的身份接近幼儿的游戏，通过倾听幼儿的对话，直接感知幼儿独特的学习方式。

笔记——幼儿游戏行为与发现。记录的方式是多样的，教师可以用一支笔、一张纸进行即兴的手记。教师可以把看到的东西及听到的语言，用客观、具体、简短、朴素的文字进行直白的描绘，可以描述事，也可以描述人，用最精练的文字表述和记录，勾勒出观察对象的精神面貌。这样的记录可以帮助我们回到客观现场，分析对幼儿客观行为的具体描述可以让我们更好地做出判断，而不受他人意识的干扰。此外，教师还可以使用工具进行记录，如手机拍照、摄像、录音等，这样的好处是便于我们进行多次回顾和自查。在记录的过程中，我们要注意使用孩子的原话，并尽可能关注更多的细节，这有助于解读和判断幼儿的行为。

如一位教师在观察小班幼儿A多次玩汽车轨道时，这样记录：A又拿来小绒球放在轨道上，绒球滚落速度很慢，他用小汽车推着把绒球滚到底层出口。接着，他拿起小绒球用力扔到轨道上，绒球掉下去了。他看了看，并没有去捡，而是重新拿起糖果放在轨道上，把小汽车放在出口附近，糖果滚到了小汽车前面一点停止。他又尝试了一次，这次，糖果滚落下来，一直冲到小汽车上。

一个好的观察记录，在描述部分主要有这几方面的要求：客观，对幼儿的观察，只记录事实，无须判断和解释；具体，对于不起眼的细节也尽可能记录；直接引语，仔细聆听对话，直接记录幼儿原话；关注情态，注意幼儿情绪状态的细节描述。当然，更多的是依据现场发生的情况，这需要教师尽可能详细地进行记录。

二、《规程》《纲要》《指南》了然于心，理解儿童

观察记录最大的魅力在于：当你阅读和重温当初的记录时，还能从描述的只言片语中回想起每一位幼儿的表现，回味与他们相处的美好时光，由此了解他们的发展状况，

并给予适宜的支持，这其中的每一步都饱含着炽热的感情与智慧的推动。在这巨大魅力的背后，教师需要对儿童的学习与发展行为表现所反映的发展需求、水平和特点等进行准确的解读，即"读懂儿童""理解儿童"是观察工作的难点和关键，也是影响能否搭建发展桥梁的决定性因素。

《纲要》和《规程》是教师实施观察的纲领性文件，《指南》则详细列出3~6岁各年龄段儿童的学习与发展目标和相应的教育建议，帮助教师和家长了解幼儿学习与发展的基本规律和特点，建立对幼儿发展的合理期望。将这些材料了然于心，就能帮助教师更好地理解孩子的行为，了解孩子的发展状况。

如前面的汽车轨道游戏中，教师参照《指南》，对A科学探究方面行为发展的解读是这样的：（1）喜欢探究，具有初步的探究能力。A能用多种感官或动作去探索物体，并关注动作所产生的结果。他先后将磁力棒、糖果、绒球、交通指示牌四种物品放在轨道上，观察滑落的情况；先后用手、橡皮泥滚子、交通指示牌、小汽车等四种物品，挡滚出轨道的糖果；他还利用桥面把轨道架在高处，边摇晃轨道边放糖果，观察在这两种不同的状态下，糖果掉落的情况。（2）能初步感知形状与空间关系。虽然A没有用自己的语言描述，但在游戏中可以发现，他已经能注意到物体较明显的形状特征，并能感知物体基本的空间位置，理解上下、前后、里外等方位。

通过观察，教师要理解孩子的现在和以后。教师要清楚儿童"现在"的基础，即了解孩子现有的发展水平；看到儿童的个性特征，即看懂儿童的行为特点、学习风格、兴趣倾向等；理解在面对相同状况时，不同幼儿间的差异性，并进行科学的判断，解释和分析儿童行为背后的意图，理解孩子当下的内心感受与后续的发展需要。

三、评价、设计、调整融合互通，支持儿童

根据观察与解读，发现儿童、理解儿童，并通过后期跟进性的支持策略，高质量地实现让每一个儿童更全面、自主地发展与成长的目标。

评价，需依据观察目标。它既是读懂儿童行为的一部分，同时又能为后续的支持儿童成长策略搭建桥梁。对于幼儿的游戏行为研究，教师需要根据现场的特点和研究的需要，在观察前做好相关的准备。若观察的目标是聚焦幼儿的社会经验建构，教师的评价可关注：游戏空间，空间设置是否适宜、周围的环境是否有干扰等；游戏材料，材料的种类和数量如何、是否有取放规则和使用限制等；游戏时间，游戏时间持续的长短，多久后发生转移，表现的投入程度等；游戏主题，主题如何确定，与当下的生活、课程有何关系，稳定性如何等；游戏角色，有无角色分配，如何分配，角色差异如何，扮演水

平等；游戏情节，情节变化如何，幼儿个体差异，游戏水平和经验的提升等；游戏交往，与同伴的交往关系，同伴间遇到冲突时如何解决矛盾等；规则执行，能否尊重游戏规则，能否调试自身行为，坚持遵守规则等。若观察的目标是关注幼儿的学习品质，教师的评价则更应该聚焦"热情"和"投入"，将关注转向幼儿面对当下游戏的情感态度和在游戏过程中表现出的专注、坚持、挑战等品质。

设计和调整，需提供有针对性的引导和支持。教师实施一份高质量的幼儿园课程，可以通过观察来了解单个儿童的学习兴趣、学习品质，关注儿童发展的个体需要和差异，把他们的个别化教育目标整合进课程设计之中。同样，教师可以利用观察记录提供的共性信息，如面对近期突如其来的新冠疫情，我们教师针对当下共同关注的热点，牢记儿童是课程设计与实施的核心，熟知儿童在各领域的目标，围绕新冠疫情提供多样化的学习和支持策略，为全体儿童设计开展丰富的居家课程计划，促进每一位儿童的健康发展。当然，判断课程设计和调整是否成功的唯一标准就是将计划付诸实施，并继续观察发生了什么，观察儿童的某些技能发展或行为表现，观察哪些策略是有效的，哪些策略是可以进一步优化调整的，从而使其更科学和适宜。

"儿童观察记录并没有一个对的时间，也没有一个完美的方法……要成功找到最适宜的记录方式，必须通过不断的试验，然后反思，以获知哪一种记录方式对自己来说是最有效的。"观察不是技术，其本身就是教育。教师要借助观察，在幼儿的日常生活中捕捉他们的兴趣与需要，了解他们的经验水平，对接《纲要》《指南》，聚焦幼儿发展，系统反思教育内容、组织方式、环境资源的适宜性，并进行动态的设计、调整与改造，以期创造一个"适合儿童生长的世界"。

本文发表于《早期教育》教育教学版 2020 年第 5 期

实践探索

依托园区资源，让课程建设贴地而行

（启东市滨海幼儿园　黄铁敏）

陈鹤琴先生说：大自然、大社会都是活教材。大自然中蕴含着丰富的课程资源，资源是幼儿园课程建设的重要载体。幼儿在与资源的互动中，可以通过各种方式探索生命的多样性。启东市滨海幼儿园位于黄海之滨，濒临大海，享受着海洋的馈赠。同时，她又滋养着园区一方水土，形成了独特的园区文化。我园紧紧依托园区资源，智慧撬动学校发展的多个支点，努力打造一所"风景独特、多元融合"的乡镇优质公办园，结合江苏省级项目《海韵·农趣体验式课程建设——利用园区资源，实施课程游戏化建设》的开展，让幼儿亲历游戏的快乐。

一、依托园区背景，构建灵动多元的游戏乐园

在原有项目的基础上，幼儿园根据课程游戏化精神，尊重幼儿的兴趣，从孩子的视角作出改变。幼儿园充分利用沿海农村的自然资源，加大投入，增设户外游戏项目，进行户外活动场地的改造，并对材料加以完善，对空间给予调整，努力创造一个适合幼儿生活学习的育人环境。

1."海"乐园：海趣玩出"新"花样

通过多方寻觅，我们找到一艘废弃的大船。吊车、平板车齐上阵，终于将大船安置妥当。大船的到来，给孩子们带来很多乐趣。户外游戏时，这里成了热门的游戏区域。看，孩子们行动起来了：在园，和老师制订计划；回家，和爸爸妈妈查阅资料。家长和老师积极帮忙，准备各种材料。经过努力，大船焕然一新：船身绘满涂鸦，那是孩子们的美好心愿；船边安装船桨，那是孩子们在勇敢远航；船舱摆上渔网，那是孩子们在辛勤劳作；船头安上船舵，那是孩子们将乘风破浪。最后，在全园师生的见证下，"滨幼号"的旗帜缓缓升起，这是孩子们自己创造的"海"乐园。我们也不禁感叹，当我们把游戏的权利还给孩子后，孩子带给我们的是无数的"哇"时刻。随着游戏的推进，"海"

乐园又增加了新的成员：装着轮子的小船灵活轻便，带着踏板的游船悠闲自在，带着孩子们驰骋"海洋"，茅草房等让孩子们随处休憩。孩子们游戏的方式也越来越丰富。

2."农"嬉园：种养活动"新"惊喜

园区外的农村，是孩子们走进自然、体验农家生活的好地方。我们根据沿海农村的季节性、地方性特点，选择幼儿常见并且感兴趣的自然事物和农村生活作为课程内容，并开设具有乡土气息的教育活动，带孩子们踩麦田、赏油菜花、摘蚕豆，近距离接触鸡、鸭、羊等动物，引导孩子们体验自然变化，感受农村生活。于是，我们的亲亲乐园应运而生。在这里，孩子们知道了小鸭子一到湖里就会游泳，小兔子经历了几次大逃亡后终于安家落户，公鸡喜欢在屋顶站岗，自己种出来的蔬菜特别好吃……

3."欢"趣园：户外活动"新"创意

我们充分利用现有的环境，就地取材，为孩子们创造了多个游戏场所。海洋游戏区的规划交给孩子们做主，也是玩出了很多创意；冒险场的创造，让孩子们尽情玩耍、探秘寻踪；进门的水泥场地请专业人员画上交通线，变成园内的小马路，并配备小自行车、小汽车、红绿灯等材料，让孩子们了解交通知识；野战营等场所，让孩子们勇于挑战；作为全国足球特色幼儿园，足球小将们恣意驰骋球场；场馆里增设材料，每天孩子们在这里分批进行快乐探索、积极创造，在这里自主探索、自主发现、自主学习。

二、利用园区资源，创设丰富多彩的快乐天地

资源作为课程建设的一个载体，在课程建设中有着举足轻重的作用。我园以幼儿园为中心，对周边资源进行调查利用，形成了丰富的资源网络图，并对现有课程和项目课程进行审议、整合、物化，选择幼儿适合的、感兴趣的事物进行探索。

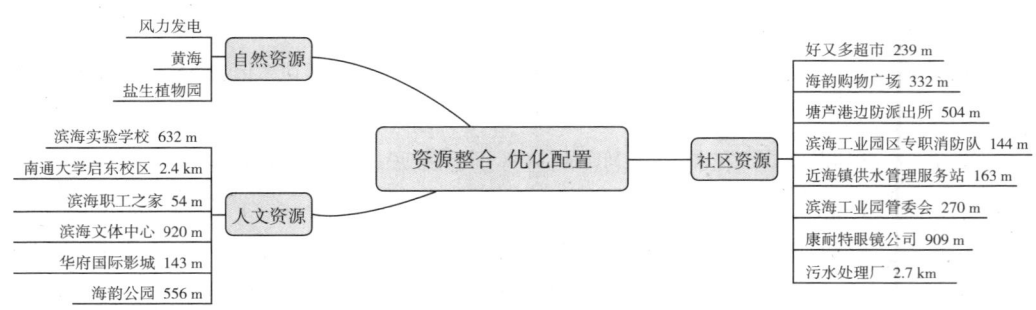

幼儿园资源网络图

人文资源：园区里有来自五湖四海的人，我们围绕这样一个丰富的人文资源，开展

了各类活动。

乡音乡情：通过"民俗节""了解家乡"等活动，让亲子共述家乡故事和描绘家乡风情，体会作为新启东人的幸福感。我园组织的民俗游园会之江苏行，让来自异乡的家长了解了江苏各地的特色。即使是江苏的家长看到自己家乡的风貌呈现出来也是感到非常惊喜。家长的认可、孩子们的喜爱，让我们觉得这个活动特别有意义。相信，以后我们的足迹会遍布全国。

老外进园：外国朋友的来园让孩子们惊喜不已，"学说外国话""和老外交朋友"让孩子们体验别样的人际交往。本学期，我园来了一位美国籍的小客人。虽然语言不通，但是游戏让孩子之间有了一条神奇的纽带。在中西方文化的碰撞下，孩子们打开了新的世界，老师们也有了新的思考：嘿，你们看，妹妹和妈妈头发的颜色和我们不一样，他们说的话也和我们不一样。老师针对孩子的观察与发现生成了各种活动，在老师的介绍下，原来爸爸是台湾人，妈妈是匈牙利人，台湾是中国的一部分，所以他会说中国话。原来世界上有不一样的人种、不一样的语言、不一样的生活习惯，这给老师和孩子都带来了全新的体验。

家长助教：民警爸爸开展安全教育活动，设计师妈妈和孩子共同设计服装，有手工特长的妈妈给孩子们带来了精彩的陶泥课，还有医生、烘焙师、厨师、园艺师等家长都被请到了园内与孩子们一起进行各种探索活动。

社区资源：

参观园区：我园和很多企业形成了良好的合作关系，康耐特眼镜公司、污水处理厂、塘芦港边防派出所、滨海工业园区专职消防队、盐生植物园、南通大学启东校区、滨海实验学校都留下了小朋友活动的身影。这些活动不断地丰富了孩子的见识，活跃了他们的思维。我们经常会听到孩子们这样说：我知道了眼镜是怎么做的、知道了污水是怎么变干净的、我们要保护环境哦。

公益团队：南通大学杏林学院的大学生"童梦公益团队""萤火虫公益团队"定期来我园组织丰富的活动，和孩子们进行亲密的互动。孩子们也进一步了解与感受了什么是公益，什么是助人。幼儿园小候鸟暑期团圆梦，每年暑假都会为外来务工人员提供暖心的关怀，让家长和孩子享受团圆，也为他们解决了安全等后顾之忧，这也是南通志愿者的精品服务项目。

自然资源：我园地处农村，临近大海，有着丰富的海产品以及衍生产品。将这些自然资源渗透到课程实施的过程中，可以使幼儿在不断的探究中激发对大自然的了解以及热爱。

三、助力教师成长，加快专业素养的稳步提升

1. 多种方式促理念提升

在课程游戏化不断深入推进的过程中，我们也越来越感觉到教师内涵建设、专业素养提升的重要性。俗话说，"兵马未动、粮草先行"。要开展好项目，首先要拥有一支专业素养过硬的团队。只有这样，才能更好地实施课程建设。

（1）文件学习：落实《省教育厅关于加强学前教育教研工作的意见》，对第一步、第二部支架和五大行动等纲领性文件进行深入解读并落实到行动中。

（2）分层培训：园内积极为老师创造条件，安排教师分别至美国、广州、无锡、杭州、镇江等地外出培训，根据老师的实际情况，制订分层培训计划，并邀请专家来园指导，以促使不同能力层面的老师尽快提升理念。

（3）阅读书籍：根据省群的书单购买书籍，开展读书沙龙、线上研讨等活动。

通过这些方式，让老师们学会用专业的眼光来分析儿童的行为，学会及时调整自己的教学行为，学会抓住孩子的兴趣来进行引导……

2. 落实行动助推成长

在课程游戏化项目推进中，教师的理念也得到了显著的提升，教师已慢慢有了一些随机生成课程的意识。在日常教育实践中，教师主动追随儿童兴趣开展各类活动，开始有意识地退到幼儿的后面，用环境、材料等方式，鼓励幼儿主动学习，生成了各种班本课程。如：采摘季到了，各班开展毛豆乐、做茄饼等生活课程；捕鱼季到了，各班会去参观渔船、织网，还有探索伞、宇宙等课程。因为这些活动是从孩子的兴趣出发，所以变得灵动有趣，也让教师从中得到感悟和成长。

在课程游戏化的道路上，我们需要不断学习，不断完善，努力挖掘沿海农村高新区的资源，实现让"游戏"和"健康"相长，让每一个鲜活的生命绽放更美的光芒。

发表于《启东教育》2019年第6期

实践探索

材料之效，投放之妙
——幼儿园自主游戏中的材料投放策略研究

（启东市和睦幼儿园　陆云凤）

幼儿园自主游戏是幼儿自主、自发、自由的活动，是孩子内在的动机行为。材料于幼儿游戏而言，是工具，是媒介。教师可根据游戏的需要，有目的、有计划地投放各种材料。材料投放得当是幼儿开展自主游戏的关键因素，能有力地促进幼儿的全面发展！

一、材料投放的基本要素

1. 安全性

《幼儿园教育指导纲要（试行）》指出：幼儿园必须把保护幼儿的生命安全和促进幼儿的健康放在首位。在一日活动中，幼儿的安全工作是第一位的。只有在保证安全的情况下，活动才能真正地开展。同样，在提供自主游戏材料时，教师要注意选择无毒、无味、对幼儿没有安全隐患的活动材料。比较坚硬的包装盒子，可以用棉线、丝带、柔软的布料进行装饰、进行艺术加工。烧烤店的烧烤木棒尖头处要做好防护，或者用其他小木棒代替。安全要有艺术，安全有效果。

2. 空间性

空间的局限性给材料投放带来了很多困难，这时候我们可以充分利用整体环境和角落，利用教室的立体空间，比如：有的幼儿园活动场地很小，当需要进行活动时，可以让幼儿进行材料的自主摆放和排列，当需要进行其他活动时，可以请幼儿再次进行调整，以使空间得到充分的利用；使用支架增加空间方位，让空间利用率最大化。活动区域要有效规划、科学间隔：如美工区可以靠近有水资源的地方，科学区可以靠近有水资源和光源的地区。科学规划，可以帮助幼儿获得更多的学习空间，也更方便地进行探索、研究和思考。

二、材料投放的内容选择

1. 主题性

材料的投放与课程是相互结合的，科学地投放材料可使课程涉及的集体活动、区域活动和自主游戏实现有效互动，使课程实施得更加完整和深入。在课程实施过程中，自主游戏可以帮助幼儿对主题活动进行反复思考和探究，如在《秋天》主题活动中，植物区内可以提供相应季节的植物，让幼儿观察、种植、记录，帮助幼儿获得对秋天植物的深入了解；又如在《有用的锁》主题活动中，科学探索区域可以提供不同种类的锁，让幼儿去探究锁可以怎么打开，还可以让幼儿根据锁的形状、颜色的不同特点进行不同的分类研究等等；再如班本课程"无'线'惊喜"活动涉及"线条"的乐趣，可以提供多种线条让幼儿自主探索。

2. 目标性

游戏材料的投放既要考虑幼儿的年龄特点，又要为发展目标服务。教师要在对幼儿的发展目标有清晰的理解和把握的基础上，有针对性地选择和投放对幼儿发展有促进作用的操作材料。不一定是一个目标一种材料，也可以是一个目标通过多种材料共同实现，还可以通过一种材料达成多个目标。如围绕大班幼儿的数量类活动，教师可以在科学游戏中投放算盘、钓鱼、配对等形式的材料来共同完成目标；在角色游戏中，教师可以引导幼儿自制数量类材料进行投放，这样既能满足幼儿的兴趣需要，又能使幼儿通过自制材料实现对数概念理解的发展目标。

三、投放材料的策略要素

1. 趣味性

皮亚杰提出：教师应了解儿童，教育教学工作不能成人化，要重视儿童的特点。兴趣能够激发幼儿学习的动力和探究的欲望，因此，材料的投放首先要符合幼儿的兴趣。新颖、有趣的材料能满足幼儿的好奇心，使幼儿在愉快的状态下进行探索、操作，提升观察力、思维能力，发展和培养动手能力。如在大班"美食城"游戏中，教师可以适当地引导幼儿尝试用真的食物，如做水果沙拉、寿司等一些简单、方便操作的美食，以带给幼儿真实有趣的体验。

2. 层次性

《3~6岁儿童学习与发展指南》指出：尊重幼儿个体差异性。自主游戏最大的特点是可以为独立个体幼儿提供丰富多变的活动环境，即使是发展能力相对较弱的幼儿，也能很好地进行游戏。每个幼儿可以根据自己的需要自由地选择适合自己的材料，自信、独立、自主地进行游戏活动。教师可以根据幼儿不同的需求、能力，在同一个活动中提供不同的材料来支持幼儿活动；也可以提供相同的材料，观察幼儿的操作过程，预设不同的发展目标，再根据不同的特点提供相应的材料支持！材料提供的层次性，能够满足不同发展水平幼儿的需要。如在美工区提供给幼儿的材料是纸，它可以是绘画的纸，有动物轮廓和没有动物轮廓的；可以是撕纸，长短、宽窄不一的，可以随意撕贴、沿虚线撕贴、撕面条、撕事物、单一撕、粘贴合起来撕等。能力不同的幼儿可以任选一个层次进行撕贴，这样既满足了幼儿的一般发展需要，又满足了个别幼儿的特殊发展需要；既能让缺乏自信的幼儿看到成功，又能让已成功的幼儿不断看到新的方向。

3. 探索性

游戏活动中提供的材料不是用来简单、反复、机械地操作和练习的，而是需要幼儿反复思考、不断探究的。因此，教师提供的材料，要能帮助幼儿不断操作尝试，反复研究体验，以获得一种思维方式。如在建构区游戏中，教师提供了齿轮和积木板块，让幼儿通过操作发现齿轮间是相互转动的。两个齿轮靠在一起，只要转动一个齿轮，另一个齿轮也会转动。接着，教师引导幼儿思考和探究更多的齿轮是怎样靠在一起的，怎样才会转动呢？通过不断地尝试与搭建，不断地探究，幼儿可以从失败和成功中获得新的经验，获得思维能力的发展。

4. 动态性

当多数幼儿能够轻松完成某个游戏操作时，当某个材料长时间无人问津时，又或是当游戏需要更加深入时，教师就要关注是否该调整材料了。教师可以根据幼儿活动时的状态，动态增减材料，激发幼儿继续探究的兴趣。如建构区游戏，第一次，教师投放了积木玩具，孩子们玩了一段时间后，技能没有提高，并且兴趣减弱；第二次，教师增加了一些小汽车，再加入一些建构技能的图片，幼儿的兴趣明显增加，会去搭停车场、游乐场等，技能有所提高；第三次，教师又添加了低结构材料——纸杯，孩子们马上被纸杯吸引，不断地搭建纸杯高楼；再过段时间，教师发现纸杯和积木可以巧妙地组合在一起，进行建筑搭建。通过新材料的不断投入，孩子们对建构区的搭建兴趣度不断提升，不仅提高幼儿搭建的技能，丰富幼儿的经验，更促进幼儿探究、学习、合作能力的发展！

课程游戏化的实施，让我们教师重新审视幼儿的游戏，不断反思幼儿的行为需要。材料提供是对幼儿游戏发展的支持。教师要运用专业知识细心观察，不断拓展幼儿的活动空间，研究探索材料的有效性，以帮助幼儿获得更加全面的发展。

发表于《启东教育》2019年第6期

实践探索

故事在游戏里发生
——记一次建构之旅中大班幼儿自主学习能力的培养

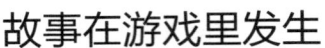

建构游戏是幼儿利用各种建构材料和与建构活动有关的各种动作来反映周围生活的一种游戏。在主题建构中,孩子在一次次的搭建中满足和实现了自己的需求和愿望,体验到了与同伴共同搭建的成功、快乐。著名教育家马卡连柯说过:培养未来的活动家,首先应该从游戏开始。

一、来源与经验——始于"儿童自然"

大自然是一本奇妙的百科书,儿童本身具有的与大自然一般的生长节律,让大自然和儿童自然成为建构游戏的互动场。自然教育倡导回归自然、回归儿童本真。为此,在幼儿园获得中,我们积极践行该理念,理解儿童、支持儿童、追逐儿童,促使幼儿获得适合的发展,实现自然人与社会人的融合。

二、顺应与推动——唤醒儿童、支持儿童

1. 讨论游戏,自由规划

随着启东火车站的开通,孩子的生活经验里多了一个兴趣点,这在孩子的建构游戏中得到了充分体现。为了帮助幼儿更好地观察火车站的场景和建筑,我们提供了一些站台的照片,让幼儿认识站台的基本构造和区域分布等。同时,充分利用家长资源,鼓励家长带孩子去亲身体验和观察。然后,要求幼儿对火车站的分布、结构和所需材料进行简单规划,每个小朋友把自己心中的车站用画笔记录下来,在认识建构平面图的基础上,对火车站的设计进行讨论和修改,最后确定建构图。

2. 自主分工,个性计划

"你想搭什么?和谁一起搭?用什么材料搭?需要用多少?"小朋友开始自主做计划

了。游戏开始之前制订一份"计划"尤为重要。在孩子提出先搭轨道的设想时，教师抓住时机，找到真实的轨道图片并展示，让孩子可以更直观地了解站台、轨道等建筑的造型特点。在孩子的计划中可以看出，他们已经观察到了房子的特点，并且能预设自己所选材料的数量，这是幼儿空间知觉、抽象思维发展、数字运用的体现。同时，制订计划的过程还引发了幼儿同伴之间的讨论和协商，使幼儿学会接纳别人的意见，最重要的是帮助幼儿理解计划的真正意义，养成在做每一件事情之前都要学会想一想的习惯。

3. 理解支持，追逐脚步

（1）材料支持巧利用

进入区域后，孩子们三三两两合作，开始建构工程。张圣浩和钱一航还有卫婷伊合作，他们先找出短块的木板铺设了一条长长的通道，然后在通道两侧竖起方块的木板，再把薯片桶排成一个有序的长队放入这个通道内，最后用木板做上面的顶盖，盖住这个长长的通道。但这时出现了一个小小的插曲，中间的一块木板总会滑下来。张圣浩盖上滑下，卫婷伊重复一次，还是要滑下来，两个人茫然地东看看西摸摸。我笑着问："你们这护栏是否需要加工一下？"终于，孩子们发现由于木板的大小是不规则的，所以左右两边的木板高低不平衡，顶盖就会滑落。发现问题后，他们马上进行了调整，找出基本相当的木板替换刚才的短板，终于通道完成。"咦，这是什么？"我问。"这是地铁嘛！"张圣浩回答我。"里面的就是一列火车！"卫婷伊也忙着介绍。

（2）经验支持呈多元

这时，钱一航已经在建构更长的通道了。他先用盒子作为一个拐角平台，再在盒子的两边分别建构一个斜坡，让火车可以上坡下坡。同时，他们介绍说："盒子平台正好就是上下客人的站台。"设计甚是巧妙！大型工程终于竣工，现在开始玩火车游戏了。火车在通道内顺利爬坡，并拐上站台。"哐……"火车头从站台上下坡时，搁在盒子上的斜坡木板成了它的障碍。于是，火车脱节掉了下来！张圣浩过去扶正又尝试了一次，还是过不了这个坎。于是，三个人又开始琢磨。张圣浩先把木板拉下去一点，不让这个木板头翘得太高。"呜——开起来啦！""咔擦"火车头还是被绊倒，脱轨了。张圣浩再次调整高度，只把木板搁在盒子边上一点点，可还没等火车过去，木板自己掉了下来。张圣浩挠挠头，思考了一会，索性把木板拿在手里对接上盒子。哈哈，这次木板的高度和盒子一样平，火车也许能开过去。可是，这次只有一个手空着，几个薯片桶不能双手扶了，火车开不起来。卫婷伊一直站在旁边观察，看到张圣浩忙不过来，立马有了主意。她拿来一个纸杯垫在木板的一头，解放了张圣浩的双手，火车终于几节车厢同时开动。卫婷伊在观察时又发现，似乎斜坡比盒子低了点，然后她拿来一块小木板垫在杯子下，终于斜坡和盒子完美对接。火车开上站台，拐弯无误下坡……他们玩得不亦乐乎。同伴的合作互动就是最直接的经验支持，反复的操作验证就是最有效的经验提升。

（3）情感支持——挫折时的鼓励

在搭建过程中，孩子们难免会遇到各种各样的困难。有的困难在小朋友的思维碰撞下能够得到解决，但是也有些困难会致使小朋友放弃搭建。当火车一次一次脱轨时，张圣浩开始有点游离与急躁。于是老师的一句"再试试，老师相信你一定可以，仔细看看脱轨的地方，接口一样平吗？"便让孩子重拾了信心，发现了问题，并有了积极解决问题的兴趣。教师适当鼓励幼儿，引导幼儿在失败中获得有益的经验。

4. 授之以"渔"，提升技能

游戏中，大班孩子的合作意识和合作能力有了较大提升，在合作游戏中能做到比较明确的分工和配合，游戏的经验在同伴的互动交流中也会有较大拓展，能自觉把同伴的资源吸纳为自己的学习经验。在建构轨道交通时，三个人根据已有的经验，建构出一个封闭的通道。在给通道盖顶时，小木板的滑落是孩子们遇到的第一个困难。但由于这个困难是比较直观的，是由竖板的高低不平引起的顶板滑落，所以他们马上进行了调整，替换掉略低的竖板，顺利完成建构。通过这样的操作，孩子的空间知觉和物体平衡概念都得到了拓展。

接着，钱一航的斜坡结构迎来了新的挑战。张圣浩和卫婷伊在钱一航的经验基础上丰富了游戏内容——开火车。把拐角的纸盒作为站台，让几个按序排列的薯片桶顺利穿越隧道后再拐弯下斜坡。可这次，他们遇到了一个更大的挑战，即斜坡的起点高于站台，火车不能胜利上坡。于是，张圣浩通过多次调整斜坡起点的高度希望火车能顺利拐上坡道。这说明了孩子通过自己的观察，能发现问题的缘由，只是由于知识经验的有限，不能很快地解决问题，但却能执着于不断地探索和挑战，其爱探究、不放弃的学习品质可见一斑。最后，张圣浩直接用手来控制木板的高度，但手的活动受到限制（一只手变成了斜坡的支架），卫婷伊便马上找到解决方法，拿来了一个纸杯垫上，解放了张圣浩的双手。有了这个经验，为了让游戏更完美，他们又在斜坡的高度上做了调整。这里，同伴间配合默契，合作解决问题。同伴间这种经验的互相影响使他们解决问题的能力有了更好地提升。

三、留白与生成——儿童在中央

随着主题建构的多次开展、逐步深入，孩子们的经验也在提升，他们的想法越来越有创意，行动的速度也越来越快。在建构的过程中，教师给予孩子最大限度的建构自主权。"火车站工程"在孩子们的创意下阵容越来越强大，有了站台，接着有了候车室，增加了检票口，还有了广场、商店……建构对象在不停地发生变化，孩子们带来的惊喜源源不断。游戏中，轨道交通的规模在扩大，从单轨到有站台连接的拐弯坡道，是孩子在解决了一个又一个问题后不断完善的结果。活动中，孩子始终保持浓厚的兴趣，一直在主动探究。当第一个插曲出现时，孩子们似乎并未发现问题的缘由。于是，教师适时地给予了一个回应："你们这护栏是否需要加工一下？"孩子们便马上意识到在护栏的地方寻找问题，找到问题后马上就有了解决的办法。这样适时的介入有效地帮助了孩子继续游戏，推动了游戏的发展。游戏的过程是幼儿最好的学习过程。在整个游戏过程中，孩子始终全身心地积极努力动手解决一个又一个问题。当遇到问题时，孩子能注意同伴间的合作学习，共同协商。当有挑战时，孩子又能坚持努力地去解决问题，从而体验了成功的快乐！通过这一过程，孩子具有了积极的学习情感，形成了主动的学习态度，掌握了有效的学习方法，提高了自主的学习能力，同时也培养了良好的学习习惯。

幼儿是活动的主体。活动中，教师是一个观察者、引导者、支持者、合作者，而不是"指挥家"。只有教师正确定位角色，学会敏锐观察，站在孩子的角度客观地评价，从孩子的需要出发，给孩子玩他们想玩的、做他们想做的，孩子才能真正成为游戏的主人！我们应给予孩子最大的自主权，创设有生命力的游戏场，使每一个孩子都能在自然的田园中自由地生长！让故事在游戏里精彩发生。

发表于《启东教育》2019年第6期

园本课程

课程游戏化路上的"行"与"思"
——以游戏为核心的园本课程之案例分析

（启东市实验幼儿园 朱红健）

在课程游戏化背景下，我们既要重视游戏，也要积极培养幼儿的游戏精神，将游戏精神有效地融入幼儿的日常生活中去，从而促使幼儿园课程内容游戏化、生活化，以更好地促进幼儿本身的和谐发展。本文将结合班级开展的活动，谈一谈对幼儿一日生活游戏化的投入、感悟、体验、收获。

【关键词】幼儿园课程　游戏化　体验　思考探究

案例一　自然角——在种植中亲近自然

自然角是教育活动环境的重要组成部分。自然角里的动植物具有生命力，他们生长发展的过程，具备特定的教育功能。在游戏化思想的指引下，我们采用让幼儿参与布置的策略，凡是幼儿自己能做的，就让幼儿自己做，鼓励幼儿发现自己的世界。于是，孩子们时不时带来蜗牛、金鱼、蚕宝宝、螳螂、土豆、各类种子……他们自己商量摆放的位置，各组轮流照料。孩子们的主动参与让自然角散发着无限生机，他们的各项能力也在不断提升。

1. 学会等待

开学初，有两个小朋友带来了萝卜、红薯。这些植物在什么样的环境中长得快呢？于是，就有了不同品种、不同放置地点的养殖盆。看着水里的萝卜叶子茂密、泥土里的萝卜叶子慢慢枯萎，孩子们明白了种子发芽需要阳光、空气和合适的水。小宝带来的红薯从二月进驻自然角后一直毫无动静，三月、四月它还是毫无发芽长叶的动向，不管是放在太阳下还是阴暗处，而且它的外形越来越干瘪。孩子们从开始每天积极换水到慢慢对它不抱希望，有人甚至提议："干脆把它扔了吧。""还是等等吧！"经过商量，大家决定再等一个月。五一假期后,天气暖和了。有孩子欣喜地跑来告诉我:"红薯长胡须了。"一星期后,红薯的根须变得密密麻麻,开始长出嫩绿的小芽。现在的红薯枝繁叶茂,成了植物角的"明星",每天都有一大群孩子围着它,孩子们得意地说:"还好没有扔掉它。"

(评析:幼儿年龄小,不明白什么是等待,为什么要等待。等待能让孩子慢慢学会管理自己,养成终身受益的好习惯。种植区里的红薯发芽事件帮助孩子理解了等待的意义,使等待的理念渗入孩子的心灵,让孩子们明白了万物生长都有其自然规律,做事需要耐心并学会等待。)

没有动静　　　　　　　　长出根须　　　　　　　　长出嫩芽

2. 增长知识

红薯在小朋友们的精心照料下生机勃勃。可是有一天,红薯的叶上长出了白点点。孩子们惊奇地告知我,红薯叶上长虫了。为了保护孩子们的好奇心,我鼓励他们以自己的方式进行探究,一起想办法救红薯。孩子们讨论着,"老师,用水给它洗洗吧,我妈妈说洗干净不爱招蚊子""我们家有毒蚊子的药,毒死它吧""虫子死了,红薯也不会死的""那用消毒水行吗?老师擦桌子时就用""给红薯注射行吗",这句话,引发了一阵笑声。"我们还是观察一下,回家再问问有经验的爷爷奶奶吧",我建议。孩子们同意了。这天晚上就有家长在群里发来信息告知:这白点不是虫,是叶片析出的植株无法吸收的多余的无机盐,有可能是碳酸钙。之所以出现这种情况,是因为水质太硬了,推荐用纯净水或者烧开的水养殖。一颗小小的红薯牵动着大家的心,孩子们知道了要想把它养得漂亮,必须付出辛勤的劳动,还要注意观察,科学饲养,只有这样,红薯才会茁壮成长。

出现白斑"虫"　　　　　　　肥皂水灭虫

（评析：一个小小自然角，让孩子们亲自体验，不但激发了孩子们的好奇心和求知欲，培养了孩子们对周围事物、现象的兴趣以及动手动脑、探究问题、观察事物等方面的能力，而且让孩子们走进了爱护动植物、亲近自然的大世界。）

案例二　家长助教——在互动中激发兴趣

家长身上蕴含着丰富的教育资源，"家长助教"是新型的家园共育方式。我们从小班开始就养成了家长积极参与助教的好传统，很多家长也愿意走进我们的教室和孩子一起交流、分享和互动。那怎么样让家长助教活动更具特色呢？这学期我们挖掘家长资源，请来了家长的朋友——一个会魔方的阿姨，给孩子们带来了一次不可思议的魔方课。随着孩子们悦耳的"魔方阿姨好"的声音，神秘的魔方活动拉开了序幕。在"魔方阿姨"的仔细讲解下，大家认识了不同的魔方。这个小方块组成的玩意，实在是奥妙无穷。在一片片惊叹声中，魔方变换着不同的图形，二、三、四、五、七、九阶魔方，金字塔型魔方，球型魔方，镜面异形魔方，旋转魔方……不同的魔方在"魔方阿姨"的手中一一复原。孩子们被深深吸引，他们知道了魔方上的颜色是固定的，白色或黑色的面对应的是黄色，绿色的面对应的是蓝色，红色的面对应的是橘色。

（评析：生活是一种实践、一种参与，也是一种体验。课程可以追随幼儿的生活和经验。凡是幼儿需要的、感兴趣的，又是他们急于知道或解决的问题，应及时地被纳入课程和活动中来。家长是幼儿园重要的合作伙伴，也是幼儿园课程的参与者，他们的职业、阅历、特长对幼儿来说是一笔丰富的教育资源。我们发挥家长优势，充分挖掘家长各方面的优势资源，有效提升家长助教活动的品质，更好地弥补教师在其专业领域中的不足，丰富课程的内容，开阔幼儿的眼界，拓展幼儿的思维。）

案例三　庆端午——在合作中体验快乐

现实生活中，每一个传统节日可谓和孩子们的生活经验息息相关。我们班根据人们参与节日的广泛性，充分利用传统节日的教育价值，使它们成为游戏化的班本课程，让孩子们在节日教育中体验合作的乐趣，也让传统教育文化得以不断传承。

1. 纸杯龙

端午节我们除了"吃粽子""闻艾叶"，是不是该让孩子玩出点新花样来"庆端午"呢？孩子们用一次性杯子搭配上彩色纸条，一段段"龙身"出来了，加上准备好的龙头，一条游动的小龙呈现在大家的眼前。舞龙比赛开始了，要求孩子们必须手脚协调，全组七八个幼儿步调一致，有节奏、有顺序地上下晃动。孩子们欢呼着、呐喊着，他们的体能、合作能力得到了提高。他们动用多种感官探究、交往、表现，自主性和创造性得到充分体现。

2. 粽叶创意作品秀

你是否还记得小时候买过的竹编玩具？长大之后，这样的手艺越来越少，只有在旅游景点才能看到。为了让这样的手工艺品继续流传下来，让孩子们感受传统手工艺的魅力，在端午节的假期，我们发动家长和孩子共同制作粽叶作品，如粽叶篮子、风车、小船、棉花包、粽叶时装……开学时，孩子们穿着精心设计的粽子叶时装，带着粽子叶

首饰和小作品，和着动感的音乐节拍，在"T台"上展示着自己的风采。"粽叶创意作品秀"玩出了新意，给孩子们留下了深刻的印象，使他们对中国传统文化有了更加深入的了解。

（评析：幼儿园开展传统节日文化教育是传承中华文化的有效途径。我们重视每个传统节日，与家长积极配合，配以适当、有效的活动形式，开发不同节日的潜在资源，让孩子们通过传统节日活动，了解节日风俗，感受节日精髓，从而激发爱国情感。）

路漫漫其修远兮。一路走来，我们从课程游戏化的边缘逐渐走向深入，从耳畔徐徐传来课程游戏化之音到坚定追随自由、自主、创造、愉悦的游戏精神。这一路，我们勇往直前，思行合一，其中有迷茫、有阻碍、有压力，也有坚持、有发展、有信心。因为幼儿是游戏的幼儿，游戏是幼儿的游戏，所以我们一直在且行且思。今后，让我们朝着课程改革的方向，继续更新理念，完善活动，挖掘资源，以游戏为基本活动，让游戏精神挟裹着儿童原发性的生命力快乐地迸发。

班本课程

走进生活,走近课程
——以大班创生课程"幼儿园要盖新房子啦"为例

(启东市实验幼儿园 钱赛男)

幼儿园课程游戏化的深入开展,就是让幼儿园课程更适合幼儿,更生动、更丰富、更有趣、更有效地促进幼儿获得新的经验。对于幼儿园课程来说,班级是实施课程游戏化的落脚之处。因此,实施班本课程就显得格外重要。教师该如何推进和实施班本课程?班本课程是动态的课程,需要教师及时捕捉幼儿生活中的细小环节,抓住幼儿的活动场景,根据每个幼儿的需要、兴趣和发展可能,进行动态开发,形成班本课程的主题。

一、班本课程的内容选择

陶行知说:"教育的根本意义是生活之变化。生活无时不变,即生活无时不含有教育的意义。"一日生活中有无数个教育时机,合理选择班本课程的内容至关重要。

1. 内容从兴趣而来

因为幼儿园园舍改造需要拆旧楼盖新房,所以我们的班级搬了教室。对于幼儿园盖房子,孩子们充满了好奇。这一事件引发了孩子们的兴趣,孩子们开始不断地提问与讨论。课程的生成不就是以幼儿的兴趣为出发点的吗?我们如果以"幼儿园要盖新房子啦"为主题进行班本课程,对幼儿发展会有哪些价值呢?经过思考,大概有以下几方面的价值:观察、探索、提问、猜测可以提高幼儿的科学探究能力,欣赏各种中外建筑可以培养孩子的审美感,了解房子的外形和结构特点可以帮助孩子搭建心目中的新房子等。这更确定了我们的班本课程以"幼儿园要盖新房子啦"为主题。

2. 内容从经验而来

孩子们生活中有着各种各样有关房子的经验。他们每天从居住的高楼或平房走出,走进充满欢乐的幼儿园的房子;他们经常跟随父母到剧院看演出,去商场购物;他们也常常去体育馆运动、看比赛……谈起房子,有的孩子说,"我去过迪士尼,那里有很多很多的城堡房子""妈妈带我去草原玩，那里的房子是蒙古包。导游告诉我们，那是布房子"等等。从孩子们的言语交流中可以发现，大班的孩子对于房子有粗浅的经验，发现房子的外形特点与自己已有经验中的不同，萌生了探索的欲望。可见，生活中的各种细节都是班本课程的新鲜题材。"生活教育"下的班本课程肯定更适合孩子，更容易让孩子得到收获。

二、班本课程的预设与调整

1. 班本课程的预设

班本课程的形成是一个动态开发的过程，但是毫无目的地开展活动肯定是无意义的。我们将从幼儿周围的房子出发，以提高幼儿动手能力为目的，为幼儿提供运用各种材料工具搭建房子的机会，让幼儿感知各种房子的特点和结构，使幼儿在与材料的相互作用中，探索各种材料的特点及其与房子建造的关系。因此，将班本课程的目标预设为：通过资料收集、参观等途径，让幼儿知道房子是千姿百态的；引导幼儿知道各种房子的名称，了解房子和人们的关系；在欣赏的过程中，让幼儿了解不同房子的外形特征及其特有的文化内涵；引导幼儿大胆想象、设计未来的房子，动手制作自己喜欢的房子。《3~6岁儿童学习与发展指南》中提到："儿童的发展是一个整体，要注重领域之间、目标之间的相互渗透和整合，促进幼儿身心全面协调发展。"在班本课程开展的过程中，只有兼顾健康、语言、社会、科学、艺术这五个方面，才能使课程更有利于幼儿的发展。

2. 班本课程的调整

俗话说"计划赶不上变化"。班本课程的开展，也遇到了很多问题，如房子是由什么人建造的、工地存在哪些危险等。于是，"了解工地"这一活动就自然而然地生成了。活动中，了解造房子的人和怎样保护建筑工人的安全等问题，综合了健康、语言、社会、科学、艺术多个领域。教师能够根据孩子的兴趣加以引导，稍作调整可能就会让班本课程开展得更顺利。

三、班本课程的实施策略

班本课程的实施，体现了幼儿园课程的深入，反映了教师观念及行为的转变，也反映了注重个性差异、促进每个幼儿在原有水平上得以发展这一原则得到了真正的关注。相应地，班本课程的实施也对教师提出了挑战：一方面是理念上的革新，要求教师转变自身观念，将幼儿视为主动学习者，与幼儿一起成为课程的建设者和实施者；另一方面则是能力上的提高，要求教师有敏锐的洞察力，能够发现有意义的教育契机，进行筛选与引导幼儿探究与实践，并逐步调整和建构适宜的班本课程，推动幼儿和教师的共同发展。

1. 发现幼儿的兴趣及需求，调整与生成并举

发现并捕捉到本班幼儿的兴趣，是开展班本课程的前提。在"幼儿园要盖新房子啦"这一班本课程实施的过程中，教师发现，房子是幼儿生活的一部分。但对于新房是怎么造的、里面有哪些设施、造楼房要用什么材料等问题，幼儿很好奇却又不太清楚。通过观察及反思，教师将"幼儿园要盖新房子啦"班本课程以提高幼儿动手能力为初始目的，为幼儿提供运用各种材料工具搭建房子的机会，让幼儿感知各种房子的特点和结构，使幼儿在与材料的相互作用中，探索各种材料的特点及其与房子建造的关系。在搭建过程中，幼儿不断发现问题，寻找解决各种问题的途径和方法并尝试解决问题。这一过程中，幼儿解决问题的能力得到提高，并感受建筑的美，体验成就感、自豪感，培养合作意识。这与《3～6岁儿童学习与发展指南》中所提倡的"支持幼儿在接触自然、生活事物和现象中积累有益的直接经验和感性认识"是一致的。因此，教师要及时发现幼儿的兴趣，反思幼儿兴趣背后所蕴含的发展需求及教育价值，从而对班本课程进行调整或是生成新的主题，建构起适宜本班幼儿发展的班本课程。

2. 强调新技术的综合运用，凸显幼儿主体性

随着时代的变化，新技术不断涌入日常生活，幼儿对摄影设备的认识和使用也开始变得日常化。在"幼儿园要盖新房子啦"这一班本课程主题分支中，教师运用相机或手机，通过观察、选择、拍摄照片的方式记录下孩子们利用各种材料搭建的新房子。相机能够精确地捕捉和直观地再现幼儿的创造，为幼儿回顾和表达提供新途径，更能够为记录能力偏弱的幼儿带来成就感。因此，拍照、摄像、录音等新技术媒介的运用，让幼儿的"一百种语言"得以表达，凸显了班本课程中倾听幼儿、推动幼儿主动表达的教育观、课程观。

3. 关注各方的合作和配合，发挥家长的作用

《幼儿园教育指导纲要（试行）》指出，幼儿园应与家庭、社区密切合作，与小学相互衔接，综合利用各种教育资源，共同为幼儿的发展创造良好的条件。在主题班本化的过程中，如何推动家长参与，促使家长从旁观者的角色转变为课程参与者、共同架构者也是教师需要重点思考的问题。在这一主题活动中，教师利用建筑师家长的资源收集各种房子的平面图，发动家长共同参与"盖新房"的调查问卷，开设亲子制作幼儿园新房模型的活动。家长的参与，弥补了师幼比不足的现状。此举不仅提高了每一位幼儿的

参与度，而且直观地帮助了家长了解幼儿园课程、了解幼儿的发展情况等。因此，教师并不是班本课程建构的唯一作用人，教师、家长和幼儿都是班本课程的合作建构者。

普鲁塔克说过："儿童的心灵不是一个需要填满的罐子，而是一个需要点燃的火炉。"当我们站在儿童的角度思考课程、设计课程、完成课程时，就是在点燃儿童心灵的火种，实现儿童了解生活化课程的意义和价值。

发表于《读与写》2021 年第 4 期

班本课程

运用生活资源推进幼儿园班本课程研究

（启东市实验幼儿园 姚 舜）

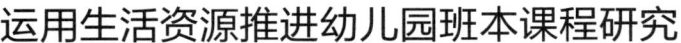

幼儿园班本课程是动态的课程，需要教师及时捕捉幼儿生活中的细小环节，抓住幼儿的活动场景，根据每个幼儿的需要、兴趣和发展可能，进行动态开发，形成班本课程的主题。"生活教育"是陶行知先生教育思想的核心理论。陶行知先生认为生活就是教育，教育必须与实际生活相联系。教育和生活是同一过程，教育含于生活之中，教育必须和生活实践相结合。利用孩子周围的生活资源，让教育回归生活，与幼儿共同成长。

一、基于生活经验，发现学习之源

陶行知先生说过"在生活里找教育，为生活而教育"。教育以生活为起点才能显示成效。因此，我们要善于捕捉幼儿一日生活中的教育契机，让幼儿在生活、玩乐中受到教育。

蚂蚁是大自然中常见的一种昆虫，孩子们对它既熟悉又陌生。对于蚂蚁，他们知道蚂蚁的样子、蚂蚁的颜色，因为周围环境中随处可见，但他们不知道蚂蚁的生活习性、本领、种类等信息。面对这些"不知道"，孩子们充满了好奇心，开展了一次探究蚂蚁的班本课程之旅。

二、联系生活实践，自主探索体验

在活动过程中，孩子会遇到很多问题、发现很多问题。对于这些因好奇引发的问题，教师应注意及时关注，以保护幼儿热爱生命的天性，鼓励幼儿"大胆地猜测，认真地求证"，培养幼儿求真、向善的科学态度。

1. 带着问题初探寻

为了让孩子们更多地了解蚂蚁，激发孩子们探索蚂蚁世界的兴趣，我们组织孩子们到户外进行寻找小蚂蚁的活动。活动前，我们又一次聊起了蚂蚁，"蚂蚁长什么样？家在哪里？喜欢吃什么？"孩子们七七八八说了很多答案，但答案等着他们自己去揭晓，于是他们带着疑惑开始了寻找。

小贝和他的伙伴们开始在小花坛边寻找蚂蚁的洞穴。在寻找了一段时间后，他们发现，找到小蚂蚁的家在哪里真是一件非常困难的事情。因为小洞洞有很多，但是哪个才是小蚂蚁真正的家呢？小伙伴们蹲在小花坛边苦恼起来。我走过去加入了他们的聊天，一起讨论怎样找到小蚂蚁的洞穴。最后，我们总结出两个能够操作的方法：食物引诱法和追踪观察法。

幼儿在游戏中会不断遇到问题和困难，教师要根据他们的行为适时介入，支持幼儿继续有效地探究。

2. 动态调整想策略

一只小蚂蚁出现了，小贝和熙熙悄悄地跟着小蚂蚁。5分钟过去了，小蚂蚁还是没有回家。小贝急得直跺脚，眼睛也不自觉地离开了小蚂蚁。我对小贝说："再等等，也许小蚂蚁马上就要回家了，快去看着。"小贝听了，噘着嘴巴继续盯起来。又过了2分钟左右，小蚂蚁钻进了泥土里的一个小洞中。小贝连忙指着泥地上的小洞对熙熙说："这里，小蚂蚁钻进去了！"熙熙的小眼睛早就被吸过去了，他们紧紧地盯着小洞。突然，熙熙指着地上的泥土说："快看，这里还有好多小泥粒！"大家听了都凑了过去，边看边说："真的啊，这可能是小蚂蚁挖洞的时候运出来的吧！"小滔滔也跟着说："我好像也看见一只蚂蚁爬出来了，就是在这个洞里，这儿肯定就是它们的家。"熙熙听了直接用手里的树枝将洞口的泥土扒开了点，想将小洞挖得更深些仔细瞧一瞧。小贝见了马上拉住熙熙说："哎呀，你把小蚂蚁的家给弄坏了，它们到时候出不来怎么办啊？"吓得熙熙忙把手藏到了身后。"我们放点饼干在洞口，看看蚂蚁会不会出来吧。"几个孩子把饼干捏碎放在洞口，开始又一次的求证过程。

3. 积极探索享发现

"老师，蚂蚁的脚到底长在哪里呀？我们的调查结果都不一样，到底谁的调查结果才是正确的？"在一番调查后，新的问题又出现了。

马上有孩子提议道："可以抓一只小蚂蚁放在手上凑近了看呀。"我质疑："蚂蚁可以放在手上吗？为什么？"马上就有孩子回答："不可以，这样容易把小蚂蚁弄伤""蚂蚁虽然小，但是会咬人的，我就被他咬过"……孩子们在交流的过程中积极地动脑思考着，知道了：蚂蚁是我们的小伙伴，我们要好好爱护它；如果蚂蚁感觉到危险，为了保护好自己，它就会咬人。

最终，几个小伙伴们决定围在一起用放大镜观察蚂蚁。在观察后，第一个小问题被给出了确定答案：蚂蚁的身体包含三个部位——头、胸、腹。其中头部有触角，但是脚到底在哪个部位呢？于是，我们开始了谈话活动。谈话活动时，我鼓励他们把观察到的蚂蚁的身体特征告诉大家。星星说道："我看到蚂蚁有六条腿，头上还有两个触角。""那他的脚长在哪个部位呢？"思考片刻后，又有孩子举手"好像是中间吧。""那你去仔细看一看吧。""就是在中间的！"

期间，孩子们通过阅读绘本《蚂蚁和西瓜》，补充了解蚂蚁的生活习性；利用自然角"蚂蚁工坊"饲养，探寻和见证蚂蚁建新家的轨迹和过程；记录自然观察的发现，创想蚂蚁王国的故事……

三、回归生活评价，促进持续发展

1. 尊重幼儿兴趣，探索行动验证猜测

在幼儿的整个活动中不难看出，兴趣是最好的老师。他们在面对自己感兴趣的东西时，自主探索的欲望是非常强的。对于"蚂蚁的脚到底长在哪里"这个问题，每个孩子都有自己的想法。当幼儿的意见出现分歧的时候，教师应适时地介入，和幼儿一起商量讨论，确定出方案后，让幼儿用行动去验证。

2. 解决生发问题，提供解答疑惑支架

"发现的小洞到底是不是小蚂蚁的家？为什么挖开泥土里面什么都没有？"观察过后，孩子们的探究遇到了阻碍。作为教师，如何为孩子们的继续探索提供材料的帮助和环境的支持呢？针对这个问题，在查阅相关的信息和资料后，我发现了一件很好的观察玩具：蚂蚁工坊。通过观察"蚂蚁工坊"，孩子们可以清楚地看到蚂蚁在洞穴里互相交流、挖掘隧道等各种生活状态。"蚂蚁工坊"刚投放，孩子们就着了迷，每天都会在自由活动的时间成群结队地在一起观察蚂蚁的动态。

3. 拓展探索范围，培养良好学习品质

在寻找小蚂蚁活动之后，幼儿的兴趣转向对蚂蚁身体的了解。教师抓住契机，组织家园合作开展关于蚂蚁的调查活动。调查前的仔细观察是必不可少的，于是，教师引导家园讨论观察的方法，为幼儿提供观察所需要的工具，创造有利于幼儿观察的条件。在观察蚂蚁的方式上，教师鼓励幼儿自主选择，如有的幼儿在操作的过程中发现用放大镜来观察蚂蚁能看得更清楚，这时，其他幼儿就会借鉴同伴的方法来更好地进行观察活动。同伴间的相互影响也是一个思考、学习的过程，这样不仅能激发幼儿观察的兴趣，调动其积极性，而且能培养幼儿认真、细致的科学态度和持续坚持的良好学习品质。

这次的班本课程让孩子们走进了蚂蚁的世界，发现了很多令他们惊讶的事情。孩子

们沉浸在其中，显示出他们的自我价值以及所具有的学习能力。教师引导孩子们探索他们感兴趣的事物，探讨所产生的问题，引导他们在活动中通过不同的途径对蚂蚁进行反复探究，记录观察到的内容和自己的发现并加以思考和分析。生活中还有很多有趣的事情等待我们去探索，让教育回归生活。

班本课程

从"搭便车效应"谈幼儿园班本课程开展方略
——以大班班本课程"一场美丽的"蟹"逅"为例

(启东市慕卿幼儿园 黄超宇)

课程游戏化开展至今,"课程从幼儿中来"这一思想已深入老师们的心中。现在,不少幼儿园都在开展班本课程。班本课程是以班级为单位的动态课程,它给了老师们更多的自主性。教师根据幼儿一日活动中的细节或幼儿的兴趣点进行开发,在实践的基础上形成课程。但在实际操作中仍存在许多的问题。"搭便车效应"是著名的心理学效应,通过心理学看教育,我们会有不一样的发现。

一、明确班本课程的价值

(一)什么是班本课程

班本课程是指以班级为单位的动态课程,它来源于班级幼儿的实际生活,是教师根据幼儿一日活动中的细节或幼儿的兴趣点进行开发的,给了老师更多的自主性,是由师幼双方共同开发的富有班级特色的课程。虞永平教授曾提出:课程的研究与实践应该以班级作为主阵地。幼儿园在实施主题教学的同时,应着重考虑如何构建切实可行的班本课程。班本课程的实施要求教师将幼儿视为主动学习者,同时转变传统实施课程的方式,要求教师不仅仅是课程的实施者,而更应该是课程的建设者。

(二)班本课程的要素

《小小探索家——幼儿教育中的项目课程教学》一书中明确指出,在"项目课程"中,幼儿参与较多、主动引发且有决定权。但如何真正地做好班本课程是我们需要思考的。甘迪尼曾说过,项目课程奠基在这几个基本的信念上:做中学最重要、团体讨论、概念及经验的再思考及再运用。将这三点落到实处,才能做好班本课程。

二、何为"搭便车效应"

"搭便车效应"是著名的心理学效应,其指在集体中,某一个体花费大量的时间与精力,而其余成员只完成相应的辅助工作,通过这一独立个体的努力使集体获益。这一效应引发的危害有:损害这一独立个体的利益,助长其他个体的惰性,长此以往不利于整个集体的成长。

那如何透过"搭便车效应"看班本课程的开展呢?首先,我以我班的"螃蟹"班本课程为例。

一场美丽的"蟹"逅
——大班"螃蟹"主题班本课程

一、不期而遇,萌发养蟹意

1. 相遇

我们大班组织前往种植园采摘花生,回程的路上发现街边的老奶奶正在整理螃蟹。

幼儿摘花生

2. 了解

(1)调查表——了解幼儿已有经验

(2)资源表——了解周边资源

3. 课程目标

(1)了解螃蟹的外形、动态与生活习性,对课程内容产生兴趣。

(2)掌握照料螃蟹的方法,培养初步的责任感。

(3)感受参与社区活动、亲子活动的快乐,情绪轻松、愉快。

二、怦然心动,谱写螃蟹曲

1. 讨论:螃蟹爱吃什么

2. 讨论:适合螃蟹的生活环境

3. 讨论:一个玻璃缸中住几只螃蟹比较适合

三、相濡以沫,编织螃蟹情

1. 集体活动剪影

2. 区域游戏纪实

区域游戏作为幼儿园一日活动的重要环节,也已浸润在螃蟹课程中。

3. 社区活动采撷

（1）菜场行动

（2）蟹塘行

4. 亲子活动回放

（1）螃蟹运动会

（2）螃蟹阅读节

四、且思且行，收获人文情

1. 简单而不简约

2. 坚持皆有可能

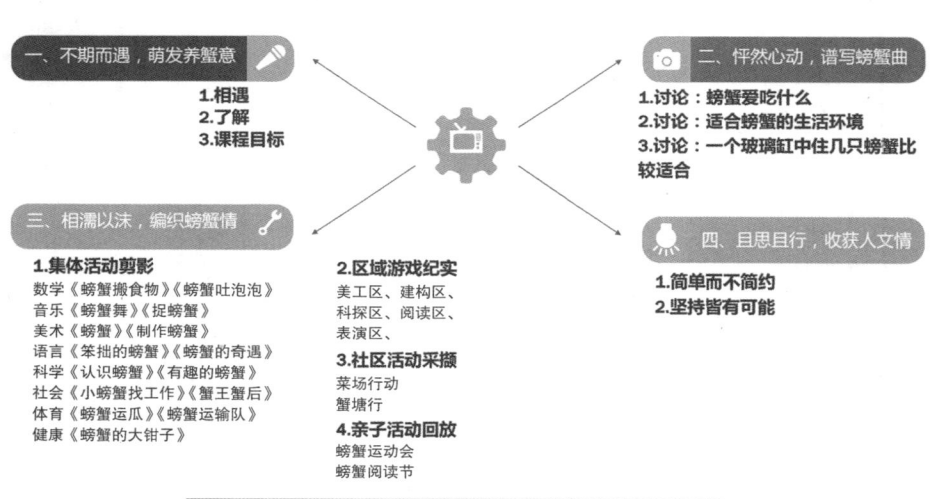

课程网络图

以上是我班所开展的"一场美丽的'蟹'逅"的班本课程介绍，我将结合此课程谈谈幼儿园班本课程开展的方略。

三、幼儿园班本课程开展方略

（一）以团队资源为线，构建班本课程

"搭便车效应"明确指出，团队中不应只关注个人的参与度，而是需要动员全体成员参与其中。只有这样才能更好地发挥团队的力量，助力团队的可持续发展。幼儿园的团队资源主要有幼儿园资源、家长资源和社区资源。

1. 幼儿园资源

在制订出班本课程初步计划后，班级团队或是整个幼儿园团队应召开相关研讨会。通过多次交流、分享、争辩，引导课程走向科学的方向。例如，在上述课程正式开展前，教师梳理了园内已有资源表，以推动后续课程的开展。

2. 家长资源

在课程游戏化的当下，家校共育尤为重要。在开展活动前，我们便将本课程的主要内容发至QQ群内，以调动家长的积极性。并且梳理了家长已有资源表，充分利用家长资源。因此，才有了后续昊轩和昊朕的爷爷来园组织活动、家长带幼儿参观菜场等一系列家园共育活动，在家长的带动下激发幼儿的学习兴趣。

3. 社区资源

假期期间，家长带着孩子参观镇上的菜场，重点关注卖螃蟹的店铺。全班参观昊轩和昊朕家的蟹塘……充分利用社区资源，不断丰富幼儿的感知经验。

（二）以自由为名，构建班本课程

1. 给予幼儿充分自由探索的机会

有时教师并不是故意让孩子"搭便车"，而是由于内心无意识地对幼儿的"不信任"引起的。在"一场美丽'蟹'逅"班本课程中，教师大胆地让孩子外出参观蟹塘、亲手抓一抓螃蟹。很显然，只要老师给予孩子亲身、自主、自由探索的机会，一切班本课程的开展都会那么的顺其自然。

2. 激发探索欲望，解决实际问题

在班本课程中，孩子是全身心投入其中的，他们经常会遇到各种各样的问题。对此，教师应给予他们自主讨论的时间、空间，使他们在一次次的讨论中积极探索，用自己的方法去解决实际问题。如本班本课程中，孩子们便开展了三次讨论活动，讨论一：

螃蟹爱吃什么？讨论二：适合螃蟹的生活环境。讨论三：一个玻璃缸中住几只螃蟹比较适合？在兴趣的推动下，孩子们解决问题的欲望与速度是惊人的。

朱永新教授曾经说过："完美教室是一根扁担，一头挑着课程，一头挑着生命。"我们教师应该做的便是让课程与生命保持平衡。幼儿园班本课程是动态课程，需要教师具备专业能力与专业素养，让课程从生活中来，让课程从幼儿中来，充分发挥团队的智慧力量，让自由带领幼儿成长。切记，教师不是司机，别带着孩子"搭便车"哟！当然，班本课程的实施方略需结合本班幼儿的特点与兴趣，并没有一个模板。因此，教师需不断地学习、实践，以推动幼儿持续性、规范性的发展。

发表于《启东教育》2019 年第 6 期

班本课程

源于生活，回归幼儿
——从班本课程"我们的'藕'遇"谈起

（启东市长江幼儿园 陈 新）

陶行知说："教育的根本意义是生活之变化。生活无时不变即生活无时不含有教育的意义。"生活与教育是一回事，是同一个过程。教育不能脱离生活，教育要通过生活来进行。无论是教育的内容还是教育的方法，都要根据生活的需要。

一、关注幼儿生活，满足幼儿需要

班本课程的来源要贴近生活。对于小班的孩子来说，给予他们有生活经验的东西比较让他们好接受。在一次"我爱吃的蔬菜"晨间谈话中，孩子们回答了各种各样的蔬菜名，只有一个孩子回答"藕"。结合孩子平时不喜欢吃藕这种蔬菜的情况，我决定和孩子一起探究藕。"藕"是一种生活中常见的食物，虽然小朋友都吃过藕，但可能不太了解藕的特点。《幼儿园教育指导纲要（试行）》（以下简称《纲要》）也明确指出：要选择贴近幼儿生活，让幼儿感兴趣的事物和问题，拓展幼儿的经验和视野。因此，我们就充分利用身边的资源，抓住小班幼儿强烈的好奇心以及对新事物探索的欲望，结合本班幼儿的特点，设计了本次主题活动——我们的"藕"遇。

二、识别幼儿需要，引导幼儿探究

《纲要》指出：学习的过程应该是幼儿主动探索的过程。教师要让幼儿运用感官、亲自动手动脑去发现问题、解决问题，鼓励幼儿之间的合作，并积极参与幼儿的探索活动。因此，在活动开始之前，家长们与幼儿们开展了对藕的调查，通过上网查阅、实地考察并结合自己已有的生活经验，共同完成了"'藕'遇"的调查记录表，详细的调查记录了"藕"的一些小秘密，比如藕的样子、藕的生长环境、藕的营养价值等。

活动中，我带了两节藕去教室，和孩子们一起观察、触摸实物，以了解藕的表象特征，并引导幼儿一起发现藕内部孔的数量有七和九之分，藕切开后还有藕断丝连的现象，再让孩子们亲自动手去数数藕孔的数量，用放大镜去观察以此来解决问题、解决自己的疑惑。在这一过程中，教师给予了孩子们一个自由的空间和时间，让他们尽情地去观察，去探索，去讨论。陶行知先生在具体教学中特别强调：要解放孩子的头脑、双手、脚、空间、时间，使他们充分得到自由的生活，从自由的生活中得到真正的教育。在此过程中，孩子们不仅学会了自我发现问题，还学会了解决问题，构建了多领域的知识经验，身体心理均获得了极大的满足。

三、呼应幼儿需求，整合幼儿经验

在幼儿和藕有了亲密接触后，我们将莲藕的特质融合到各大领域去帮助幼儿整合经验。《3～6儿童学习与发展指南》（以下简称《指南》）指出：每个幼儿心里都有一颗美的种子。幼儿艺术领域学习的关键在于充分创造条件和机会，使幼儿在大自然和社会文化生活中萌发对美的感受和体验，丰富想象力和创造力，学会用心灵去感受和发现美，用自己的方式去表现和创造美。所以，把莲藕作为绘画工具让孩子自由创作，能激发孩子们参与活动的愿望与积极性。通过用莲藕印出美丽的花纹，让孩子们感受拓印的乐趣，在"玩中学"。用过的藕片在小朋友的奇思妙想下发挥了"一物多玩"的作用：孩子们拿到娃娃家，藕片成了他们饭桌上的美食；拿到益智区，变成了一条条美丽的项链；拿到建构区，变成了新玩具叠叠高……

幼儿的审美情感是丰富多彩的，给予幼儿多方位、多元化的感知空间，激发幼儿积极探索的兴趣，是帮助幼儿获得审美体验的最好途径。在美术活动中，幼儿通过图案设计、色彩的选配，审美情趣、创造意识得到了进一步的培养，也产生了对大自然热爱的情感。

四、持续呼应，联合家庭的力量

整合了孩子的已有经验后，我们联合家长将学习的经验延伸到生活中去巩固、去发展，使知识变成生活技能。我们邀请家长和孩子一起去买藕，制作和藕相关的美食。亲子互动不仅展现了父母与孩子之间的相互协作力和配合力，同时加强了父母与孩子之间的沟通与交流，促进父母与孩子之间的感情与和谐，让孩子们亲身体会到了父母每天为孩子做饭、做家务的辛劳与不易，也锻炼了孩子们动手做家务的能力，见证了父母和孩子们同心协力分享快乐的温馨时刻。

当我们站在儿童的角度思考课程、设计课程、完成课程时，我们看到了《指南》所倡导的学习，尊重幼儿主体性兴趣和需要的学习，在安全、温暖、互动、理解和激励的环境中的学习，各领域间互相联系、互相促进的学习，整合式、灵活拓展和创造的学习，以及幼儿园与家庭和社区密切合作的学习。这种以儿童关系和环境为主导，促进孩子们主动学习的重要活动，正是班本课程所希望达成的。

在今后的班本课程中，我们更要站在"儿童"的视角，把儿童看作儿童，让他们在参与、探索、尝试、感悟等活动中切实感受课程的魅力，从而自主地参与到课程的开发与建设中来；让儿童成为儿童，让幼儿参与课程体验活动，在玩中学、学中乐、乐中获，在体验活动中主动学习、发现自我，并成为最好的自己。班本课程的实施是一个多样化、独特的过程，涉及幼儿成长的方方面面。因此，规范和优化班本课程应成为我们的不懈追求。

发表于《启东教育》2019 年第 6 期

儿童生活

幼儿园生活活动的价值审议与质量提升

2022年2月教育部印发的《幼儿园保育教育质量评估指南》(以下简称《评估指南》)要求：遵循幼儿身心发展规律和学前教育规律，尊重幼儿个体差异，坚持以游戏为基本活动，珍视生活和游戏的独特教育价值；发现和支持幼儿有意义的学习……拓展提升幼儿日常生活和游戏中的经验；关注幼儿学习与发展的整体性……寓教育于生活和游戏中；关注幼儿发展的连续性……做好身心、生活、社会和学习等多方面的准备。《评估指南》再次强调了幼儿园的一日活动具有浓厚的生活化特征，其教育价值与高质量的实施再度引发幼儿园教育工作者的思考。

一、幼儿园生活活动的概念界定

打开百度百科，对"生活"一词，狭义的定义有：生存，使活命，指生物为了生存和发展而进行的各种活动等等。拓展到广义上，则指人的各种活动，包括日常生活行为、学习、工作、休闲、社交、娱乐等。生活是比生存更高层面的一种状态。"幼儿园生活"指幼儿在幼儿园一日的各种活动。"幼儿园生活活动"则特指幼儿在幼儿园一日生活中入园离园、饮水餐点、散步午休、穿衣如厕等生活环节的活动。

二、幼儿园生活活动的价值和意义

1. 教育与生活相融合，寓教于生活之中

说起教育和生活，杜威的"教育即生活"和陶行知的"生活即教育"思想将教育和生活进行了有效连接。针对20世纪美国教育脱离社会发展需要、脱离儿童生活的两大弊端，杜威提出了"教育即生活"的观点，认为教育应该与儿童当下的生活相联系，教育要为儿童当下的生活服务，儿童要从生活中获取知识，儿童要在生活中快乐地学习，儿童要从生活中感受知识、感受快乐，并为未来民主和谐的生活做好准备。陶行知批判地吸收了杜威的思想，并基于当时中国的国情，提出了"生活即教育"的观点，认为生

活是教育的过程，学生可以从生活中进行学习；社会就是学校，学生可以在社会中学习，在实践中学习，在行动中学习，强调做中学。杜威和陶行知都把教育和生活联系在一起，强调教育必须和生活融合，要寓教于生活之中，并且都注重儿童的个性发展和实践，揭示了教育源于生活又回归于生活的本质。

2. 生活活动在幼儿园一日活动中占据重要位置

幼儿园一日活动主要包括学习活动、游戏活动、生活活动三大版块。幼儿园生活活动是指幼儿每天在幼儿园经历的各个生活环节的活动，包括入园、离园、如厕、洗手、喝水、进餐、午休等。幼儿园生活活动具有基础性、重复性、琐碎性、教育性等特征，是幼儿园课程的重要组成部分，其所占的时间在一日活动安排中最长。

从幼儿园的一日活动安排表来看：若一名幼儿早晨 8 点入园，下午 4 点离园，则其在园总时长为 8 小时。早上 9 点以前的入园晨检和自主餐点大概有 20 分钟的时间，中午 10 点 50 分至下午 3 点午餐、午睡、起床整理以及离园整理和准备等大概一共有 4 小时的时间。在园 8 小时的时长中，有 4 小时都是纯粹的生活活动时间，占比约为 50%。即使除去中午熟睡的 2 小时，生活活动总时长也还有 2 小时的时间，与所要求的幼儿游戏活动总时长基本相当。由此可见，生活活动的重要性非同一般。

3. 幼儿园课程游戏化凸显生活活动的教育价值

2014 年江苏省幼儿园课程游戏化项目建设之初，就提出了从游戏切入改造幼儿园课程："从依赖教材、注重集体教学、强调规范统一"转变为"关注幼儿、关注生活、关注游戏、关注经验，追随发展需要规划和生成保育教育活动"。随后的幼儿园课程改革的第一步、第二步支架中就有专门针对幼儿园生活活动的要求：尝试一餐两点由儿童自主完成，要求用课程的思路去解决生活问题，让儿童尝试自我服务、自我管理；在考虑年龄特点的基础上，尝试各个生活环节的自我服务和独立完成，要求以学习视角对待儿童的生活自理，学习自我服务、自我管理，培养儿童独立处理问题的能力。幼儿园课程游戏化项目实施的五大要求，更加明确了关注生活的教育价值，要求课程内容要来自儿童的生活，课程实施更要贯穿于儿童的生活。

三、幼儿园生活活动存在的问题

幼儿园的生活活动质量可以从侧面反映出幼儿园的保教质量，它应当是整体性的、流畅的，如流水般不可阻断。但现实中，很多幼儿园一日生活的组织与实施却存在着"大一统"、死板、分裂等问题，其具体表现：一是生活活动时间设置统一，缺乏灵活性；二是生活活动组织形式统一，缺乏多样性；三是生活活动中教师角色定位有偏差，生活活动的教育价值被忽视。

某些幼儿园的一日活动时间安排和组织形式，虽然看似合理有序，但事实上，活动之间的转换生硬、死板，时间和事件节点痕迹明显。教师在幼儿的生活活动中扮演的是组织者或监管者的角色，缺少对幼儿生活的参与，也缺少对生活活动教育价值的思考和挖掘。幼儿园生活活动的组织与实施之所以存在种种问题，究其原因，主要表现在以下三个方面：

1. 生活活动与生活环境相割裂

幼儿是在与环境的相互作用中发展的，幼儿园提供给幼儿发展性生活和个体性生活的教育场域。随着对环境教育价值的肯定，越来越多的幼教工作者从游戏环境和主题教学环境创设的视角出发，探索提升游戏活动和教学活动的质量。然而，生活环境的创设却被忽略了。

比如在幼儿园的环境中，环视一下空间设置的标志，有哪些生活标志是教师在开学前就布置好的？这些标志是教师根据孩子的需要经验假设的，还是教师预设了孩子可能会出现怎样的困难或问题，从而设计、制作了（认识类的、经验类的）各种用于解决假设问题的标志，并贴到墙上、桌上、柜子上等等？贴好后，教师的工作是否就结束了？然而教师往往忽视或并没有追踪观察孩子实际的使用情况：这些所谓假设的标志孩子注意了吗？喜欢吗？看得懂吗？符合孩子的需要吗？真正遇到问题时孩子能借助标志解决吗？其实想要让幼儿生活空间中的标志真正发挥作用，教师是不能通过臆想或猜想的，而是一定要对孩子的生活活动进行观察，发现孩子在生活环节中遇到的问题，并从孩子的角度具体思考和分析原因，通过与孩子对话的方式进行集体审议或讨论，再提供相应的材料，或自我补充或调整环境给予支持。只有这时，标志才是真正属于孩子的标志。

2. 生活活动与学习活动相分离

尽管幼儿园的一日生活可以按照活动内容分为生活活动、游戏活动和教学活动等，但这些活动本质上具有共同的属性，是一个完整的教育体系。幼儿园教育应通过保障幼儿"有意义的生活"，来探索如何使丰富的"教育"成为可能。然而，在当前实践中，还是有部分教师会把"保育"和"教育"人为地割裂开来，如班级的二教一保配置，两位专任教师负责幼儿的游戏活动和教学活动，一位保育员则主要负责幼儿的生活活动，并且教师和保育员缺乏沟通和交流。这样长久的保教行为分割，导致幼儿的生活活动与学习活动之间呈现分离的状态，也未能将幼儿的一日生活与幼儿的终身发展联系起来考虑。

3. 教师与幼儿生活的状态相分隔

在幼儿园实践中，教师观察时所站立的位置或是使用的言语表现出教师与幼儿的生活状态是分隔的。例如，在如厕、洗手、喝水等环节，教师大多倾向于站在盥洗室门口，提醒并监督幼儿。这时，教师宛如"监工"，只有话语指令，缺少与幼儿的互动。此外，在生活活动中，幼儿与教师之间的交流多数是机械式应答，脱离了幼儿的生活状态，忽视了幼儿是一个个鲜活的生命体，只强调幼儿要根据指令生活。这种情况下，教师和幼儿的生活不是"共同生活"，而是教师监管，幼儿在监管下的生活。

四、幼儿园生活活动质量提升的路径和方法

1. 建立有序规则是前提，培养良好的习惯

教育部《关于大力推进幼儿园与小学科学衔接的指导意见》中对于生活准备和生活适应从生活习惯、生活自理、安全防护和参与劳动四个方面给出了明确的教育建议，其中良好的生活和卫生习惯便是重要前提。幼儿园课程游戏化建设也要求支持儿童制定自己需要的规则，让儿童尝试自我服务、自我管理。一个混乱嘈杂的空间和一个有序安静的场所，不管是成人还是幼儿更愿意接受哪个环境都是不言而喻的。因此，一切质量的提升首先要建立在有序的基础之上。只有有序的规则建立了，才能在有序的环境中思考如何进一步提升质量的问题。

2. 转变观念，树立整体课程观

幼儿在生活中学习，一日生活皆课程。幼儿园生活活动质量的提升，还应做到生活活动与教学活动、游戏活动三者之间的有机融合和相互促进。教师应当转变观念，树立整体课程观，通过教学和游戏活动促进生活活动质量的提升。比如，针对幼儿园生活活动中出现的问题可以生成集体教学活动，也可将与幼儿生活密切相关的食品安全、健康饮食等社会问题作为活动主题开展谈话活动，另外也可通过生活活动的延伸作用巩固集体教学活动的效果。教师要将幼儿的生活与学习相融相辅，注重生活活动游戏化，丰富生活活动的组织形式，提高生活活动的趣味性。

3. 打造具有生活化和生长性的教育空间

随着幼儿园课程游戏化的深入推进，幼儿园的活动空间不再是模式化的学习场所，而是一个个性化、有温度的生活空间。一方面是活动室的空间规划更具生活性。活动室空间是幼儿一日生活的重要场所，"家"的概念被越来越多地呈现在活动室的环境创设中。"家"可以被划分为多个不同的区域：阅读区、益智区、美工区、建构区、自然角、娃娃家等。教师在活动室里投放了大量的自然材料和生活性材料，如绿植、木块、棉布、瓶子等，让幼儿感受到生活在真实的生活环境之中。另一方面是幼儿园的空间设计更具生命性。幼儿园的空间是幼儿的空间，幼儿园的环境是幼儿的环境。教师要给孩子

的环境留白，幼儿需要在这样的空间里看到自己的生活，找到自己成长的痕迹，寻找到空间留存的归属感。因此，幼儿园的空间被越来越多地还给了幼儿，随处可见幼儿们生活中探究的问题、幼儿创作的作品、幼儿成长的轨迹乃至幼儿的生日愿望等与自身生命成长息息相关的内容。

游戏和生活是孩子学习的两大主要方式。教育空间的生长性意味着幼儿的活动室不再是单一意义上的空间，而是更加具有教育性和成长性的场所。如借助活动室入口处"入园五件事"的提示，明确幼儿每日入园后需要完成的自我服务内容，帮助幼儿巩固和提高生活技能，增强生活的条理性，养成良好的生活习惯。又如活动室里设置的签到墙、自然角、观察日记、每日天气等有记录的场所，可以让幼儿学会关注自己和同伴，关注周围的环境，提升幼儿的感知、观察和表达等能力。再如活动区、盥洗室或区角空间等一些具有公约、提示符号以增强规则意识的场所，有助于培养幼儿的规则意识，增强其责任感，发展其社会性。

4. 回归自然、自主、自由的生活活动应有状态

回归自然，让生活活动更加完整和流畅。幼儿在幼儿园的一日生活中应当是自然而顺畅的，而不是机械和死板的。教师不妨将原来碎片化的一日活动进行弹性化和模块化安排，为幼儿提供充足的可以自由支配的活动时间，并根据实际情况灵活调整。如对于入园和晨间活动安排，教师可以将先入园再户外活动的两个独立环节整合为一个灵活的时间模块——晨间活动，让幼儿可以自主选择来园以后先做什么再做什么以及什么时候去户外。再如，对于中午用餐环节，教师可以不再做具体细致的餐前、餐中、餐后的时间划分，而是将整个环节归为一个模块，跟随幼儿的速度自然进行。弹性化的作息能够让幼儿的生活活动更加自然和流畅。

回归自主，让生活活动更加充分和灵活。幼儿园的生活是幼儿在幼儿园的生活，生活的主人是幼儿。教师要充分尊重幼儿的生活节律，为幼儿的生活活动提供充分的保障。如设置专门的生活区，提供多样的餐点供幼儿自主选择；餐点、午餐时间，让孩子可以自主选择进餐的座位、选择进餐的同伴。再如午睡起床时段，将如厕、盥洗、喝水、点心等环节与区域活动灵活衔接，可使幼儿根据自身进展灵活自主地选择相应的活动，同时也为保障生活活动提供了充足的时间。

回归自由，让生活活动更加丰富和适宜。生活活动过渡环节的灵活多样可以让幼儿园生活更加自主自由。因此，教师应当打破统一行动的模式，采取更加自由自主的过渡形式，让幼儿在活动之间自然转换。如过渡环节的时间可以灵活把控，教师可以在上一活动接近结束时提供语言或音乐等有效信号提前暗示，并给予一定的时长用于从容过

渡，从而保障活动之间的流畅衔接，使整体时间安排更加适宜。又如在餐前准备时，教师可以增加丰富的活动和材料，减少过渡环节中的消极等待现象。

5. 提升教师生活活动组织实施的专业能力

教师是幼儿生活活动质量提升的关键，教师角色的转变和专业能力的提升对幼儿生活活动质量的提升起着决定作用。首先，教师应当转变角色，从指挥者和监管者转变为观察者和陪伴者，与幼儿一起生活，关心幼儿所关心的，发现和支持幼儿。其次，教师需要提升教育的敏感性，通过持续观察、有效记录和系统反思发现幼儿在生活活动中遇到的困难或存在的问题，捕捉非正式学习时间的教育契机，找到解决问题的方法。最后，教师需要主动建立家园互惠的关系。幼儿生活习惯的培养和生活能力的养成需要家园共同努力。教师可以充分利用网络、视频、照片等资料，与家长进行有目的、有针对性的沟通，谋求理念、目标和行为的一致性。

在新冠疫情不断反复的今天，很多时候，孩子不能正常参加线下的幼儿园集体生活，随时准备着居家生活或隔离生活。当下的生活就是最真实的生活，它是宝贵的教育资源，更是幼儿学习与发展的重要途径。

倾听童声

坦克动起来啦
——"一对一倾听"安吉探险岛故事分享

（启东市鹤城幼儿园　陈　洁）

安吉建构游戏深受孩子的喜爱，它为幼儿提供自由的创作空间，能够有效锻炼幼儿的独立思考能力、动手能力。老师们应尽可能地通过多种方式让幼儿自由表达，展现他们的声音。幼儿也能作为研究者参与到研究中来。

我们班一场关于"坦克动起来啦"的搭建故事也由此展开……

一、在表征中倾听、发现问题

1. 倾听现场

在表征分享中，"坦克组"的幼儿讲述了他们搭建坦克的过程并提出了问题。

一嘉："它只是看起来像坦克！它不可以动起来！"

 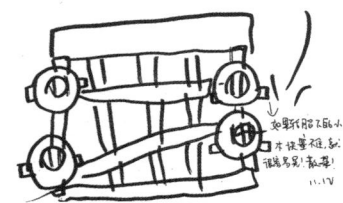

瑶瑶："如果轮胎下的小木块塞不住，就很容易晃！散架！"

2. 教师思考

（1）教师倾听幼儿

孩子们倾向从生活中熟悉的事物中迸发创造灵感，比如"坦克"的建构，就是基于前期安吉塑料建构"汽车城"的经验。所以，在这次的户外安吉探险岛建构时，教师依然选择了孩子们熟悉且非常喜欢的"坦克"作为建构的内容。

从孩子们的表述中可以看出，孩子们对汽车的整体构造是有一定认知的，知道坦克上的轮胎要用东西"刹"住，才能静止不动；坦克上的轮胎滚动起来，坦克才可以动起来。

（2）幼儿发现问题

对于搭建过程中出现的"如何才能让坦克动起来"的问题，孩子们进行了积极的讨论，并对想到的方法进行了总结。

二、在表征中迁移、解决问题

1. 倾听现场

孩子们根据表上的计划，进行了二次尝试。潘潘带队选择了用滑板车垫在"坦克"的最下端，作为底座；小金带队选择了用大型圆柱体进行尝试；瑶瑶用小木车拼装，做成了可以"储藏"的小车厢。

游戏结束后，孩子们对于自己的尝试过程进行了分享。

潘潘："六个滑板车可以作为底座，但是一开始可以推起来，后来上面的东西越搭越多，我们好几个人推都推不起来！"

瑶瑶："我们组的小木车坦克，今天动起来了一点点哦！我们还可以坐在里面呢！"

2. 教师思考

（1）幼儿是天生的学习者

孩子具有持续的探究精神。在孩子们的表征下，教师能清楚地看到、了解到孩子们游戏背后的想法。比如"用六个滑板车"作为底座，带动坦克动起来；用四个小木车组合的方式，做成可移动的"储藏式"底座。通过不同方法的尝试，来让"坦克"动起来。

（2）幼儿经验的迁移与积累

孩子们在安吉探险岛的课程板上观看、学习其他同伴的搭建故事，相互迁移搭建的经验。这一次，更多的孩子开始在搭建过程中探索让"坦克"动起来的方法，并根据自己的已有经验进行了尝试。

三、在表征中反思、调整优化

1. 倾听现场

孩子们在分享交流、学习反思、提出问题、解决问题中，不断提升自己的能力。这不，孩子们的坦克虽然动起来了，但是又发生了新的问题。

豪豪："这个坦克要很多人一起推，才可以动起来！"

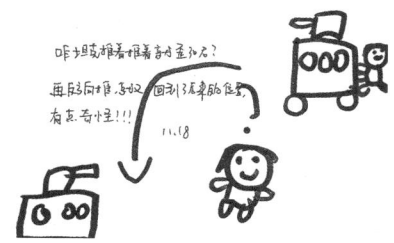

潘潘："当坦克动起来的时候，它不是直直地走的，而是弯弯的！这样就攻击不到我们想要攻击的敌人了！"

孩子们很自主地将这些问题记录了下来，并做好了标记。

萱萱："我们可以用双面胶，把这几个小木箱粘在一起！"

小蔡："用小陈老师经常用的胶枪会不会更稳固一点！"

一嘉:"我爸爸给我装床的时候,用了电钻和钉子,爸爸说我们滚都不会散架!很牢固的!我们可以试试看!"

新一轮的"解决方案",再次被孩子们思考并表征了出来。

2. 教师思考

(1) 幼儿自主反思

针对出现的新问题,孩子们进行了表征与思考,并能够及时进行调整。

孩子们发现,坦克弯弯地走,是因为小木车"车厢"分开了。他们像解决"如何才能让坦克动起来"这个问题时一样,自主地进行了多次探索和尝试。

很多时候,除了坦克组,其他安吉探险岛的"项目组"也会在搭建的前后遇到类似的问题。为了解决其他同伴的疑惑,并建立起与同伴间更有效的沟通,孩子们创设了问题墙。

问题墙

（2）幼儿调整方法

孩子们将问题墙的布局，转移到自己的记录纸上。他们将画纸一分为二，一边画上自己的问题，另一边先空着，然后再去思考、探索解决方法或是寻求同伴的帮助。当问题获得解决方案时，他们再将空白的另一部分补上。

"我还是觉得一个人在后面推有点重！"

"一个人在后面推，一个人用绳子在前面拉就省力很多！"

这种"问题解决式"的表征方式让孩子们的建构游戏得以深入，也帮助他们更好地梳理游戏思路，总结游戏经验。一次次的表征，是孩子们对于建构游戏的回顾、反思。教师倾听并记录孩子们对表征的叙述和表达，是孩子们再一次对自己思考的反思，是促进幼儿深度学习的体现。

持续的安吉建构游戏，让孩子们的综合搭建能力不断提升。在这一过程中，孩子们不断地用表征分享等方式表达着自己的想法、想象和情感。只有静下心来侧耳倾听、认真记录，才能更全面地了解孩子的需求，从而提供更为有效的支持与帮助！

倾听童声

滴答滴答下雨啦

（启东市和睦幼儿园　陆云凤）

滴答滴……
滴答滴……
雨水滴答滴，
好像在打小鼓，
敲敲打打，
好像十一月的音乐季，
可以听出许多美妙的歌声。
滴答滴……
滴答滴……
其实最好的教育，
便是遵循孩子成长的自然规律，
以自然为师，与自然为友。

　　天下着雨，小朋友们穿着雨衣、雨鞋出发了，他们要去寻找雨水的"落脚点"。他们拿着自己装雨水的瓶子、塑料桶等出发了。
　　周芸朵说："看，这里就有雨水。"

高毅诚说:"轮胎里也有很多呢!"
张喆羽说:"我把瓶子打开了,雨水会落到我的瓶子里吗?"
施景诚说:"我们再去别的地方找找看吧,看雨水落到哪里?"

周芸朵说:"小雨滴落在了踩高跷上,我在那边接水,我用小盖子在里面接水。踩高跷里的水太少了,踩高跷里的水就像大珍珠,动来动去,而且"珍珠"越来越大了!"

袁奕博说:"我拿着一个桶,在老师的雨伞上接了一点水,雨水落在老师的雨伞上,从老师的雨伞上滑了下来,就像在玩滑滑梯一样。"

龚晨玮说:"雨水落在小树叶上,我发现了,用小瓶子接雨水,叶子上的水掉得快快的,好像爆米花快快地掉下来一样。"

王紫伊说:"我们看到了水坑,一大排水坑,我们就去踩水坑。水溅起来了,溅到了我们小朋友的身上。我们在那不停地挖水。"

教师的话:

小朋友对寻找雨滴这个活动非常感兴趣,他们在雨中奔跑,在雨中散步,在雨中寻找雨水"落脚"的地方。对他们来说,与大自然的雨接触,是一件非常开心的事情。孩子们仔细观察,用各种瓶盖、瓶子、水桶等工具装雨水。在寻找雨的过程中,孩子们仔细观察雨水落下来的样子,雨滴滴下来的样子,并用了比喻形象的手法进行写作,把自己最真实的感受和体验展现出来。

宋梓宸说:"水一直滴滴答答的,一直下,一直下个不停,下在我的鞋子上,还下在了我的身体上、我的头上,还下在了小池塘、路灯上、树上、屋顶上、树叶上。"

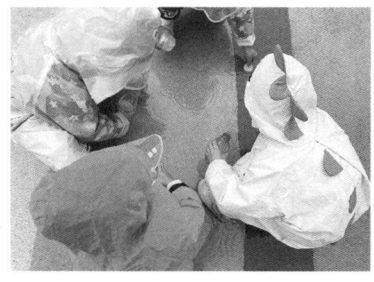

施景成说:"我发现放水杯的地方有雨水,我发现泥土上面也有水,我发现叶子上面有雨水,我发现放玩具的房子有雨水,我发现踩高跷上有水,外面到处下着雨,到处都是雨。"

教师的话:

每个孩子的体验和感受不同。孩子们把自己看到的雨水"落脚"处,都很形象地表达了出来。这些表达甚至是以排比、诗歌的形式展现的,以分总的句子出现的。他们富有逻辑性的语言表达力很好地展现了自己最真实的体验!

回到教室,老师和孩子一起分享雨滴的"落脚处",孩子们能通过自己最真实的感受表现出更多的情感。

在儿童的表征下,看似简单的探索过程,却让我看到了他们一次又一次的新发现。在儿童的表征中,我们能够捕捉到他们细致的观察力,能够聆听到他们逻辑清晰且充满想象力的话语,能够体会到他们在享受快乐的探索过程,能够理解他们在游戏中独特、真实的想法,更能感受到他们在游戏中的专注与自信。

倾听童声

一"听"一世界

(启东市鹤城幼儿园 冯佳秋)

儿童是有独立思想和灵魂的个体,他们在主动获得经验的过程中,会以具有个性特点的语言和非语言来表达和表现自己的所思所想。我们在实施一对一倾听表征记录的活动后,进行了以下思考。

一、倾听方式单一,时间不够用

我们主要采用表征倾听,游戏中、游戏后的分享环节等固定时间段是幼儿记录、表征与讲述的时间。随着幼儿讲述水平的逐渐提升,幼儿可以更快、更完整地讲述自己的游戏故事,这对教师的辨别、记录能力都有所挑战,因为专注于记录幼儿讲述的内容会影响教师对幼儿讲述的思考与反馈。而且一日活动流程紧凑,教师无法做到兼顾其他幼儿的安全与活动。

解决方法

1. 教师可以在倾听中使用录音、视频记录幼儿的讲述，便于幼儿的后期观看回顾以及自己在今日活动反思时再次观看与分析。

2. 教师还要善于利用各种碎片化时间对幼儿进行倾听、记录，如晨间活动、晨间谈话、午餐前后、放学前后这些时间段孩子们进行的随机游戏、阅读、与同伴的交流等，都可以进行倾听、记录。

二、记录内容不准确

幼儿在表述中，有时会出现天马行空的想法，是否需要全部记录？对于腼腆内向的孩子，他们不愿意表达，这时该怎么办？

解决方法

1. 孩子讲，教师真实记录，不打断孩子的话；孩子有自己的想法，可能是情感上、心理上、情绪上的，教师要用心去听孩子说了什么；不为记录而记录，教师要清楚倾听的重要性，解读幼儿的游戏行为和水平，为幼儿的游戏提供有效支持。

2. 当孩子与老师分享情绪感受时，老师的回应很重要，要不时地与孩子有眼神接触，同时避免打断孩子说话，并表现出关心、轻松、有兴趣了解的表情，鼓励孩子继续说下去。

三、倾听记录如何展示

我们目前把对孩子游戏的过程记录都展示在游戏故事墙上，这样把孩子的游戏故事记录和游戏区域分开，无法做到相互学习、相互作用。

游戏记录墙

解决方法

倾听记录的展现不能仅限于单一的游戏故事墙，植物角、建构区、阅读区等活动区域都可以存有孩子们的游戏痕迹、教师倾听记录的痕迹。

儿童在发现世界，我们在发现儿童。他们天马行空地创作，神采奕奕地讲述，我们兴致勃勃地倾听，认认真真地记录。让我们脚踏实地，一步一个脚印，始终保持好奇，用内心聆听孩子成长的拔节声！

倾听童声

你慢慢说，我细细听

——倾听记录中的小发现与小美好

（启东市龚家镇幼儿园 徐 英）

忽如一夜春风来，千树万树梨花开。一对一倾听记录绽放在我们每个幼儿园。

初期，我园以观看安吉县幼儿园半日活动展示为引领，展开了对"倾听"的初步探究。各班根据班级情况，在实践和探索中，选择最适合自己的方法并根据一对一倾听的模式调整幼儿的作息时间和每日计划。我们鼓励教师大胆尝试，在实施中发现问题，共同研讨、及时调整、获得经验，从而让一对一倾听成为常态。接下来，我将基于我园本身，谈一谈我园当下的一对一倾听记录情况。

一、倾听是什么

（一）教师的认知

既然是研究倾听，那何谓"倾听"？通过与班级教师的讨论，我总结出他们的认知：教师目前对倾听的认知停留在了感官上的"听"，更关注听幼儿的表达，强调师幼的对话。

（二）概念界定

前期，我园对倾听概念的认知模糊不清，教师对倾听的理解也存在明显偏差。为此，我园通过业务学习、园本培训、经验分享等相关活动，明晰了倾听的概念，并在一次业务学习中，将倾听的科学概念传达给教师。

结合专业的理论以及我们的理解，我们简单整理了倾听的概念：

倾听是幼儿与倾听者互动的过程，是倾听者在认真听取幼儿的各种观点、想法后，对其进行加工、整理、分析，并以恰当的方式反馈给幼儿的过程，是对话与交流的过程。倾听的内容是多样的，听幼儿的语言，看幼儿的动作、神情、表征。倾听的过程是延续的，包括倾听者在聆听、观察之后的信息加工与及时反馈。

二、我们如何倾听

在倾听的概念中，我们摘取了几个关键词：倾听者、多感官、信息加工与即时反馈。我们的初步探究也围绕这几个关键词展开了尝试。

（一）倾听主体（倾听者）

1. 主体一：教师

毫无疑问，教师是倾听者，也是幼儿在认知探究之初的最主要的倾听者。教师在组织幼儿的一日活动时，会处于与幼儿一直沟通、交流的过程中。在这一过程中，掌握良好的倾听技能能有效地帮助教师了解幼儿。

一对一倾听之稻田之旅　　　一对一倾听之阅读区的故事

▶ 问题一：如何保障倾听的覆盖面

在探究如何开展倾听之前，教师是有倾听意识的，是会利用时间在班级展开小范围的倾听的。但是，在最新的理念下，"一对一倾听"的概念让教师犯了愁。我们的幼儿数量虽然不多，但是如何在一定时间内保障每一位幼儿的被倾听权利呢？

经过初步讨论，各班级制订了班级倾听计划，从幼儿、区域、活动时间方面出发，简单划分了班级三位保教人员的倾听任务。当然，这只是初步划分，在真正地实施过程中，教师会根据实际情况开展倾听工作，但是，这个简易计划的制订明确了三位保教人员均需要开展倾听工作，且倾听是与幼儿的一日生活有机融合的。

中班倾听计划

人员分配：

薛：苹果组；杨：橘子组；吕：香蕉组。

1. 自然角：当天主班老师在入园活动时进行今日值日生记录、讲述。
2. 室内区域游戏（重点关注的区域）

阅读区：教师倾听幼儿讲述故事并记录、幼儿相互讲述游戏故事。

益智区、科学区：幼儿游戏时产生的故事由主班教师倾听、记录。

3. 游戏结束后的游戏故事分享按分组的老师进行倾听记录。
4. 自主点心环节如有幼儿分享游戏故事可按分组的老师进行倾听记录。

▶ 问题二：如何保障倾听反馈的及时有效

目前，这个问题仍在讨论与实践之中。在具体实施中，我们也发现了诸多问题，等待教研解决：

幼儿无法完全清楚地讲述自己的表征（受语言发展的限制）。

对于特殊的儿童（如不愿意说、不愿意画的），在一对一的交流中有什么策略与方法？

通过一对一倾听与记录，我发现，有的孩子玩的和画的不一样，画的又和表述的不一致。对于随意画、随意说的孩子，老师该怎么办？

2. 主体二：幼儿

幼儿是主动的倾听者，是真正意义上的倾听主体。这是教师在之前的观察与记录中有所关注但并未真正重视的一点。在承认了幼儿是倾听的主体之后，教师做的第一件事就是保障幼儿的倾听主体地位。

（1）游戏故事相互交流

在游戏故事记录之后，教师鼓励幼儿相互讲述自己的游戏故事，尤其鼓励在不同区域游戏的幼儿相互讲述，使幼儿通过同伴间的交流与讨论，丰富自身的游戏经验。

同时，教师利用游戏后的分享时间，鼓励个体幼儿面向全体幼儿讲述自己的游戏故事，请幼儿结合自己的游戏故事分享自己的游戏经验。

（2）游戏中的交流与讲述

幼儿在游戏中的交流与倾听是更丰富、多元的，涉及游戏中的同伴协商、合作与学习。教师有意识地将幼儿在游戏中的交流拍摄下来，自己观看分析，也会播放给其他幼儿观看，与幼儿共同分析。

这些颜色是秋天的

带着目的、工具与任务卡，孩子们深入自然中去发现与众不同色彩的秋叶。整个过程中，小朋友一起合作、交流、分工，探究意识强烈，探究行为有条理。孩子们找到一种颜色的树叶后，知晓要根据任务卡格子的大小适当修剪，以确保每一片树叶都有自己的位置，也使任务卡尽量保持美观。完成之后，小朋友们都因对本次探索有所发现而感到兴奋与满足，能够较清楚地分辨并大胆地介绍寻找到的秋叶的颜色。

支持与策略：

探索活动结束后，我们鼓励幼儿互相分享自己的发现，共同探讨对于秋天中大自然色彩的新认知——原来秋天不止一种色彩，有的秋叶是单色的，有的秋叶是多种颜色的。同时，孩子们还将自己探索的经过与发现的结果进行了个性化表征并记录了下来。

幼儿相互讨论时，教师拍摄视频的过程也是一种倾听。教师在拍摄时必然也带着自己的观察目的，有着自己的教育意图。

3. 主体三：家长

在前期的讨论中，家长作为倾听的参与者也是思考的。大班在实践中，将班级课程与家长倾听工作进行融合，鼓励家长倾听幼儿的讲述。

大班课程故事：《绳彩飞扬》

一对一倾听之我和我的跳绳故事

一对一倾听之我的跳绳小故事

跳绳游戏中发生着很多充满酸甜苦辣的小故事，孩子们和家长分享着、记录着、改变着、成长着……今后，幼儿更多游戏故事的讲述将被我们纳入家长倾听推进计划中，更多丰富的活动内容也将值得我们深入探究。

（二）倾听形式（多感官）

1. 表征倾听

游戏故事一直都是我园教师了解幼儿、观察幼儿的重要工具。在这学期中，游戏故事更是成为教师倾听幼儿的第一抓手。各班级根据本班实际情况组织幼儿进行表征、倾听、记录。游戏中、游戏后的分享环节以及午点后、离园前等零碎时间都成为幼儿表征与讲述的时间。

往期，我们会在游戏故事上配上简单的文字。在本学期的尝试中，教师鼓励幼儿完整地讲述故事情节，教师也为幼儿完整地记录下讲述的内容。

小班

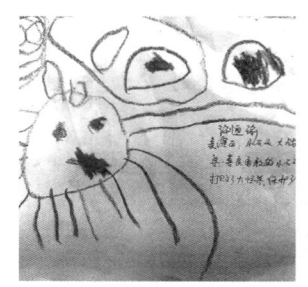

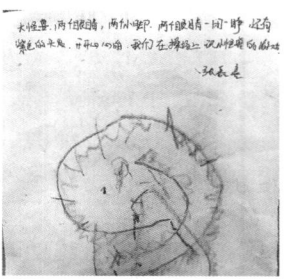

中班

大班

问题：随着幼儿讲述水平的逐渐提升，幼儿可以更快、更完整地讲述自己的游戏故事，这对教师的辨别、记录能力都有所挑战，因为专注于记录幼儿讲述的内容会影响教师对幼儿讲述的思考与反馈。

方法：教师在倾听中可以使用录音记录幼儿的讲述，在讲述后将录音转换成文字，打印粘贴。

录音记录

2. 录音记录

录音记录方式多在班级的阅读推进以及小班幼儿表征存在困难时使用。教师提供材料与环境支架，幼儿也能非常方便地自主回顾。

3. 视频记录

视频最能完整地记录幼儿在表征中的神情、动作、语言等信息。教师更多的是在游戏组织中使用该形式进行记录，以便于幼儿的后期观看回顾以及自己在今日活动反思时再次观看、分析。

倾听是教师了解幼儿的重要工具，当教师正确掌握倾听的方法后，了解幼儿将不再是难题。在这段时间的零碎探究中，大家尝到了倾听的甜头，也感受到了在倾听的方法、后续支持方面仍有许多值得不断学习、研究的内容。

倾听花开的声音，我们能读懂花儿的心思；倾听溪水的歌声，我们能读懂山林的呼吸；倾听孩子的心声，我们能走进孩子的心灵……

倾听童声

一对一倾听背景下，幼儿自主表征丰富支架构建

——以大一班《晒秋日志》为例

（启东市天汾幼儿园 梁忆卉）

为什么好好的南瓜、玉米、红枣等植物，在植物角会发霉了呢？这到底是怎么一回事呢？就这样，娃儿们开始了奇妙的晒秋之旅。那在晒秋过程中又会发生什么有趣的故事呢？一个又一个的问题驱动着孩子们的探索。让我们跟随孩子，一起开展一场发现之旅！

秋天"发霉"啦

秋天是一个收获的季节，果实、蔬菜……数不胜数。但它也有着自己的小秘密，等着孩子们去发现。

这一天上午，几位小朋友在回想时突然热烈地讨论了起来……

然然："植物角的南瓜发霉了，上面长出了白点点。"

豆豆："土豆长芽了也是有毒的。"

点点："我妈妈都是把蔬菜水果放冰箱里，等要吃的时候再拿出来。"

然然："这些瓜果肯定是没有放在冰箱里，所以坏掉了！"

果果："可是以前的人又没有冰箱，他们是怎么储存粮食的呢？"

潼潼："我之前在马路上看到好多稻谷被铺在地上晒太阳。"

睿睿："我之前看到过有人晒玉米。"

老师："这个叫晒秋。"

瑶瑶："什么是晒秋呢？"

一对一倾听下，驱动性问题的出现与聚焦：

在一对一倾听之下，我们发现南瓜发霉了。那么我们怎么保存植物呢？

教师的思考：基于这一问题，我们决定为孩子们提供支架——晒秋经验支持。我们将在幼儿园中开展一场晒秋活动，让孩子们在活动中了解晒秋机制、晒秋形式。

秋天晒在哪

原来，秋天有这么多农作物可以晒呀！可是，把它们晒在学校的哪里呢？孩子们都有着不一样的想法……

究竟选择哪里呢？孩子们提出问题，我们一起去看看吧！

地点寻找中……

浠心："晒在海盗船这里怎么样？"

宁宁："不行不行，小朋友在这里玩，有很多沙子，会把东西弄脏的！"

"那，升旗台上怎么样呢？"
"晒在滑滑梯这里也不错。"
"晒在树下面怎么样？"
"晒在草地上也不错，可以晒好多呢！"

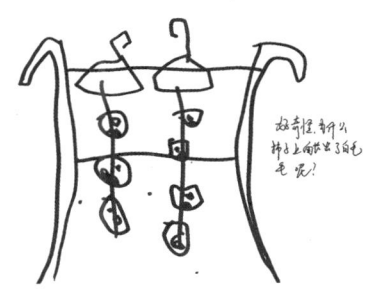

教师的思考：

通过与孩子们的一对一倾听交流，我知道了，原来孩子们有这么多奇妙的想法，我们也要为孩子们提供足够的支架供他们去探索，去发展！

柿子发霉了

这一天，在与睿睿进行一对一倾听的过程中，睿睿说着说着，突然拉着我的手，带着我去了柿饼旁边。

睿睿："老师，你看，我画的就是我们的柿子发霉啦！"

听到睿睿的发现后，我们一起进行了一场谈话活动。

多多："为什么会发霉呀？"

豆豆："难道是没有太阳吗？"

果果："可是我们每次散步路过晒秋的地方，那里都有太阳呀！"

然然："我想起来啦！我们周末的时候没有把柿子晒出去，会不会是因为这两天没有晒到太阳呀？"

孩子们："对对对，一定是这样！"

就这样一个小插曲，我们发现了，原来对于晒秋来说，太阳竟然这么重要。

基于现象所出现的问题：

通过一对一倾听，我们发现，孩子们的世界充满着疑惑：为什么柿子明明晒了太阳，但就在教室放了两天，还是会发霉呢？

教师的思考：

孩子们对于"细菌"的样子有着自己的想象和理解。对于大班的幼儿来说，细菌、真菌、病毒的概念晦涩难懂。他们不会像成人一样对定义有明确的理解，但趣味的观察操作却是他们伸手触碰科学之门的钥匙。

支持类型	经验支持	绘本支持	探索支持
具体内容	了解霉菌	绘本《霉菌》	进行"面包'霉'了"的小实验

面包"霉"了

通过对《霉菌》等绘本的阅读，孩子们了解到霉菌什么都喜欢吃，最喜欢在潮湿的环境里生活。

基于这一发现，我们通过面包实验的方法，把一袋干燥、无水、接受阳光照射的面包与一袋有水的面包进行对照，引导孩子们观察与探索。

通过幼儿每日表征以及一对一倾听交流，我们发现，原来有水的面包每天都在发生着变化。

时间	无水面包	有水面包
第一天	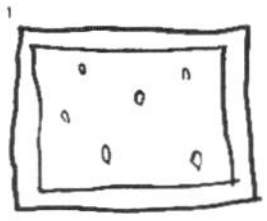 无明显变化	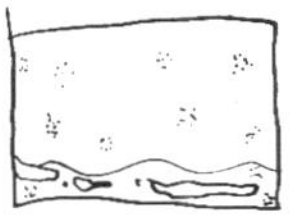 有一些变软
第二天	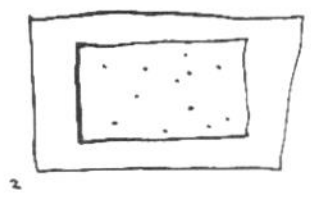 无明显变化	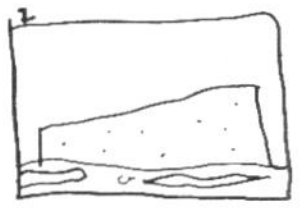 开始"融化",没有形状
第三天	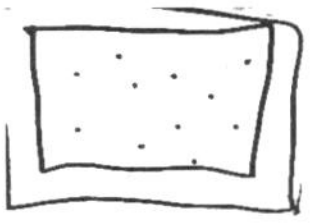 无明显变化	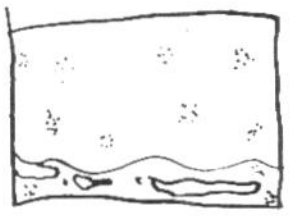 完全化为水
第四天	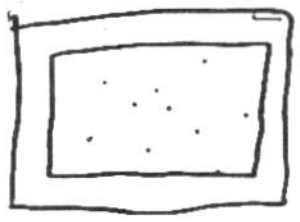 外形无明显变化,手感变软	 长出霉菌
第七天	变得更软,味道发酵	霉菌泛滥

幼儿记录表

孩子们的发现:

原来,植物在存在水分的情况下,如果不被阳光晒到、促进水分蒸发,就会更容易发霉。柿子放在室内发霉、南瓜放在植物角发霉便是这样的情况。而没有水的面包一直接受阳光的照射,潮湿度不够,便不会有长出霉菌的情况。

"二战"柿饼

就这样,吸取了上一次失败的经验,我们又开始了第二次的柿饼大作战,我们想着:这一次,一定会成功的吧!

 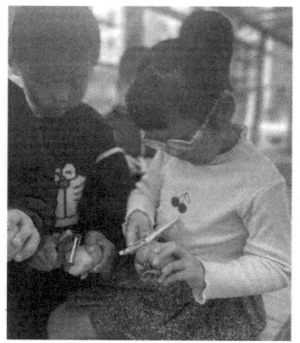 

可是，在一个阳光明媚的中午，霖霖画着画突然又和我说道："不好啦，我们晒在晒匾里的柿饼又发霉了，可是我发现挂着的柿子没有发霉……"

孩子们都很疑惑：奇怪，为什么呢？我们的柿子都是一起晒、一起收的，为什么挂着的没有发霉，放在晒匾上的却发霉了……

奇怪的现象

我带孩子们看着上一次发霉柿子的图片，问他们："这次发霉的柿子和上次发霉的柿子一样吗？"

小朋友们仔细地看了看，思考了一下。

涵涵："不一样，上次的柿子是整个都发霉了，而这次的柿子只有接触到匾框上的地方发霉了。"

悦悦："上一次的柿子没有晒到太阳，这一次晒了好久好久的太阳。"

瑞瑞："上一次我们是挂起来的，这一次我们没有挂起来，只是放在盘子上。"

予予："对！这次没有把它挂起来，柿子一直粘在晒匾上的部位，由于没有风吹到，没有太阳晒到，所以就发霉了。"

涵涵："那我们把柿子挂起来，再给它晒太阳，柿子是不是就不会发霉了。"

悦悦："可是上面已经晒满了，晒不下了！"

那还有别的办法可以晒柿子吗？教室里还有很多柿子呢！

这时，孩子们突然想到，我们在上课时看过婺源晒秋的图片。于是，孩子们提出，我们能不能像他们一样晒呢？

一对一倾听下，我们发现的不同组别的柿饼出现的问题：

为什么悬挂晾晒的柿子没有发霉，而晒匾上的柿子却发霉了呢？

教师的思考：

悬挂晾晒的柿子与晒匾上晾晒的柿子就像是对照实验组一样，孩子们用火眼金睛发现了问题症结点所在，发现了柿子与晒匾接触的部分晒不到太阳，也不通风，所以会发霉。

随着大班幼儿自主性的提高，他们更喜欢具有挑战性的活动。作为教师，我们应注意引导幼儿通过感知、亲身体验和实际操作进行实践，避免说教式的知识灌输。

"三战"柿饼

孩子们画出了自己心中的"秋架子"

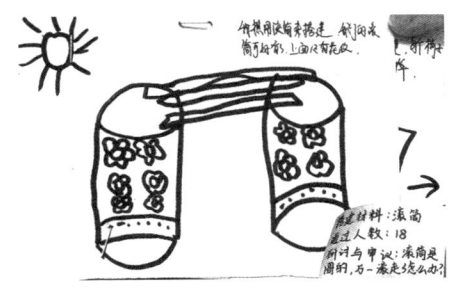

开心："我想用滚筒来搭建，我们的滚筒可好看了，上面还有花纹。"

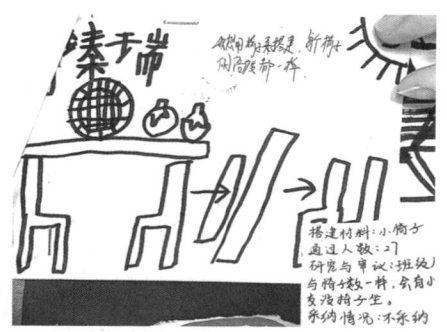

臻臻："我想用椅子来搭建，每个椅子的高度都一样。"

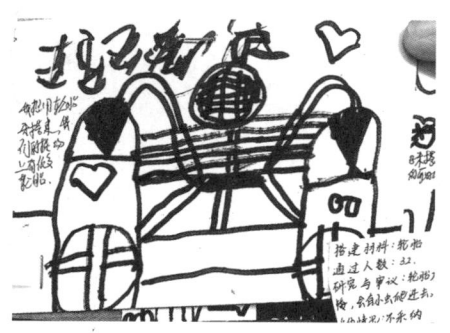

瑶瑶："我想用轮胎来搭建，我们的操场上有很多轮胎！"

佳佳："我想用梯子来搭建，我们的野战区也是用轮胎搭建的，特别好玩！"

设计图终于出来了，经过孩子们集体分享奇思妙想、我们进行审议与投票，我们决定选用梯子来搭建秋架子。于是，我们便请昊辰担任秋架子总负责人来进行搭建。

搭建材料	第一轮通过人数/人	研讨与审议	最终采纳情况
小椅子	27	班级里的小椅子数量是和小朋友人数一样的，如果用椅子来搭建秋架子的话，就会有小朋友没有椅子坐了	不采纳
滚筒	18	滚筒是圆的，用滚筒搭建的秋架子万一滚走了怎么办	不采纳

续表

搭建材料	第一轮通过人数/人	研讨与审议	最终采纳情况
轮胎	32	轮胎太矮了，用轮胎搭建的秋架子会有小虫子爬进去	不采纳
梯子	30	梯子很高，而且可以自己选择搭建的高度，也更方便用绑带进行固定	采纳

1. 一对一倾听：长长短短的架子

秋架子的雏形终于出来了，可是天天却和我说："长长短短的架子一点也不好看，这可怎么办呢？"

昊辰："我们先把所有的木棍整理一下，先用一样长的吧，这样就好看了。"

在组长的指导下，孩子们舍弃了短的木棍，统一选用长一些的木棍进行搭建。

图 1-76 小朋友选用梯子木棍搭建 "秋架子"

2. 一对一倾听：大大小小的间距

经过不断尝试，孩子们终于确定了秋架子的形式。可是，我看瑶瑶好像有一些犹豫，便问她怎么了。瑶瑶说："长棍和长棍之间靠得太远，晒匾会掉，靠得太紧，长棍又不够，这可怎么办才好！"

睿睿说："我们边搭边放晒匾，这样每个距离就都是

一样的了,只要晒匾不掉下去就可以啦!"

3. 一对一倾听:松松垮垮的架子

按照睿睿的方法,果然,我们搭出了漂亮的架子。孩子们看着秋架子,兴奋极了。可是,这些长棍一碰就掉,可怎么办呀?

昊辰作为组长,疯狂思考着:要不,用胶水试试?就这样,我们在孩子们的奇思妙想中,分别尝试了胶水、麻绳等材料,但均以失败告终。

4. 结结实实的成果

孩子们沉默了起来。我带着他们查阅资料发现,原来有一种材料叫做"扎带",用这种材料来固定的话,会非常的牢固。

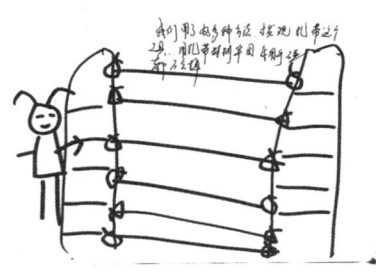 

终于,这一次,在孩子们的悉心照顾下,我们的柿饼终于成功啦,让我们一起分享吧!

 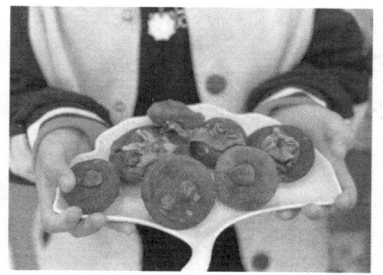

我的秋，我来晒

搭好秋架子，我们的晒秋活动也可以更丰富了。快来看看我们的晒秋场景吧！

《晒秋日志》

《晒秋日志》还未完结，敬请期待～

一对一倾听及支架构建总结

《幼儿园保育教育质量评估指南》提出：重视幼儿通过绘画、讲述等方式对自己经历过的游戏、阅读图画书、观察等活动进行表达表征，教师能一对一倾听并真实记录幼儿的想法和体验。在本次活动中，通过语言表征、绘画表征、一对一倾听，孩子们一步步提出驱动性的问题，并进行大胆地尝试。

正是孩子们的驱动，引出了问题链。从认识霉菌到霉菌可视化，再到了解科学知识，孩子们收获颇丰，我们也深受启发，原来一对一倾听正是课程游戏化实施的根基！

一对一倾听所引出的问题链：

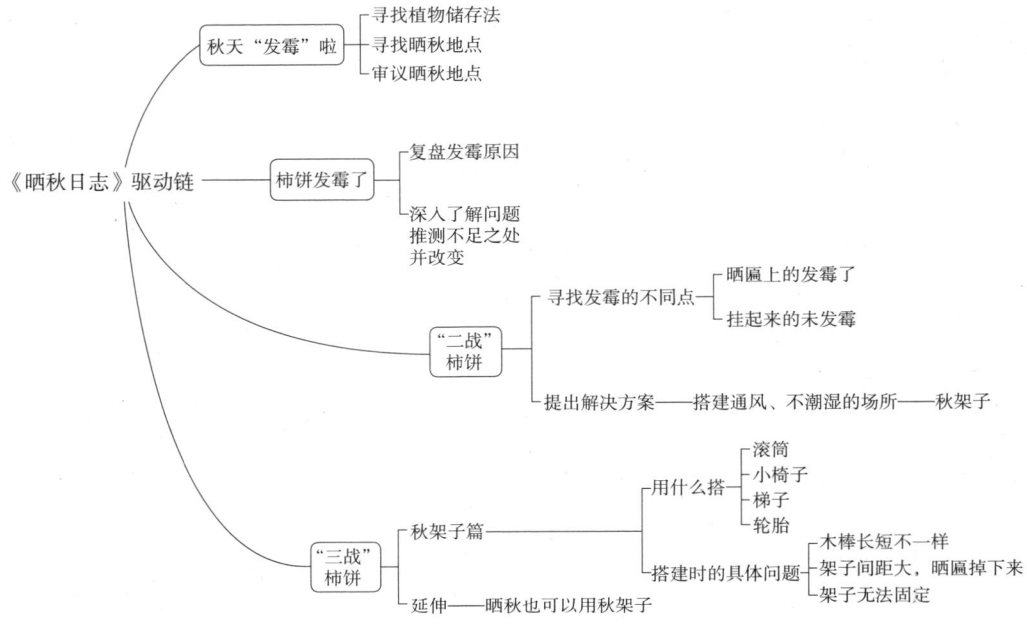

一对一倾听背景下，晒秋活动中幼儿探索评价方式

经验获得下沉主体	经验获得内容	指向核心知识与能力	指向核心素养	评价方式
幼儿个体	形成初步的科学探究兴趣与能力	1. 对植物角发现的南瓜发霉现象感兴趣，能提出各种问题和猜想 2. 了解植物储存的方式，深入了解晒秋活动，并进行价值判断 3. 根据发霉的现象和原因推测不足之处并改变	1. 发现问题的能力 2. 研讨问题的能力 3. 看到相应的现象能展示出批判性的思维	过程性评价（语言表征与图画表征）、总结性评价
幼儿小组团队	游戏经验分享	1. 能通过照片、简易绘画等方式记录探究观察，并与小组同伴交流分享 2. 在教师的支持下回顾探究的过程，为下一次探究活动的开展做准备	合作能力与语言表达能力	
自主展示	交流展示 集体讨论	1. 分享自己的观察发现，并提出猜想 2. 验证猜想 3. 提出改进措施	1. 解决问题的能力 2. 自主探索的能力 3. 团队协作与沟通	总结性评价

第二辑 向美而行

实践探索

现代艺术背景下幼儿园美术教育的融合初探

美术是指通过人的视觉感官（眼睛）及与之相适应的审美手段去传达和接受审美经验的艺术。现代艺术又称现代派艺术，是指20世纪以来区别于传统的、带有前卫和先锋色彩的各种艺术思潮和流派的总称。现代艺术主张艺术干预人类生活，其最大的特点在于打破艺术家、作品和观众之间的区别。现代艺术家们在创作中，除了学习和继承古典主义的精髓外，还用作品表现并记录下生活经验。现代艺术的主要流派有达达艺术、波普艺术、录像艺术、场域特定艺术等。除此之外，现代艺术家们还认真研究儿童美术作品中随意的涂鸦、稚拙的线条、对比强烈的颜色等，他们想从儿童身上寻找那份天真、稚拙、纯净的气质，并从中获得灵感，透过儿童的眼睛看世界。本文期望通过对儿童美术教育和现代艺术的粗浅思考，分享和探讨现代艺术对儿童美术的影响，并借此推论儿童美术创作表现的可能性及多样性，以促进幼儿美术教育的多元发展。

一、幼儿美术教育的价值取向

1. 美术活动是幼儿精神生命活动的表现

艺术活动的目的是满足个体精神成长的需要，是一种没有直接功利的过程。在幼儿的一日生活中，我们常看到这样一些画面：幼儿会面对自然角的植物自言自语，这是他们对自然环境的艺术想象；幼儿会面对绘画作品，讲述一个个生动的故事，解读画面的艺术美；一池沙子在他们手中被雕塑成各种艺术造型……幼儿全身心投入其中，或跳跃，或欢笑，或忧伤，完全展示出他们自己的生命特征。

2. 美术活动是幼儿认知表达的视觉语言

幼儿在艺术活动中的表现，主要包括想象、幻想、直觉、灵感、思辨等，是非逻辑和无固定步骤的。如他们在描绘春天时，会把印象中最具有春天特征的事物放在画面的主要位置，而把其他的辅助事物放在画面的一隅，这就是他们认识事物时最深的直觉印象。幼儿依靠第一印象和直觉反应，用新鲜、强烈、积极的感觉直接做出解释和判断。

3. 美术活动是幼儿全面发展进步的阶梯

幼儿园管理者和教师应正确认识技能训练与能力训练的关系与区别，重视在活动过程中激发幼儿的学习兴趣，使幼儿在艺术交流中获得愉快的情感体验。教师要引导和鼓励幼儿大胆地运用艺术手段表达自己的情感和经验，积极参与艺术活动，主动创造，展现个性。幼儿园美术活动要把幼儿欣赏美、感受美、表现美、创造美作为领域目标，把幼儿完整、全面、和谐的发展作为终极目标。只有这样，幼儿美术教育才是一种真正塑造完整的人的教育。

二、现代艺术融入幼儿美术教育的可能性

1. 相似性

现代艺术家探索各种媒介来表达对艺术的好奇心与儿童与生俱来的好奇心、想象力和创造力有着内在的一致性，这使现代艺术融入儿童美术教育成为可能。随着艺术家的实践范围不断扩大，许多艺术家已经不满足于一些传统的绘画或雕塑，而是去创造短暂的事件，比如体验、表演甚至聊天，他们用合作、表演、跨学科、对话甚至是教学策略与沟通来吸引观众的好奇心。从艺术追求来看，今天的艺术已不单是纯粹的审美，也不再是标榜精神或智慧的艺术准则，它可以准确地表达一种思想，通过形状、图像、颜色和体积来实现，并更乐于表达真实的、现实的生活和短暂的生命。

2. 实践性

在幼儿园的美术活动中，教师给幼儿欣赏的名画都是经过历史沉淀的作品，从原始人的壁画到文艺复兴时期的作品、从古典主义作品到现实主义作品、从印象派作品到现代派作品等。教师从美术作品中挖掘适合幼儿的教学内容，筛选和演变，制定出详细的教学方案。我们和孩子无时无刻不处在现代艺术的熏陶之中，不管是平时接触的平面彩色海报，还是不经意间闯入眼帘的立体橱窗布置或商场中庭展览，只要是带给孩子们审美情趣的元素，都能激发孩子们的创作。

3. 融通性

现代艺术流派给了幼儿美术教育创作方式的启发，激发了幼儿的艺术兴趣。如波普艺术的代表人物沃霍尔将印刷排列组合与儿童画相结合，将装置艺术与儿童废物利用创作艺术相结合。又如特定艺术讲究人与自然融为一体，以达到天人合一的境界，这完全可以用在幼儿园的环境创设中。我们可以让幼儿在生活和学习的时候，充分利用大自然的资源，以给幼儿更多的感知机会，让他们在一花一草、一石一水的艺术氛围中茁壮成长。再如录像艺术视频画面中近乎游戏的技法，适合幼儿的年龄和心理特点，能激发他

们的热情，促进其创造力的进一步发展。

三、儿童美术教育可借鉴的现代艺术元素

1. 表现形式

现代艺术的开放性、多元化、多样化和趣味性使儿童艺术创作的方式更加丰富多彩。艺术家们或模仿复制，或借鉴不同的背景或杰作，将作为创作的素材融合在一起，拓展儿童的艺术视野。乔琪亚·欧姬芙喜欢以大自然为主题创作半抽象半写实的画。她的作品大多是简单的花草和局部的风景，构图简洁，色彩明亮，笔调平滑，技巧也不复杂，很适合幼儿理解和学习。如幼儿在观察花朵时，有自己的关注点，通过欣赏名家名作可以看到自己以前从未注意到的花的其他方面的特征，知道了看一朵花还可以有完全不同的观察方式，拓展了自身的观察经验，使自己在以后的观察中更细致、更具有探索性。此外，教师完全可以尝试在名作欣赏之后，带领幼儿在周围环境中进行真实地观察，然后进行创作。新的观察经验与真实的观察体验会激发幼儿更有创意的视觉探索。

2. 媒材技法

如今，越来越多的幼儿园倾向于多元化的媒体选择，以培养幼儿的创新能力。一幅作品不再受单一媒材的限制，而是朝向综合材料创作，媒材的丰富多彩，让儿童美术教育开辟多元活泼的广阔空间。如约翰·张伯伦专门利用废弃的汽车、机械碎片进行创作而举世闻名，克里斯·奥菲莉的作品总是细致地使用细小镶嵌的圆点、金属和少许杂志上的图案剪贴，阿方索·奥索里奥喜欢狂热地收集各种各样的日常物品，对其加工后再组合。艺术家的创作根据综合材料独有的特点，寻找新材料，动手变废为宝，将绘画变成一种不同于传统绘画的特殊体验。这样的动手实践操作既满足了幼儿自主操作、实验、表现的愿望，又拓展了幼儿的艺术经验，使其体验成功的快乐。幼儿意识到艺术的语言是多样的，生活中的任何材料都可以作为艺术表现的材料。而艺术具有多种表现方式，不同的表现方式都可以借鉴和整合。

3. 空间表现

儿童艺术创作中的空间使用方式与空间格局变化，是孩子对周围环境的反应。如英国著名的装置艺术和雕塑艺术家科妮莉亚，她的作品奇妙独特、大胆不羁，在专门的地方，将普通的东西重新组合，创造出像雕塑但又不是雕塑的装置艺术作品。就像幼儿的涂鸦或手工，经常是一时兴起的，在墙上、地上、门上都可以"信手拈来"。迁移到幼儿园的活动中，我们将公共区域留给孩子们作为创作的天地，幼儿可以以剪刀代替画笔

在纸上造型，组合排列，立体布置；也可以借助区域的玻璃窗，进行多种造型的剪贴、悬挂、装饰。作品透过窗户与户外环境融为一体的视觉感受，暗示了一种连接，既连接孩子彼此，也连接大自然与艺术作品。这样的空间，随季节变换，随主题更替，既像是为特定的地方而做，又像这个空间存在的自然物一般。

4. 色彩运用

越来越多的现代艺术家会将主观感受注入绘画的色彩中。如抽象艺术大师塞·托姆布雷以大幅潦草涂鸦著称，他画面中看似凌乱的线条却蕴含着精心的运笔，无论是灰灰的色调，还是夸张艳俗的色彩，都有着神奇的叙事效果。当我们把一些艺术大师的作品与儿童画放在一起时，就会发现惊人的相似性。他们都渴望释放自己的自由感情，都有丰富的想象力，并"对某些技巧视而不见"，对某些图像"随意概括和涂鸦"，其共性是一种天真而简单的表达方式。

四、现代艺术元素融入儿童美术教育的实践探索

随着艺术创作的媒介更加多变和丰富，它在不知不觉中重新构建了教师和幼儿之间的关系，不仅给幼儿提供了丰富的艺术学习内容，也启发了教师探寻和构建新的知识和方法。融入现代艺术思潮的幼儿园美术活动的难点在于内容与方法要和儿童的生活经验和环境相结合，使幼儿在学习美术知识和技能的同时，促进幼儿想象力和创造力的发展。

1. 基于框架思考的主题研究

许多现代艺术家并不是利用某种单一的媒体或技术工作，而是试图探索一个想法通过多种媒体提出疑问。所以，教师可围绕目前开展的主题活动提出问题，并思考相关美术领域的内容，再去决定这些美术内容用什么技能和材料来进行有意义的表达。围绕这个主题，重点研究并建立一个统一的框架，其中包含多个资源、艺术作品和多位艺术家。

2. 弱化艺术技巧的体验感受

教师需要认真选择来自不同文化和国家的艺术家，引导幼儿不要刻意模仿艺术家的风格，而是学习不同艺术家的想法和做法，多角度地表现和表达选定的主题。越来越多的艺术家正在超越传统媒体，他们的创作路数不再像从前那样泾渭分明地由他所掌握的技巧来决定。如今的艺术家利用最有效的媒体工具和资源来表达自己的理念，所以教师应该引导幼儿通过一个特定的主题，在强调自己的想法后在跨媒体创意中获得技能技巧。

3. 使用艺术思维的表达创造

在欣赏作品时，教师需要从儿童的角度去思考，并采取有效的提问策略，帮助幼儿

进行有意义的感受、理解和创造。教师要鼓励他们在活动中大胆勇敢地分享想法,并将他们的问题记录下来,帮助他们厘清多种想法后去追求一个最终的想法,遵循"过程重于作品"的理念,拓展并提高艺术表现能力,创作出具有"独特"意义的作品。

4. 尝试探究基础的艺术表现

首先,感受丰富的美术元素。美无处不在。艺术家的使命是表现美和创造美,他们使用的多种技巧也只是为了表现艺术,而并不是作品本身的目的。如我们欣赏一朵花的时候,无需用科学的眼光了解和研究花的名称和特性,只要觉得它好看就行。所以,教师要让孩子用一颗单纯和感性的心去感受作品,给孩子丰富的体验和启发。又如颜色和材料的不同运用方法,以及材料的再利用等。很多现代艺术品都会用到日常生活中的物品,如骨头、贝壳、沙石等。其实幼儿和艺术家一样,都喜欢用这些东西进行创作。

其次,展开美妙的艺术联想。现代艺术不仅无法与传统的艺术割裂开来,而且它与周围的世界有着千丝万缕的联系。为了让幼儿入门,我们可以让他们在认识一件现代艺术作品时展开联想,去联想一个现在流行的事物或者一个大家都喜欢的卡通片。在想象时,注意不要让抽象与具象对立,因为这样会让幼儿首先去判断这幅作品像与不像,而不是去欣赏画作本身的内容。其实幼儿对艺术的敏感度远超出我们的想象,所以不要过分强调抽象派绘画与儿童画在技巧上的一些相似性,而应强调每幅画代表了什么。

最后,拉近艺术的感知距离。欣赏艺术光靠看画册是不够的。对于现代艺术来说,有时在作品附近的参观者也能成为作品本身的一部分,所以带幼儿去观看真正的艺术品是有必要的。他们在美术馆的展厅中,总能找到自己喜欢的元素。教师或家长在参观前,可以先提几个问题:哪幅画最大?哪幅画最小?哪幅画颜色最亮?哪些画里有圆形?这样,幼儿就会去寻找并观察一些不吸引他们的作品。一般来说,幼儿对局部细节的敏感度比对一件整体作品的要高。流线的线条方向、颜色堆积的厚度、不同创作工具在作品上留下的痕迹都会让幼儿感兴趣,这些"蛛丝马迹"很好地反映了某种艺术效果是如何达到的。可以让幼儿想象艺术家在创造时是如何全身运动的,是用手画的还是用脚踢的、是用毛笔画的还是用刀刮的等,这一切将启发幼儿透过作品的表面去认识事物的本质。遇到适合幼儿的作品,可以让他们进入作品中创编故事。教师可以这样启发幼儿:如果你不小心跑进画里面,你会碰见谁?遇见什么事情?孩子们这时就会专注于一件作品,引发多重感官感受,在相互交错的形状、颜色和线条之间,在具体的形象和抽象的光影之间去想象其中的故事情节。

通过现代艺术资源向儿童美术课程资源的转换、合理地教学设计与实施,可以实现现代艺术融入儿童美术教育的预设价值。不论是教师还是幼儿,学习现代艺术都是一个长期的过程。我们相信,在不久的将来,儿童美术教育将是多元与开放并重、通俗与精致并重、艺术与科学结合并重、美感与创作并重、自然与人文并重、独创与参与并重、欣赏与创作并重、纯艺术与实用艺术并重、传统与当代并重、中国与世界并重的。

发表于《早期教育》美术教育版 2019 年第 5 期

实践探索

当代"波普"艺术元素与幼儿美术教育的融合初探

【摘要】诞生于20世纪50年代的"波普"艺术开启了当代艺术的新阶段,其复制、拼贴等艺术表现形式接近并适合大班幼儿的年龄特点。如何将"波普"艺术推荐给幼儿欣赏和学习?以成人视角创作的"波普"艺术名作是否适合幼儿欣赏?需要提供和选择怎样的"波普"艺术作品给幼儿欣赏?欣赏什么?寻找怎样的契合点去激发和推进幼儿的学习兴趣?如何引导幼儿在散乱的画面中进行逻辑想象和整理,寻找和表现出作品的创作主题?本文从感知、体验、创造三个方面入手,尝试将当代艺术与幼儿美术教育进行初步和恰当的融合。

【关键字】"波普"艺术　幼儿美术教育　融合

诞生于20世纪50年代的"波普"艺术开启了当代艺术的新阶段。其复制、拼贴等艺术表现形式接近并适合大班幼儿的年龄特点。如何将"波普"艺术推荐给幼儿欣赏和学习?以成人视角创作的"波普"艺术名作是否适合幼儿欣赏?需要提供和选择怎样的"波普"艺术作品给幼儿欣赏?欣赏什么?寻找怎样的契合点去激发和推进幼儿的学习兴趣?如何引导幼儿在散乱的画面中进行逻辑想象和整理,寻找和表现出作品的创作主题?在如今追求美术素材"高大上"和"新奇异"的潮流中,如何寻找一种朴素和本真的表现方式,展现当代"波普"艺术的自然和常态之美?

布洛夫的"心理距离说"认为:一个人如果能采取较为客观的态度,和所欣赏的事物保持一种适当的距离,就能欣赏事物的美。英国艺术家汉密尔顿的拼贴作品《我们今天的生活为什么如此不同,如此富有魅力》被认为是第一件真正意义上的"波普"艺术作品,标志着"波普"艺术的产生。但如此成人风格的艺术作品如何作为"波普"艺术元素推荐给幼儿欣赏和学习呢?距离太远,无法了解;距离过近,缺乏美感。

感知篇

1. 有选择的欣赏是感知的要素

心理学家观察发现,那些与熟悉事物有所不同但又可以看出有一定联系的事物,才能真正吸引儿童。"波普"艺术作品中,儿童对画面的内容和形象是并不陌生的,但其剪拼贴的表现方式与幼儿平时绘画的方式又有所不同,其别具一格的表现形式能够成为吸引幼儿的元素,激发起幼儿进一步探究的欲望。

2. 有重点的观察是提升感知的途径

"波普"艺术通俗、荒诞、幽默的特点颇受大众的欢迎,在提供给幼儿欣赏感知的过程中,除常规的作品内容观察之外,表现手法也是需要重点观察的内容,如需了解感知"波普"的剪贴风格、"波普"复制元素的加入、黑色剪影增加画面的层次感等。

3. 同伴作品的借鉴是拉近感知的纽带

儿童"波普"风格的呈现,帮助孩子们推开了"波普"风格表现方式的大门。教师可以提供一些儿童"波普"作品,虽乍看相似,却各有侧重,如作品中剪贴的运用、背景的借鉴和细节装饰等等。

体验篇

移情是儿童情感发展中的一个重要特点,他们常常把自己的想法和情感投射到有生命或无生命的物体上去,为后续的创造表现提供情感基础。"波普"艺术作品创作时追求直觉、非理性、排除逻辑干扰的表达方式与儿童画在非理性、直觉方面是相通的,都有着强烈的主观成分。如借鉴人物的五官安置在动物的形象上,乍看是荒诞而非理性的,但又与幼儿稚拙、拟人化的思维体验如此接近;饰品、背景等细节的运用,突破常规的逻辑思维,运用平面构图的方式,表现孩子眼中的所有事物。

创造篇

感知体验之后,教师创造条件让幼儿自己动手参与创作过程,在身心运动中体验审美的乐趣,从而获得艺术创造的亲身体验。

1. 操作材料的分层提供满足孩子的个性化创作需求

活动中,如果教师提供的画报偏向一种类型,那么孩子们最后呈现的作品风格和内容会比较相像;如果调整材料提供,增加半成品和画报素材的类型,增加除时尚风外还有卡通形象以及饰品、风景等内容后,幼儿的作品即会呈现出多样的内容,画面情节也会丰富许多。

2. 材料摆放形式的调整为创作活动增效

首次活动时,教师将美术工具(勾线笔、剪刀、胶水)以及画报半成品、原材料等混放在一个篓子里。操作时,孩子们在寻找作品素材上花费了不少时间,影响了整个活动的推进进程。后期在材料摆放时,教师注意了分类,将工具归类,其余材料也分为原材料和人物、五官、饰品、环境等几项半成品,有效地帮助幼儿提高操作活动效率,同时也培养了幼儿分类整理的习惯。

3. 分享作品背后的故事是提升创造力的价值体现

在幼儿创作的过程中,教师鼓励幼儿进行"波普"艺术风格的学习和运用,并且大胆想象,使画报上的人物形象之间产生某种画面和情节的趣味关系。有的孩子是边思考边创作出故事情节,有的孩子则将看似无序的画面通过想象,组织并讲述出一段故事情节。想象的情节是否具有逻辑性已经不再是活动的重点,重要的是教师需要肯定和欣赏每一位孩子的探索与表现,鼓励孩子大胆进行独特的艺术表现。

当代艺术的表现形式是丰富和多元的,"波普"艺术只是其中的一种形式。如何将当代艺术的种种表现形式通过活动介绍给幼儿,以形成当代艺术的系列活动,为幼儿提供更多欣赏美、感受美的机会,丰富幼儿表现美、创造美的艺术表达形式,拓展幼儿的艺术视野,提升幼儿的艺术品位,才是最终的追求。

发表于《新课程》2017 年第 7 期

美育实践

优化活动,助力幼儿创造性表达
——以小班创造性美术活动的开展为例

(启东市长江幼儿园 孙荣宏)

孩子从出生就自带好奇心和探索欲,陶行知先生认为:"人人是创造之人。"幼儿的创造力更是无穷的,我们也应该尊重和信任幼儿。因此,有目的、有计划的美术活动,可以使幼儿在自发地想象、创造、操作中打开创造之门。每个幼儿都可以在美术活动中尽情地表现自有的创造力,发展创造性思维。幼儿园教育就是要保护和促进儿童这种与生俱来的天性,使其得到更好地发挥和发展。

一、细致观察,缜密分析

培养人和种花木一样,首先要认识花木的特点,根据不同的情况给予施肥、浇水和培养教育,这叫"因材施教"。因此,开展活动的基础就是尊重并了解幼儿。

1. 观察与记录

根据小班幼儿的年龄特点、美术技能特点、想象力特点,我们对幼儿的美术活动进行观察并及时记录,主要从幼儿的操作、展示、内容等方面进行有针对的观察。比如,在对幼儿美术活动中的操作进行观察与记录时,老师提供了很多废旧的物品,引导幼儿在物品上涂上颜料进行拓印创作。活动中,幼儿非常开心,会使用各种材料进行拓印,有的把鞋子的底涂上颜色变成一座山,有的拿颜料涂在自己的小手上。在操作中,有的幼儿从始至终都只使用一种方法进行创造,也有的运用多种方法相结合的方式进行。有了观察与记录,幼儿在美术活动中的表现就能被完整地记录下来,为后续美术活动的开展提供信息。

2. 分析与诊断

借助观察,我们可以对小班幼儿在美术活动中的创造性思维能力进行简单的分析,得出了小班幼儿美术活动中创造性思维能力的现状:(1)小班幼儿的创造性思维能力不够稳定、比较脆弱、易被外界影响；（2）小班幼儿处于各种创造性活动的开始阶段，成人的干预甚少见效；（3）小班幼儿的创造性思维依据其生活经验所得，是偶然的、非连续性的。

二、转变观念，幼儿为本

小班幼儿的年龄小，笔都拿不稳，对于线条的把控并不是很好。因此，一味地抓美术技能对于小班幼儿显得苍白无力，这就需要我们教师及时转变教育观念。只有激发幼儿对美术活动的兴趣，才能让幼儿投入创造美丽新世界中。

1. 理念先行

把创造性思维能力的培养作为小班美术活动的主要目标。培养幼儿的创造性思维能力，教师首先要转变教学理念。对于传统的小班美术活动中的三大目标，我们通常都会把知识与技能放在首位，强调教师"教"幼儿"学"。这种传统的教学模式束缚了美术活动，让活动模式化，让幼儿不再有创造性的行为出现，更是剥夺了幼儿的想象力，幼儿的作品千篇一律。更有甚者，用"像不像"来评价幼儿的作品。幼儿的创造力被固有的迷信、成见、曲解、幻想层层包裹起来。发展儿童的创造力，先要把理念转变过来。真正的美术活动，是让幼儿在习得技能的过程中，诱发幼儿对美术活动的大胆想象和无限创造，让幼儿借助美术活动主动、自由地表现表达，独立思考和操作，使其想象力和创造力得到发挥。

2. 依据特点，生成活动

通常，在美术活动前，教师会根据幼儿原有的经验进行活动设计即"备课"，但备课非"背"课，教师要根据幼儿在活动中的表现进行适时、适当的调整，根据活动中幼儿突发的想象力和创造性进行随机教学，鼓励幼儿大胆创造。在小班美术活动《有趣的曲线》中，教师预设的提问是"你们觉得曲线像什么"？预设的美术作品是小河。但在实际教学中，幼儿回答：像小蛇、像甜甜圈、像风车、像车轮……没有一个幼儿说到像小河。针对此现象，教师马上转变原本的教学预设，追随幼儿对于曲线的想象进行创作。正因为教师追随了幼儿的脚步，才真正打开了幼儿创造的大门，让幼儿做到"敢想""求异"。

三、环境说话，萌发创造

陶行知先生说过：处处是创造之地，天天是创造之时，人人是创造之人。只有当"处处""天天""人人"达到和谐，才会有创造。小班幼儿的想象力在自然、和谐的氛围中能更好地展现。

1. 宽松的环境

创造性活动的前提是需要一个宽松的心理环境。一个宽松的心理环境能让幼儿在平和的状态下更好地打开思路。在承认幼儿具有创造性的同时，我们应为其提供发挥的机会，让他们能进行美术创造；我们也应减少前提，减少范画，因为过多、过细的要求都会限制或阻碍幼儿创造性的发挥。在活动进行的过程中，不要过多地使用"像不像"这样的评价，尝试不去使用反面评价，使其自由想象不受阻碍。

2. 开放性提问

提问是一门艺术，是一种技巧。在美术活动时，教师的提问应抓住关键经验帮助幼儿回忆经验，把握好时机以启发思维，这样幼儿才能在教师的提问中受到启发与激励，才能有更多创造性行为的出现。一个开放性的提问能唤起幼儿已有的经验，让幼儿大胆想象。在小班美术活动《猜猜他是谁》中，教师展示出一个小黑点的画面，并提问：猜猜它是谁？幼儿的回答是多样的：棋子、饼干、石子、盖子、黑豆、影子……教师应该对每个幼儿的回答予以肯定，幼儿得到肯定后才会更大胆、放心地去进行联想。教师则可以继续追问：你们知道它在做什么吗？幼儿根据自己的联想变出了许多富有创造性的内容，让开放性的提问诱发幼儿的创造性思维。

3. 巧投材料

美术活动是让幼儿学习使用各种工具的一个阶段。运用工具的过程，不单单是技能的训练，也是美术培养创造的重要途径之一。活动中，教师在为幼儿提供丰富有趣的材料时，也应该根据幼儿的年龄特点以及发展层次的不同，提供相应的材料：（1）多种材料满足多样性需求。美术活动有时可选用多种材料来表现，以产生不同的效果。所以，教师可以提供了多种形式的美术材料供幼儿选择。（2）多层次材料满足多元性需求。同一年龄阶段幼儿的认知结构、发展速度及心理特质都具有差异性，因此幼儿在美术活动中表现出对活动的偏好和动手能力的强弱也必定存在差异。教师应根据幼儿的能力、兴趣等不同提供丰富的、适合其发展的活动材料，让每个幼儿都能找到适合的活动，充分发挥活动材料的优势。（3）生活化材料。艺术来源于生活，幼儿的经验也来源于生活。如陶行知的"生活即教育"所说，作为教师应意识到贴近生活的创意美术活动才是学前儿童真正需要的。在美术活动中为幼儿提供生活化的材料会让人收获预期以外的效果。生活化的材料可以引发幼儿对原有经验的回忆，从而激发幼儿的创作热情，比如用蔬菜横切面印画、用旧牙刷进行刷画、用报纸团进行按压画等等，能让幼儿更好地把自己的创造应用到生活中去。

幼儿时期进行创造性的美术活动对孩子来说是非常重要的，在这个时期，孩子通过美术活动可以逐步丰富内心世界，使身心得到全面发展。"行动是中国教育的开始，创造是中国教育的完成"。而教师作为幼儿在这条路上的引路人，更要时刻肩负起这份重任，真正为孩子提供创造的空间，让孩子在创意的海洋里自由自在地遨游。我们每一个幼儿教师也都应该不断探索课堂教学改革之路，也应当不断丰富教育理论，在教育实践中灵活运用并内化为我们行动的指南。只有这样，才能切实帮助幼儿在美术活动中获得创造的快乐。

发表于《启东教育》2019年第6期

美育实践

巧用吕四地域资源，实现幼儿美的传播

（启东市鹤城幼儿园　钱文文）

杜威曾这样描述过美术的本质：艺术能生动地证明人是能有意义地再现感觉、需求和冲动的统一以及生命活动的特征。幼儿的美术活动应该是幼儿受到美的形象、事物、材质的刺激，自主建构、自主探究，体验赋予生命活力的过程及满足自我发展需要的过程。实践案例表明，地域资源包括其中的文化与情境对幼儿美育具有重要的影响。在美术活动中，教师应充分利用一切地域资源激发幼儿的兴趣并且鼓励幼儿按照自己的水平去探索与表达自我。

一、感受欣赏　艺术表达

艺术创作是一个手、眼、脑并用的过程，需要幼儿用多种感官去感知审美对象，用脑去想象、理解、加工审美意象；用手操作工具和材料，表达和表现自己的审美感受、思想情感和所见所闻。因此，我们应该充分利用地域资源中的自然景观，陪伴幼儿去感受美，无论是气势磅礴的大海，还是路边摇曳的小草。只要有善于发现美的眼睛，并用艺术的手段表现出对美的感受，便是好的美术活动。

我园所在的吕四港镇地处长江三角洲、黄海之滨，是一个具有1300多年历史的古镇。它所特有的自然风光、历史遗迹（古寺、古树、古宅）、民俗风情（庙会、传统民活、民俗游戏）、民间艺术（剪纸、印染、版画）等资源都值得幼儿去欣赏、体验、表现。

（一）海洋资源

地处黄海之滨，我们带着孩子去感受"面朝大海，春暖花开"。孩子们可以感受开捕节时数百艘渔船一同升帆启航、扬帆出港的场面，亦可发现赶海的人肩背竹篓，手提筢子，辛勤弯腰劳作。潮涨潮落引起孩子们极大的兴趣。在几次观潮后，孩子们用自己的方式来表达潮汐。各色颜料在各种材料上自由流淌、交汇，相互碰撞。他们自己决定颜料的流淌方向及速度，创造出了各具特色的美术作品。

（二）古镇资源

古镇老街，白墙青瓦，一米多宽的青砖路，孩子们唱着歌，一路走一路观察着两旁鳞次栉比的商铺。那些赖以生存的老行当，在老人们的手里依然泛着古铜色的光芒，似乎在向人们娓娓道着老街曾经的历史。孩子们把自己所看到的、听到的、感受到的画出来，水墨相调，呈现干湿浓淡的层次，再有水墨和宣纸相融，产生潋湿渗透的特殊效果。或印或刷，一幅幅老街长卷水墨画表达了孩子对古镇的感受。

（三）乡土资源

"秋分早、霜降迟、寒露种麦正当时"，我们将老一辈口口相传的俗语作为孩子们感知生活的契机。节气生活中传承的生活智慧与美好让孩子们捕捉时令雅趣，领略趣味盎然、生机勃发的自然之美，带孩子们一起开启视、听、嗅、味、触的感受生活。春分时，空气中散发着泥土的芬芳，我们带着孩子们抚摸树干上的结疤，感受花瓣落在肩上，看耕牛走过的犁印。在桃树下，孩子们静静地写生作画，粉和绿的春意从笔尖流露，还可以寻找叶子和早开的花朵嵌入白色的石泥中，保留春季的美好印记。

二、就地取材 实践操作

给孩子提供适当的材料，在创作时进行观察、倾听、理解、鼓励、引导，发现孩子的天赋和潜能，用美的眼光感受和表达世界，这才是美育的核心价值所在。孩子们不只可以用笔作画，还可以用海石头、蟹壳、稻草、陶土、树叶、花草、沙子等来描绘他们心中感知的世界。因此，幼儿在进行美术创作活动时，材料的选择与投放十分重要。

（一）自然材料的运用

利用自然材料的色彩来进行创作。例如探寻种子丰富的颜色，红宝石一般的紫叶灌木种子、黑黑的莲蓬种子、金灿灿的玉米种子等等。小朋友按照自己的喜好把有的种子做眼睛，有的种子做花蕊，运用种子进行添画。个别幼儿还在家里和爸爸妈妈做了亲子贴画。

利用自然材料的形态来进行创造。细细直直的树枝可以做各种树屋、火车，弯弯的树枝可以拼搭成小船，圆圆的木片可以拼搭动物，质地蓬松的狗尾巴草更适合做成动物的皮毛等。

（二）自然材料的收集

根据不同的季节或教育目标等收集自然材料。收集的方式可以是通过教师引导收集、幼儿主动收集以及家长协助等，比如母亲节来临之际，幼儿园进行纸袋插画的活动。学校可以组织幼儿与家长在公园采摘野花，搭配一些其他花草等，让孩子一起来设计造型，装到朴素自然的牛皮纸篮里，即是一份带有亲子记忆的礼物。

根据幼儿的需要收集自然材料。材料的收集要兼顾多样性、层次性、教育性、多用性，一种材料在同一个区域可以有不同的用法，并且可以同时投放到不同的区域中，例如有的幼儿会用芭蕉叶来绘画，有的女孩会将芭蕉叶装扮成裙子等。

（三）自然材料的投放

要根据幼儿的不同年龄、发展水平、兴趣点来投放自然材料。当孩子们都对大海感兴趣时，教师可以投放蟹壳、文蛤壳等供幼儿在上面绘画。自然材料的运用最重要的是要与课程相结合，要结合教育目标进行。投放自然材料的过程要循序渐进，保证材料之间的组合，不能一次性投放太多，要追随幼儿的兴趣和发展需要。教师在整理自然材料时，要先进行简单地加工及有目的地联想，再投放给幼儿操作，并随幼儿的操作反馈不断调整。

三、传承经典　开拓创新

（一）传统节日

吕四的传统节日与节庆文化也蕴含着大量的美术教育资源。美术领域与传统节日的融合，不仅能让幼儿受到传统文化的熏陶，加深对传统节日的认知，还能在美术创造过程中获得对传统文化的认同感。

每个传统节日都可以表达，每个节日都有各自的习俗。围绕不同的习俗，我们可以开展各种各样的美术活动。例如端午节时，小班孩子可以用小手拓印龙舟，中大班的孩子可以一起制作龙舟，讲述龙舟的故事；欢度"红红火火吕四年"时，孩子们写大字、剪窗花、贴春联，新年要有新气象；中秋节时，孩子们画一轮明月寄相思，花好月圆下赏各式各样的手工灯笼。教师要鼓励孩子从美术的视角去感受传统节日，充分挖掘其中包含的美术元素，为传统节日注入新的活力。

（二）匠心民艺

吕四的民间艺术博大精深，蕴含着世代相传的智慧与技艺。教师可以充分利用民间艺术，把这些民间艺人请进来或是走进他们的工作坊，让孩子与民间艺人一起做版画、玩泥巴、编竹篮、剪窗花、写对联、制作蓝印花布等等，亲身体验艺术创作的过程。

传统的民间技艺可能稍显繁琐，在引入时，我们按照孩子们的身心发展水平进行了适当改变或重组，尽量降低创作难度。比如在木板雕刻印刷中，我们将木板改变成硬板纸，用对称式、方形式、圆形式等替代蓝印花布工艺中原先复杂的纹路，并对版画中的人物造型进行筛选，保留一些孩子喜爱的儿童题材形象或内容。

我们还邀请家长共同参与民间艺术活动，比如制作草木染香包。天然的植物染色积累了先人丰富的智慧与经验，在创作的过程中，孩子将采集来的各色植物叶子用锤子轻轻敲打，将自然、色彩完美结合。当然，如何有画面感是需要孩子和家长共同讨论思考的问题。亲子还共同尝试扎染等有趣的染色活动，以及有一定挑战的民俗活动。随着活动难度的不断提升，教师进行了灵活调整和转变。

四、美在传播　润育无声

美学家朱光潜说过：美无形无迹，但是"它伸展同情，扩充想象，增加对于人情物理的深广真确的认识。这三件事是一切真正道德的基础"。几乎每个孩子天生都喜欢涂涂画画，他们学习美术最重要的是发现美、表现美，乃至创造美，他们通过画画认识世界、观察生活、感受生活，表达自己对事物与生活的理解，表达自己的喜怒哀乐。因此，教师应该持续不断地充分挖掘地域中的美术资源，从实际出发，开设具有地方特色的美术课程，提高美术教育质量，在生活中"启发"孩子人性中所固有的求知、想好、爱美的本能，促进幼儿全面发展。

美育实践

一场秋季美术元素的学习之旅

自 2014 年起，江苏省开始推行"幼儿园课程游戏化项目"的实践，不管是否为项目幼儿园，都在以游戏精神为指导，转变观念和行为，积极行动和探索。在实践过程中，我们有收获也有困惑，尤其是发现幼儿园在美术活动方面有着以下现状。

现状一：

无论是否为项目幼儿园，都千篇一律地为孩子设置了涂鸦区，摆上一些颜料、画笔等美术创作工具，任由幼儿自由想象与发挥。有的幼儿园甚至从小班到大班，提供的材料和工具都是一样的。游戏过程中，孩子随意涂鸦，缺少表现主题和教师专业的引领和指导。

现状二：

无论是在幼儿园美术领域教学计划的制订过程中，还是在综合性主题的单元活动中，几乎没有单纯性的美术主题活动。即使有，也只出现在同一单元活动中，而且这一主题随着单元的结束会被迫终止，长期开展的、延续性的美术主题活动缺乏。

现状三：

在教师固有的印象中，探究似乎是科学领域的专利，即使偶尔出现在美术活动中，其重点也偏向于材料的探索、技法的探索。科学的严谨探究与艺术的浪漫表现之间似乎是两条永不相交的平行线。

面对上述一些困扰，我们尝试开展了以"树叶"为主题背景的美术活动探索，将艺术作为学习的语言和表现手段，探索树叶从秋天的色彩斑斓到冬天的荒凉寂寞，再到春天的春暖花开这一迸发勃勃生机的生命轮回变化过程（右图）。

一、观察发现：会变的树叶色彩

秋风吹，树枝摇，红叶黄叶往下飘。正在捡树叶的宝宝问："为什么树叶会变色？"

经过讨论，我们决定不再照搬教材和参考资料，而是尝试以孩子的疑问为出发点开展研究，并达成一致意见：我们的初衷是培养孩子对美的探究精神，而不只是教孩子关于树叶的知识。于是，基于幼儿活动中的问题和想法生成的活动就此展开。

二、欣赏表现：不同的树叶外形

（一）欣赏树叶

孩子们把捡来的树叶摆在桌子上：红色、黄色、绿色、褐色、橙色等，他们拿起树叶，仔细观察，还互相分享自己的发现，并猜测树叶变色的原因。我问孩子们："你们在树叶上看到了什么？"

孩子们回答："这片树叶全部是褐色，只有一点黄。原来它应该是绿色的，现在变成了褐色。""我的树叶上有许多细细的线，像是一条条的路。""是的，有了这些线才会把树叶连在一起。""褐色树叶先变色比较老，绿色树叶后变色年轻一些。""小树叶比大树叶变得快。""因为大树叶大，大就变得慢。"……大家看看、摸摸、闻闻，一直在认真仔细地研究、了解树叶的颜色、外形和材质。

（二）为树叶画像

我提议孩子们把树叶画出来："我们给树叶画张画吧，这样就能发现树叶上的很多小细节。我们可以先用勾线笔画出树叶的形状、轮廓和线条，再用颜料涂色。"孩子们看得非常仔细，边看边把看到的内容一点点画出来；涂色时，十分注意颜色间的渗透融合和互相排斥。通过艺术手段的运用，孩子们关注并表现了树叶在形状和颜色上的独特特点。教师将关注点聚焦于孩子如何看待树叶上，将探究的问题与运用的艺术手段匹配（右图）。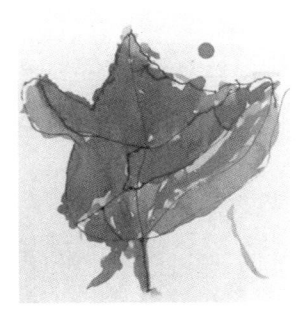

孩子们互相展示自己的作品，分享自己关于树叶如何变色的观点。其中，有充满动感的解释：颜色从天上来，从云彩里来。云彩里的颜色用力推云彩，穿过云彩，跑到云彩外面，一直不断往下走啊走。如果把树叶挂起来，颜色很快从树叶的边上跑到整片树叶；秋天刚来的时候，树叶都是绿的，慢慢地，树叶边上开始一点点变色，悄悄地移到树叶中间；有一种很特别的颜料，在树叶上放了一点点（下图）；颜色从树里来，但不知道是怎么来的。还有的孩子将颜色的变化与季节联系了起来：秋天的时候，树都光秃

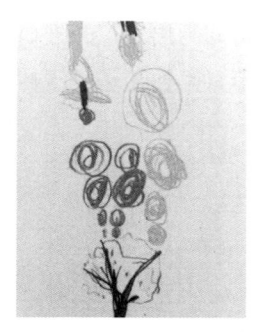
秃的，树叶落下来，树叶就像是树的衣服。树叶身上发生了许多事情，所以它会变颜色；树叶要让自己舒服些，天冷了，它穿上了一件外套；颜色没有做任何事情，它只是把树叶装饰了一下，让它们更漂亮。

与此同时，孩子们对色彩的巧妙运用引起了我们的注意：通过一片树叶，他们了解了色彩的变化，发现绿色消失后，橙色、黄色、褐色才出现；孩子们的树叶画像没有一个是纯色，每一幅画都运用各种深浅明暗不同的颜色，或者突然从一种色调过渡到另一种色调，充分表现出颜色的变化。

（三）树叶拼贴画

树叶的不同外形还促使我们从个体活动转向了家庭合作式的树叶拼贴画活动（右图）。似乎每年落叶缤纷的时候，我们都会组织和开展这样的亲子活动。家长们的资源是主题活动得以顺利开展的有力保障，同时家长的参与弥补了学校中个别关注的不足，丰富了活动的表现形式。

三、探索体验：复杂的树叶结构

（一）绘画树叶结构

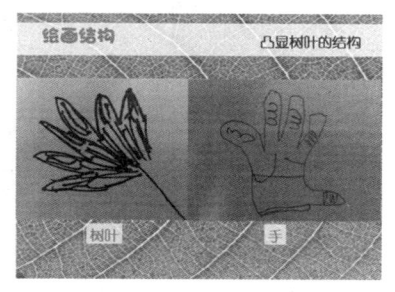

树叶外形的认识反映了孩子们的许多想法。记得一个孩子曾把树叶描述为长在骨头上的皮肤。受这种思路的启发，我们用放大镜对比手的骨骼照片和树叶，很快看到了其中的联系。孩子们自己提议将树叶和手画下来（左图）。

对比树叶画像和树叶结构的绘画，我们发现：树叶画像强调的是树叶的基本形状，重点关注树叶的色彩，而不是内部结构；而通过再次观察和探索，树叶结构绘画关注的是树叶的内部结构。于是，活动从仔细研究树叶的形状和颜色转移到关注树叶复杂的结构上。

（二）拓印结构

为了继续激发孩子探究树叶结构的兴趣，我们又开展了多种表现树叶纹理的艺术活动，如聚焦于树叶结构的拓印、黏土创作、金属丝造型等。

活动开始时，我们的注意力集中在"为什么会变色"的问题上，并没有预料到叶脉的重要性。通过反思前期的活动，我们感受到在研究"为什么"之前，先了解它是"什么"才是最重要的。

四、体验想象：丰富的树叶情感

我们的探究又回到了先前研究的变色问题以及其他需要关注的事宜。我们可以和孩子一起讨论树叶的情感特征：树叶变颜色时，它们会有什么样的感觉？孩子说：树叶枯萎的时候，会很伤心；悲伤的时候，我们要安慰它，树叶也需要安慰。伤心的时候，很想有人拥抱一下，可以在它枯萎之前安慰它，树叶掉在地上的时候，很需要你……孩子们仿佛打开了一扇语言的闸门，艺术不仅只是用行动去表现的固有形象，语言艺术的魅力，仿佛展开的是一幅斑斓流动的画卷。

五、感受生命：神圣的树叶周期

春天到了。一天，孩子们惊讶地发现原本光秃秃的枝头冒出了星星点点的新绿，讨论起树叶生命周期的问题，逐渐有了自身对树叶生命周期的理解：树叶被包裹在树枝里，经过春、夏、秋、冬四季轮回；一片树叶长在树枝里，然后出生，在生命的最后时刻枯死，躺在地上。

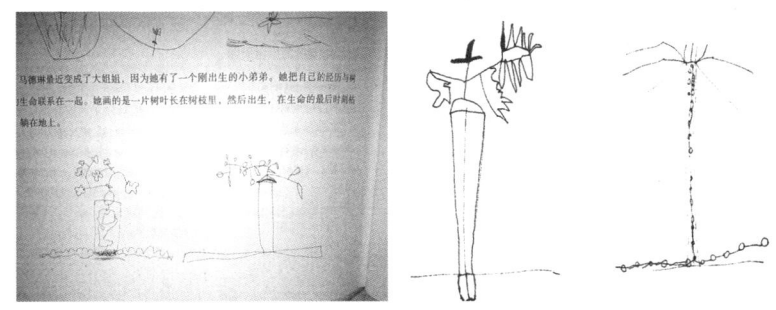

一棵树四季轮回的变化过程：春天长出新的嫩芽，夏天满是树叶，秋天树叶飘落，冬天大树变得光秃秃，新生命孕育并向上攀升（上图）。

六、我们的收获：见证并表达对世界的感受

《树叶》主题背景的美术活动探索让孩子们强烈意识到季节的循环周期。从开始时的偶然发现、确定主题、观察了解树叶鲜明色彩、形状轮廓，发展到熟悉树叶的复杂结构、探索搜集关于树叶的相关知识，直至对地球上生命的交替规律有全新的理解，这些过程中，我们不只是关注孩子的作品，重要的是始终关注并倾听作品背后的想法和感受。

斯科特·罗素说：我们的作用是见证和庆祝事物的美丽、世界的优雅和秩序。这就是孩子们从秋天到春天这几个月所做的事情，也是我们的艺术探究一直包含的内容：获得全新的能力，见证世界及表现看到的事物的能力。

这是一次学习、旅行的过程，是一次有意义的探险，是一次感官探索的活动，更是一次探究、反思和建构相互关系的活动。

美育实践

美术创作·无限乐
——《汽车乐园》主题活动下的美术创作

（启东市实验幼儿园　徐　晴）

　　美是一切的开始。美术活动就是感受美以及表现美，同时也是幼儿表达自己情绪、情感和维持心理平衡的有效途径，是幼儿用来传达情感的视觉语言。美术创作不单单是一幅作品、一种摆设，更是幼儿的自我表现。本学期，我发现汽车对孩子们有着极大的吸引力，如电视里的小汽车、马路上的大巴车、工地上的挖土车、混凝土搅拌车等。加上我们班的环境是以汽车为主题创设的，孩子们不时会小声谈论。为了激发幼儿的兴趣，增强幼儿对汽车的认识，满足幼儿探索的愿望，我们和孩子一起走进了"汽车乐园"的主题游戏中，鼓励他们积极观察、大胆想象，激发他们探索汽车的兴趣，帮助他们了解汽车的基本结构，获得乘车经验，学习遵守交通规则，建构汽车社区，养成安全的乘车习惯等。

　　如何在主题游戏中创设有效、匹配的美术区角活动，让孩子们在美术活动中无限创作，获得快乐呢？为此，我们设置了小小设计师区域活动，主要内容包括：汽车涂色练习、汽车拼贴装饰、牛奶盒汽车创作、牙膏盒汽车、瓶罐汽车等，让幼儿尝试运用不同的技能如刮、剪、撕、粘等完成作品，利用废旧纸盒、酒盒等材料进行汽车加工，发展幼儿的想象力与创造力，培养幼儿的动手操作能力。

　　作为幼儿教师，如何更好地开展美术活动，使他们在这方面的潜能得到最大限度的发展呢？我想，可以从兴趣入手。有了兴趣就有了积极性，有了积极性就能激起欲望，从而使他们喜欢创作。兴趣做主，情趣引路，在鼓励中激发幼儿的创造表现。

一、幼儿兴趣培养，在情趣性的情境中画出自己喜欢的画——情绪乐

　　兴趣是美术活动的重要动力。作为绘画教学的初始对象，中班幼儿的兴趣培养是至关重要的，它会影响幼儿绘画技能的提高。教师可以开展一些有趣的绘画游戏，逐步培

养他们的绘画兴趣。

案例：孩子是游戏活动中的主角。由于幼儿在活动前有一定的生活、知识经验、兴趣爱好以及认知策略，因此，在过程中，我先进行主题游戏环境创设：布置"汽车城"，提供各种汽车的图片与模型，提供亲子制作的汽车，创设大马路的情境。然后，以谈话导入各种各样的车：先说一说在马路上看到的各种车辆，再组织幼儿欣赏各种各样的车子的图片以了解其特征，再引导幼儿说一说各种各样的汽车有什么不同，车子上有什么，（有车门、车窗、车灯等）它的车身是什么形状的，从而指导幼儿根据汽车车身的构造，自主设计汽车。幼儿绘画时，我根据幼儿的画面进行指导：如有的幼儿画的汽车太小了，我鼓励他画大一点；有的幼儿画的车比较单一，只有一种，我就问"你想想还有哪些车你认识"；还有的幼儿把汽车画在一个小角落，我鼓励他把汽车画在画纸的中心位置等等。为了激发幼儿绘画的兴趣，我还创设展示平台，让幼儿大胆地展示自己的作品，介绍自己画了哪些汽车，并对每一个幼儿的作品进行肯定。通过这次活动，幼儿的观察力、想象力有了显著的提高，对于绘画小汽车有了更浓厚的兴趣，并且都能够用不同的色彩来装饰自己的小汽车。他们选择喜欢的汽车轮廓图片进行自由涂色，合理搭配色彩，均匀涂色。

看，孩子们涂的色彩均匀、饱满，并且将自己的作品贴到展板上与大家一起分享。在装饰的过程中，孩子们也在丰富着自己对于汽车样式的经验；在这样的环境中，孩子们的创作灵感也会源源不断。

二、各种手段指导，开展各种形式的活动——形式乐

多种形式的美术活动能够吸引幼儿的注意，让幼儿对美术活动始终保持着浓厚的兴趣。比如美术区角中包括"汽车涂色练习""汽车拼贴装饰""牛奶盒汽车创作""牙膏盒汽车装饰""瓶罐汽车"等活动，还有在汽车服务站里的"点心制作"，我们把这些称为玩色活动。孩子们在玩的过程中运用多种感官接受色彩的刺激，对色彩产生一种情绪表达的需要和欲望。

案例1："汽车拼贴装饰"是一次贴画和添画相结合的活动，需要孩子能够进行简单的拼装粘贴活动，并能够用记号笔和油画棒进行适当的装饰，在操作过程中感受集体创作的乐趣。为了激发幼儿的兴趣，我设计了"图形宝宝变变变"以及"图形宝宝在一起"的游戏，让图形宝宝始终活跃在整个活动过程中。"图形宝宝变变变"让孩子们在新奇、充满乐趣的过程中进行想象，比如长方形可以变成汽车的车身、三角形可以变成车窗、圆形可以变成车轮，而"图形宝宝在一起"的游戏则使孩子们在轻松自主的氛

围中利用胶水将图形贴在白纸上。之后,"小汽车在哪里行驶"旨在让孩子们能够进行想象创作,画上漂亮的房子或者小树林等环境,体验创作的乐趣。孩子们的作品各不相同,小车在各种环境中行驶着。

案例2:"美食点心"是孩子们在汽车服务站里的一个美术延伸活动。在汽车服务站里有各种各样的美食:饮料、水果、蔬菜、小点心。在这样一个环境中,孩子们很想亲手制作美味的小点心。于是,我们在里面提供了橡皮泥这一材料。橡皮泥是孩子们很喜欢玩的,他们也经常玩。他们会用橡皮泥制作长长的面条、圆圆的汤圆、扁扁的大饼,还有比较复杂的小蛋糕或者披萨。穿上厨师服的小厨师们在加工厂里快乐地制作着各种各样的点心,并且进行装盘,美食就诞生啦!

三、教育生活化,寻找生活中的美术素材——生活乐

凡是幼儿需要的、感兴趣的,能够激发他们的好奇心和求知欲的,尤其是随时随地在其生活、学习过程中产生和发现的,有助于拓展幼儿的经验和视野的内容,都可以吸纳为幼儿园的教育内容。生活中各种各样能利用的盒子、瓶罐,也可以作为幼儿美术操作的材料。在这个学期的区域活动中,我们有部分材料是来自对各个幼儿家庭的废物搜集。比如牛奶盒、牙膏盒、瓶罐、面纸盒等都来自幼儿和家长的共同收集。幼儿对各自带来的东西都很感兴趣,我们投放以后,都纷纷去尝试着玩。这样,在幼儿参与活动积极性提高的前提下,家园之间的联系也进一步紧密。

案例1:"牛奶盒汽车创作"这一活动来源于一个家长的作品。在主题活动开设时,我们邀请幼儿家长与孩子一起制作手工汽车,作为楼道的布置和汽车博物馆的装饰。他们的作品丰富多彩,其中,我们发现了一个家长和孩子的作品很有特色,且操作性强。他们用牛奶盒做了一个非常大的汽车,还有车头,用白纸将四面全部封起来,然后用记号笔和油画棒在上面进行装饰,非常漂亮。于是,我就想利用这个契机,让家园合作协调一致,共同准备活动材料,并让家长们都做一个这样的牛奶盒,封上白纸,上面不要有任何装饰,让孩子们进行创作。孩子们对这样的绘画形式也很感兴趣。在创作之前,孩子们已经有了一定的经验,如爸爸领带中的线条与图案的组合,暖暖的地毯中的对称绘画,黑白鸟的线描画等,这些绘画技能被潜移默化地运用到区域创作中,他们的创作非常精彩。

案例2:"牙膏盒汽车装饰"这一活动也是来源于家长带来的材料以及作品。利用废旧材料——牙膏、瓶罐制作漂亮的汽车,鼓励幼儿大胆尝试,使幼儿的想象力和创造力得到进一步的发展。在装饰的过程中,我们需要用到一种工具:剪刀。在小班的时

候，由于孩子们的手部肌肉还未完全发育好，所以在进行活动时不怎么使用这一工具。到了中班，随着孩子们各方面的发展以及活动需要，剪刀被慢慢地使用起来了。在装饰牙膏汽车的时候，孩子们需要用剪刀来进行花纹剪裁。于是，我们在平时的美术活动中让幼儿进行使用剪刀的练习，如白纸形状剪裁、纸杯花、小窗花等等，都是在练习如何使用剪刀。在练习的过程中，孩子们也会遇到各种困难，这时可以请老师帮忙，也可以请孩子帮忙。在家里，孩子们也可以和爸爸妈妈一起练一练。慢慢地，孩子们会用剪刀了，他们剪的花纹也是蛮像的。本来，圆圆的轮胎也是请孩子们剪的，但是圆形太难剪了，而且贴在牙膏上不像汽车了。所以，轮胎由我们准备，花纹由孩子们自己创作剪裁。幼儿选择不同的装饰材料对不同材质的汽车进行装饰、粘贴车轮。他们在剪剪练练中提升能力，发挥想象。

四、美术区域材料能作为班级主题活动的延伸——拓展乐

我班能把区域活动作为班级主题活动的延伸环节，并及时地把主题活动进行过后的材料投放到区域活动中，让幼儿们在区域活动中继续进行相关的主题探索与操作活动。美工区里的材料基本上都是主题活动开展后投放的，这样幼儿基本了解怎样去操作。

如：在开展"我爱我家"的主题活动后，我们将幼儿的作品"亲亲一家人"贴在背景墙上；在开展的"汽车"主题活动中，我们与孩子们一起制作各种各样的"车"，有画的、有贴的、有剪的、有捏的，并且一起制作作品展板，主题活动结束后，又将这些材料投入区角中，供幼儿操作；将制作的车放入汽车小镇上，与拼搭建构相结合。当然，一定要有游戏规则：各种材料分类收放，避免弄混；正确使用各种剪刀工具，确保安全；注意保持桌面地面卫生，及时清理垃圾等，孩子也在这个过程中锻炼了整理材料的能力。

在开展中班美术活动中，我们应当注重孩子的创作过程，而不是创作结果，给予孩子支持与鼓励，结合主题活动开展美术游戏，为幼儿提供丰富有效的材料，引导幼儿在自由、宽松的气氛中主动探索、学习。区域游戏是体现幼儿在玩中学、学中玩，寓教育于游戏的最好形式之一。总之，美术教育是一道亮丽的风景线。我们可以通过美术教育这个工具，使美术成为有效促进幼儿身心全面和谐发展的教育手段，促进幼儿综合素质的提高，增强幼儿发现和感受美的能力，使他们将来的生活丰富多彩、充满乐趣。

发表于《家教世界》2018 年 10 月刊

美育实践

以美育心促发展
——在游戏中进行美育的实践研究

（启东市实验幼儿园 龚井辉）

美育是指人类通过视觉、触觉等感官活动，反应大脑皮层后，产生的美感，从而形成审美体验。苏联著名教育家苏霍姆林斯基说："美是一种心灵的体操，它使我们的精神正直、良心纯洁、情感和信念端正。"幼儿园审美教育就是引导幼儿感受美、享受美、欣赏美，进而促进幼儿全面协调发展的过程。在幼儿园课程游戏化的背景下，在游戏中进行美育教育是具有重要研究价值的课题。在此，笔者结合具体实践作如下几方面探究。

一、结合幼儿身心特点，遵循美育教育原则

在游戏中进行美育教育，在对美育教育的特征进行深入研究的同时，还应该对幼儿的生理和心理特点有充分的了解，这样才能使我们的美育教育更有针对性、有效性。

首先，要把握美育教育趣味、直观的特点。以美育教育为目标的游戏应该是求真、尚善、赏美的活动，是发展幼儿审美情趣、收获美好体验、积累知识的过程。其次，在游戏中进行美育教育还应遵循一定的原则：（1）快乐。快乐的游戏氛围，是进行美育的必要条件。当幼儿在身心放松、个性张扬、思维活跃、情绪舒畅的状态下时，美育教育才能顺利地开展。（2）自愿。在游戏中对幼儿进行美育教育时，要充分发挥幼儿的主体性，让幼儿积极主动地参与游戏，以增强美的体验。（3）个性。每一个幼儿都是独立的个体，他们的生长环境、行为习惯、认知特点、生活体验等存在较多差异。由此，他们的审美体验也表现出个性的特点。因此，在游戏中进行美育教育时，教师不能使用统一的审美标准，而是要体现出多样化的特点。（4）全面。美育教育的目标就是促进幼儿的全面协调发展。因此，在对幼儿传授知识的同时，还应重视幼儿的审美能力、审美情趣的提升创造。幼儿审美教育就是为了让幼儿能够欣赏美、创造美。

二、结合户外游戏环境，充分感受自然之美

和风丽日，繁红嫩绿。美丽的大自然是幼儿天然的游戏环境。碧草青青的小树林间、野花似锦的小山坡、鱼翔浅底的湖畔、落叶缤纷的秋天……到处都是幼儿喜欢的游戏场所。同时，大自然也提供了大量的美的素材，如丰富的植物、各具特色的树叶、可爱的小动物等。在大自然中游戏、感受天然之美，会让幼儿逐步增强美感。在户外游戏活动中进行美育教育，一般要从如下几方面入手：（1）欣赏自然之美。引领幼儿漫步在如诗如画的山山水水之中，体验祖国山河之壮美，感受大自然神奇的手笔所呈现出来的无与伦比的自然之美。（2）创设游戏环境，在游戏中感受自然之美。把大自然看作天然的游戏环境，充分利用自然资源，开展各种游戏。比如，阳春时节，暖风拂面，正是放风筝的大好时节。"儿童放学归来早，忙趁东风放纸鸢"，幼儿园可以组织一场亲子放风筝的游戏，让教师和家长一起带幼儿走进大自然，在欢声笑语的游戏中，感受春天的美景给人们带来的愉悦，让美好的心情和美景交融，留下美好的回忆。

三、角色游戏融入美育，增强幼儿责任意识

角色游戏是幼儿喜欢的游戏种类之一。幼儿生活经历尚浅，只有通过角色扮演，才能使他们对责任形成初步的认知，才能感受到不同的角色有着不同的要求，让幼儿通过游戏形成良好的道德品质，这也是幼儿美育教育中的重要组成部分。

比如，在"蝴蝶寻花"游戏中，教师分配几个幼儿扮演鲜花，几个幼儿扮演美丽的蝴蝶。在游戏过程中，鲜花唱着儿歌微微摇晃着，吸引飞来飞去的蝴蝶来到自己身边。蝴蝶在花丛里来来回回飞着，最后找到一朵花，轻轻地"落"了下来。这个游戏告诉幼儿，"鲜花盛开，蝴蝶自来"，要想得到别人的赏识，必须要有引人注目的优点。再如，在"采蘑菇"的游戏中，教师让一部分小朋友手拉手围成一圈，把小球散在圈内。两个小朋友为一组，一个小朋友用丝巾蒙住双眼站在圆圈内，另一名小朋友在圆圈外面，指挥着圆圈里面的小搭档把小球往筐里捡。捡得多的小组获胜。这个游戏需要小朋友们的相互配合，在游戏的过程中他们会深深体会到合作的重要。与此同时，他们也感受到不同角色在合作中所承担的不同责任，增强了自身的责任感。

四、游戏融入生活情境，体验真实生活之美

罗丹说："世界上并不缺少美，而是缺少发现美的眼睛。"是的，许许多多美好的事物就在我们的身边。幼儿园课程游戏化背景下的美育教育，需要我们幼儿教师要有一

双发现美的眼睛，把幼儿的真实生活融入游戏之中，根据幼儿熟悉的生活情境来创编游戏，引导幼儿从中感受生活之美，加深对生活的体验与理解。

比如，在一次下午餐点时，小朋友对厨房阿姨制作的各种造型的小麻花产生了浓厚兴趣，他们表示出想学习制作小点心的愿望。教师对小朋友们的想法给予了充分的鼓励，并高兴地说："小朋友们和老师想到一起去了，老师也想试试呢！"于是，游戏活动"快乐的面食坊"就热热闹闹地拉开了序幕。

教师为小朋友精心准备了制作面食的材料：白面、塑料盆、碗、豆油、擀面杖、玉米叶等，还把厨房会做点心的阿姨请来为大家指导。秦禾小朋友说："我想做扭着的那种小麻花！"李芊芊说："我要做像蝴蝶结那样的！"方方说："我会揉面团。"……小朋友们个个都摩拳擦掌，想展示一下自己。由于是第一次制作，小朋友们弄得到处都是面，有的脸变得跟小花猫似的。但是，他们却非常开心。沐沐说："我知道怎么做了，回家我要做给妈妈吃！"

小朋友们的劳动成果还吸引了其他班的小伙伴，他们纷纷参与到"快乐的面食坊"游戏中，面食坊成了一个热闹的小市场。教师给小朋友们出示了很多生活中的面食图片，他们很快学着制作出了花朵、麻花、小动物、小糖包等面食，真是美不胜收。

在生活化游戏中融入美育，教师首先应是一位优秀的观察者，能够发现美育教育的素材，并追求幼儿的兴趣点，为幼儿创造条件，引领他们体验生活之美并成为美的创造者。

五、创设情境融入美育，发展幼儿审美能力

幼儿自我管理情绪的能力还有待培养，他们往往会被外界事物干扰情绪。有时，别人一个无意的言行举止也会使他们受到影响，从而使美育教育的效果落空。因此，在游戏中进行美育教育时，教师要结合幼儿的特点创设恰当的游戏情境，让幼儿从中汲取精神养料，更加专注地追求美好的目标，不受负面因素的影响，提升美育的效果。

比如，幼儿园可以利用节日组织幼儿开展丰富多彩的游戏活动，因为浓厚的节日气氛会对幼儿的心绪起到激发作用，让他们积极去参与活动，提升审美素养。如，元旦是中华民族的传统节日，是新一年的开端，举国上下，喜气洋洋，欢度元旦。为了加深幼儿对元旦的了解，体验元旦的喜庆气氛，幼儿园组织开展"我又长大一岁啦"游戏活动，让幼儿通过画自己看到的过元旦的情景表达自己又长大一岁的快乐心情，然后把他们的图画贴在教室里，营造浓厚的元旦气氛。再如，中秋是一个充满诗意、富有美感的中华传统节日，围绕着这个节日有很多传说，如嫦娥奔月、吴刚伐桂、玉兔捣药等。教

师可以自主开展一场"画中秋"游戏，让小朋友们把这些传说画出来，并展示在相应的位置，充分展示中秋所蕴含的美。这样的活动使幼儿在创造美的同时，也提升了幼儿的绘画能力、审美能力。

在游戏情境中融入美育、发展幼儿审美能力不能仅仅满足于物质情境的创设，还要注重人文情境的创设。如，在体育区，通过游戏培养幼儿协商、合作、与同伴友好交往的能力，感受和谐之美；在语言游戏中，引导幼儿分享快乐、热爱生活、礼貌待人等，感受礼仪之美……只有在感受美的基础上，审美能力才会得以提升。

六、结语

综上所述，在幼儿园课程游戏化背景下，教师要重视将美育教育融入丰富多彩的游戏活动中，让幼儿通过游戏活动，感受美、发现美、欣赏美、创造美，促进自身美好道德品质的形成，实现全面和谐的发展。这是新时期对幼儿教学提出的要求，也是我们每个幼儿教育工作者应该肩负起的教育使命。

美育实践

幼儿园班本课程中美育的实践研究
——以课程"小金鱼来了"为例

（启东市实验幼儿园　沈　霞）

习近平总书记在全国教育大会上强调："要全面加强和改进学校美育，坚持以美育人、以文化人，提高学生审美和人文素养。"这为学校美育的改革发展指明了方向，提供了根本遵循。幼儿正处于人生成长发展的最初阶段，这时期的美育教育对他们以后的人生有着重要影响。从小用正确的、积极的、"美"的思想去引导幼儿，让幼儿在生活中发现美、鉴别美、感知美，是非常重要的。

陈鹤琴先生提倡审美育人，重视儿童的实践经验，主张儿童美育应与儿童的生活紧密联系，重视儿童审美环境的创设，提倡大自然、大社会是"活教材"。而我们的班本课程也是从孩子的实践中来，它来自生活、来自自然、来自社会，对我们开展儿童美育有重要的启发。于是，我们深挖研究美育的渗透途径，充分发挥班级课程中特定的人、事、物的美育教育功能，努力寻找每一个美的因子，提炼美育价值，这也是课程发展的必然要求。下面，我就以我班开展的"小金鱼来了"课程，解析如何开发蕴藏在班本课程中的丰富的美的资源，挖掘班本课程中"美"的教育价值，从而形成初步的审美素养。

一、构建轻松的谈话氛围，增强幼儿对美的感知能力

片段：我的小金鱼长什么样（谈话）

老师用语言设置一个情景，"你的小金鱼长什么样？请让最漂亮的金鱼住到我的城堡里来"，以此激发孩子自主观察自己带的金鱼的样子，并用语言大胆描述出来。

甜甜观察后说："我带的金鱼，头上有两只圆圆的眼睛，身上有一片一片的鱼鳞，身体后面还有一条三角形的尾巴。"

小雨说："我带了三条金鱼，两条是红色的，一条是黑色的。红色金鱼的头上两只眼睛是突出来的，还有一个噘着的嘴巴，身体后面长着一条大大的尾巴，像沈老师的裙

子。哈哈哈！孩子们听了小雨有趣的比喻都笑了，我为她的观察想象力点了一个大大的赞。"

小橘子说："我带的小金鱼，头上有一块红红的高高的东西，眼睛圆圆的，身上也有鱼鳍，身体后面的尾巴像蝴蝶的翅膀一样，很漂亮。"

"美"的教育价值：在孩子们介绍自己所带的小金鱼时，教师通过语言创设了情景，引导他们用多种感官观察、欣赏小金鱼，并积累内在图式，勾勒事物的特点，使他们获得鲜明、完整的视觉表象，提高其审美感知能力。

二、创设自主探究的环境，增强幼儿对实物绘画的表征能力

片段：小金鱼的便便（探究）

"沈老师，快来看！我的鱼缸里一条一条长长的是什么呀？"小贝的喊声，把其他孩子也吸引了过去。文文说："我鱼缸里也有，可是我和你的不一样，你的是红色的，我的是绿色的。""啊，我的怎么是黑色的呀？"小宝观察了自己的鱼缸后，一脸疑惑地说。这时，瑶瑶凑过来说："这是小金鱼的便便吧？"小贝反驳到："那怎么有红色、绿色、黑色的呢？它们为什么长得不一样呢？"瑶瑶说："应该是吃了什么颜色的鱼食，就拉什么颜色的便便吧！"这时，老师说话了："我觉得你们说的都很有道理，那我们来做个实验吧！"

做实验肯定有猜测和验证。于是，老师建议孩子们把猜测的便便和验证后的便便，用表征的方法记录下来。结果，大家对小金鱼吃什么颜色的鱼食就拉什么颜色的便便的想法和验证一致。而便便的样子却大有不同，有的是一圈一圈的，有的是一段一段的，有的黑黑的说是像头发丝，有的画得像蚯蚓一样，脑洞大开。绘画表征很有趣，快乐写在了脸上。

"美"的教育价值：当孩子们发现鱼缸里的便便时，老师没有直接去干预，而是让他们自由观察，大胆说话，并建议他们用绘画表征的方法记录下来。其实有时候，美可以用说的形式，也可以用绘画表征的方式去表现，即让幼儿有意识、有方向、有目的地作画。绘画表征中不仅体现了事物的一些基本特征，而且也展示了他们独特的想象力。比如，孩子把便便画成了头发、画成了蚯蚓等等。当然，幼儿绘画表征能力的提升是一个相对漫长的过程，教师要给幼儿提供多种绘画体验活动，让绘画成为促进幼儿审美意识、审美能力的工具。

三、提供丰富的操作材料，增强幼儿感受美、表现美的能力

片段：树叶贴画——小金鱼

美工区里有许多操作材料，瓶瓶罐罐、石头、彩带都有。一次，嘟嘟从美工区的材料框里，拿出一片叶子说："沈老师，你看！像不像小金鱼的尾巴？"我一看，这的确像。于是，我抓住这个机会，生发了用树叶贴画小金鱼的活动。首先，我出示这片像小金鱼尾巴一样的叶子，然后请大家想象，怎么让它变成一条小金鱼。经过讨论，大家说拼贴上身体、画上眼睛等等。那么，什么样的叶子才能配上尾巴呢？孩子们走进小树林，去寻找像金鱼身体的叶子。最后，美美的小金鱼在大家的创作下完成了。

"美"的教育价值：当嘟嘟发现这片叶子像小金鱼尾巴的时候，他的审美已经开始萌芽；当老师带领孩子们走进树林，去寻找合适的、能代替金鱼身体的叶子时，孩子就有了寻找美的过程。老师的引导不仅能提升孩子的智力，也能帮助他们养成注意观察的习惯，使他们发挥主动性和创造性，慢慢形成留心周围事物的意识，然后通过实践获得认知，最后上升到情感，进而发现美、感受美、创造美。

四、渗透美好心灵的教育，滋养幼儿健康快乐成长

片段：我的小金鱼死了

孩子们带来了小金鱼，没想到第二天，几个孩子养的金鱼死了，他们很心疼，有的甚至哭了。这是怎么回事呢？

不用老师说，有养鱼经验的瑶瑶小朋友说："我知道他们的小金鱼为什么死了，因为他们喂了太多的鱼食。我妈妈说每天喂三粒就可以了，小金鱼不能吃得太饱，太饱了，会死掉的。"说得很有道理，大家也觉得是鱼食喂多了，下次一定会好好照顾了。

那死掉的金鱼怎么办呢？和孩子们一起读读《认识生命》的绘本，让幼儿了解生命、珍惜生命，对小朋友来说也是进行生命教育的一次机会。于是，我们专门给小朋友设计了一节活动——为小金鱼举行一场告别会。大家依依不舍地来到小花园，挖坑，葬鱼，告别小金鱼……

"美"的教育价值：美育是审美教育，也是情操教育和心灵教育。当养的小金鱼死了，孩子感到了伤心与难过，心灵受到了一点点小的创伤。其实，这也是培养孩子养成美好心灵的时机。我们用讨论会、告别会让孩子知道，再微小的生命都值得被尊重，因为每个生命都是来之不易的。拥有一颗美丽的心灵，才能在美育的天地里健康、快乐、智慧地成长。

由此可见，幼儿园的美育教育不只是仅仅停留在艺术教育方面。语言美、形象美、心灵美、意境美等等的审美价值，都可以融入班本课程中。幼儿时期是个体审美兴趣和审美能力萌芽、发展的重要时期，在这一时期，全面渗透美感教育，培养孩子的审美情趣和创造力，会使他们终身受益。"小金鱼来了"的班本课程，让孩子在真的启迪、善的熏陶、美的享受的过程中进行心灵沟通、情感交融，提高审美能力，使他们的身心健康、和谐地发展。

美育实践

美术活动中培养幼儿创新能力探析

（启东市实验幼儿园　陈倾玲）

幼儿园的美术活动是幼儿喜欢的一种艺术活动，它是以幼儿的健全发展为前提进行的。为更好地激发幼儿兴趣，活动往往针对幼儿年龄特点以游戏的形式开展，提倡尊重幼儿，关注其终生发展。生动丰富的美术创作能够激发幼儿的认知能力，提高幼儿的创新意识，培养幼儿的创造性思维。这里，我们探讨一下培养幼儿创新能力的策略，通过积极地研究讨论，有效明确美术教学活动中存在的问题，结合幼儿的年龄特点、学习特征，注重教学创新，加强培养学生的创新能力。

一、幼儿园美术活动内容和材料的选择

材料是美术活动必要的工具，是幼儿学习和表现以及进行创造的支撑和桥梁。材料来自生活，材料是丰富多样的，且各具美感。幼儿选择和使用材料的过程，就是对"美"进行加工和创造的过程，也是大胆想象、自主学习的过程。

幼儿的美术创作材料不仅仅局限于画笔、颜料等专门的工具，生活中一切信手拈来的材料皆可用，身边的物品或废旧材料也都可用于开展美术活动，表现的是幼儿的灵感和创意性。比如美术描绘"蓝天大海"，小班可以通过大面积的涂鸦活动来激发幼儿的想象和创新能力。教师在指导过程中无需给予过多帮助，尽量让幼儿自主完成，以便其更自由地表达内心感受。而中大班的幼儿在美术表现的过程中会注意到细节的创造和描绘，他们会结合对于云朵和浪花的已有认知经验，对一切可以使用在美术作品上的废旧物品进行创作。运用的材料不仅仅只局限于水彩笔、蜡笔、黏土等，废旧报纸、铁丝、牙膏盒、一次性餐具等等都可以用在美术作品的创作上。美术活动的表现手法也会因人而异，各种画、涂、喷刷、雕刻等手法让美术作品呈现千姿百态，彰显艺术魅力。当然，同一个画面用不同的材质还能表现出不同的效果，比如在普通画纸上和在砂纸上，在刮画纸上，在各种布料上，在有机玻璃上……展现的效果各不相同，可以让幼

儿体验质地对于美术作品的影响。丰富的美术体验活动让幼儿了解到创造艺术作品不仅仅只局限于一种方式，可以有一百种方法进行创作，"美"的表现方式是自由的。还有一点特别重要，使用任何表现方法的时候都要提醒幼儿注意安全，只有在注意安全的前提之下才能够带给幼儿无限的艺术发挥空间，进一步发展其思维创造能力和想象能力。

二、在美术活动中培养幼儿创新能力的策略

幼儿美术活动以引导幼儿发现美、欣赏美、创造美为主要目标，使幼儿在表现、表达的过程中促进自身认知和创新能力的发展，同时也关注幼儿的自我情感表达和审美能力的发展。

（一）在绘画中培养幼儿的创新情感

在艺术绘画过程当中，教师不仅可以通过动手一种方式来完成对幼儿创造力的培养，还可以通过绘画、说出对艺术作品的感受、讨论交流绘画、听别人评价自己的作品等多种方式来培养幼儿的审美和创新能力。如果将幼儿的听说能力和绘画能力进行结合，可以进一步培养幼儿的创造性思维能力。比如，引导幼儿进行树叶的绘画创作。"秋天到了，小树叶飘呀飘，它会到哪里呢？"每个孩子的思考都是不同的。有的孩子认为树叶会飘到喜马拉雅山上，有的孩子认为树叶会飘进海里，有的孩子则认为树叶会飘到宇宙当中，还有的孩子认为树叶会飘到自己的床上，陪伴自己一起睡觉……对于这些答案，老师不肯定哪个是正确的，哪个是错误的。孩子们的画是充满想象力的，他们口中的树叶也被赋予了无限的生命力和创造力。

艺术的美是相通的，让孩子听听优美的音乐，根据自己所听到的音乐内容展开想象，进行绘画。这时候，教师不需要给出明确的物象，只需让幼儿遵从感受，自由生发，然后再鼓励幼儿根据自己的绘画作品来讲讲自己从音乐当中感受到了哪些东西，这幅画里是怎么表现出来的。一般来说，幼儿的思维模式比较简单，往往听到什么就想什么，想到什么就画什么。让幼儿对自己所听到的音乐进行绘画，可以锻炼其思考能力和思维能力，这样的方式能让每个幼儿所创作出来的作品更富有灵性和个性。教师还可以在美工区设置绘画角，收藏一些幼儿喜欢的连环画，引导、鼓励幼儿尝试着自己创作连环画，并把幼儿自己创作的连环画推送到阅读区，让更多的小伙伴分享阅读，从而激发幼儿的绘画创作欲望。

（二）在动手操作中培养幼儿的创新思维

在美术活动中，提高幼儿的创新能力离不开手脑并用的开发。对于语言系统还不发达的幼儿来说，动手创作是他们表现外界事物和内心想法的最好表达模式，幼儿创作的手印画、黏土捏制展现出幼儿无与伦比的创造能力和想象能力。比如有一次，幼儿将碎纸屑抛向空中高兴地喊："下雪啦。"这一举动引起了其他幼儿的兴趣，也引发了老师的关注。在之后的绘画创作中，老师提供了很多碎纸片，有的幼儿将这些碎纸片粘贴在自己的绘画作品当中，表现出下雪之后的世界。这种灵活利用其他材料来丰富作品的绘画创作方式，正是幼儿想象能力、创新能力的体现。这就需要教师在美术教学活动中，能够根据幼儿的学习需要和幼儿的学习特征，进一步加强教学内容的设计和整合。

在幼儿美术教学活动中，教师需要积极开展相应的实践教学活动，为幼儿构建一个良好的学习环境，不断增强幼儿的学习意识，激发幼儿的探索欲望和学习兴趣。在这一过程中，教师要充分突出幼儿的主体地位，引导幼儿积极挖掘生活中的美，有效提升幼儿的审美意识和能力，让幼儿联系日常生活进行创作，加强对幼儿创新思维的锻炼，有效培养幼儿的创造性思维，提升教学活动的质量和效率。在教学内容的选择过程中，教师要结合幼儿日常生活中所能接触到的事物，不断丰富教学设计，加强教学内容的整合，有效提升美术活动的有效性和多元性，满足不同幼儿的学习需要，提升学习活动的质量。

（三）在作品讲述中培养幼儿的创新意识

让幼儿在完成创作之后对自己的作品进行描绘和叙述，能进一步锻炼幼儿的语言表达能力和对于外界事物的认知，这样不仅仅可以锻炼幼儿的思维连贯性和条理性，同时也是对于幼儿创新能力的一种提升。在具体的作品讲述中，教师要联系日常生活，为幼儿构建一个良好的语境，让幼儿能够做到敢说，敢做，敢想，以此提升幼儿的学习效率，充分发挥幼儿的想象力，加强培养其创新思维能力。

比如，引导幼儿围绕自己的绘画作品进行故事创编，以充分发挥其想象力。孩子们的想象力天马行空，有时候一幅图画不能表达完全，就产生了连环画；有时候一个故事引起其他小伙伴的共鸣，几个人就自发地组团一起讨论，合作绘画。斑斓的绘画作品有了语言描绘的辅助，能让我们更了解彼此的内心世界；幼儿的故事也因图的诠释显得更精彩、更有趣，凸显出了孩子们无与伦比的想象力。幼儿、教师、幼儿作品三者之间相互联系、相互作用，老师通过和不同材料的对话帮助幼儿梳理思维，理解和感受绘画作品的魅力。总之，幼儿的想象力是天马行空的，教师适宜的引导能将幼儿丰富的想象力点拨为无穷的创造力，为幼儿的终生可持续发展奠定基础。

三、结束语

总之，为了加强培养幼儿的创新思维能力，教师要充分发挥引导作用，带领幼儿积极开展相应的美术教学活动。在具体的教学活动中，教师要结合学生的学习需要，丰富教学内容，通过更具有针对性的教学过程和教学内容，有效提升幼儿的创新能力。

创意美术

从印画谈幼儿创意美术的开展

（启东市实验幼儿园　沈　霞）

爱美之心人皆有之，人天生有对美好事物的向往之情。美育是素质教育的重要组成部分，美术教学是培养幼儿发现美、表现美、创造美的基地。幼儿园的孩子正处于活泼好动的年龄，他们好奇心强，有强烈的探索学习的欲望，什么都想看看、做做。印画是幼儿园美术教学的重要组成部分，因材料多样、画法多变，正成为幼儿园美术教学的新宠。

《幼儿园教育指导纲要（试行）》明确指出，教师要给幼儿"提供自由表现的机会，鼓励幼儿运用不同的艺术形式大胆表达自己的情感、理解和想象……指导幼儿利用身边的物品和废旧材料制作玩具、手工艺品，等来美化自己的生活或开展其他活动"。那作为一名幼儿教师，该如何挖掘印画教学中的艺术因素，鼓励幼儿大胆创新进行美术创作呢？下面，我将谈谈自己的一些看法。

一、利用日常用品印画，让幼儿感受印画的神奇

日常生活中常见的珠子、瓶盖，吃饭用的调羹、叉子，这些都可以应用到印画中来。教师要做的是给孩子准备好颜料以及可用来印画的用品，让幼儿大胆与材料互动，形成具有个性特征的"叉子印画""瓶盖印画""珠子印画"等。

将叉子的一头蘸上绿色颜料，在纸上印画，孩子们创作出了"绿绿的草地"，粘上红色、黄色颜料，那就是"美丽的花园"，很吸引孩子们的目光。瓶盖由于有大小之分，所以用瓶盖印画，可以形成"小鱼的泡泡""缤纷的气球"等。日常的废旧材料纸球也是很好的印画材料，将纸球团成一团，粘上自己喜欢的颜料，印在纸板上，红的花、黄的花跃然纸上，引起惊声一片。通过用日常用品印画，孩子们掌握了一定的印画技巧，知道了在印画时颜料要不多不少，印画出图案后要持纸面整洁，更重要的是在"蘸一蘸""印一印"的过程用，孩子们追求美的需求得到满足，感受到了创作带来的乐趣，体

验到了成功的快乐，知道了美的表现可以不拘一格，孩子的思想得到解放，能大胆探索，动手尝试表现物体的美。

二、在印画上适当添画，培养幼儿的创新思维

自然界中的石子、树桩、树叶、树枝、竹枝等，这些物品看似普普通通，但加入印画技术，会给它们以新的生命，使人赞叹造物主的神奇。比如常见的桑叶、枫叶，每当秋风吹起，它们纷纷飘落下来，跌落尘埃。孩子们将树叶捡拾起来，用树叶进行印画，再进行适当添画，平凡的树叶变成了"小金鱼""爱心小屋""小狐狸的脸"；将树枝放在适当位置进行印画，使之变成小屋旁边的"栅栏"；还有小河边的石子，可以粘上颜料进行印画，形成"天空中的白云""大海里的礁石"，印画中带着石头的天然纹理，别具特色。

对于幼儿而言，自然界的物品都可以拿来印画，进而添画，形成自己想象中的事物。幼儿渴望通过自己的操作，让平淡的物体摇身一变，变得美丽，变得富有色彩感与立体感。而且，自然界中的物品取之即来，无穷无尽，操作性强，可以添画成变化多端的任意物品。印画逐渐成为孩子们美术区角的新宠。

三、印画与手工相结合，提高幼儿创造美的水平

印画是创造美的一种艺术表现形式。幼儿的价值观、审美观正在形成之中，教师要有意识地指导幼儿将印画与其他手工操作结合起来，完美表现事物特征。

比如将印画与折纸结合起来，将纸折成大小不一、高高矮矮的房子，用手指印画的方式，在屋旁印上点点"梅花"或者"桃花"。纸折的房子具有立体感，手指点画，颜色鲜艳，层次分明，一幅美丽的风景画就呈现在人们面前。

又比如在用树叶印画"小金鱼"时，都说画龙点睛，小金鱼的灵动体现在眼睛上，用形似眼珠的纽扣做"小金鱼"的眼珠，画面感更强，更能体现美的创新之处。

幼儿喜欢摆弄物体，通过印画操作，他们会产生大量创作灵感。教师要做的就是做孩子艺术的导师，观察孩子创作时的材料需求，及时增减材料，满足孩子的需要。同时，教师要给孩子足够的时间与空间进行印画创作，让孩子与材料互动，不断积累直接经验，比如在手掌印画上添画"小鸟"，将包菜印画成"大树""森林"等等。在创作的过程中，幼儿会逐渐发现美，感知美，体验成功的乐趣。

当然，对于材料的投放，教师要遵循循序渐进的原则。教师要鼓励幼儿多操作、多想象，鼓励幼儿创新，对于有个性的作品，要不吝啬赞美，进行大力表扬，组织幼儿欣

赏，增强幼儿自信心。

总之，在幼儿印画美术活动中，教师应循序渐进地投放可操作材料，鼓励幼儿大胆印画、大胆想象、大胆添画，提高幼儿的想象力与创造力，发挥幼儿的聪明才智，让他们在创作、玩乐中感受创作带来的喜悦，萌发对美的追求与创造，为审美能力的发展奠定良好基础。

创意美术

放飞幼儿"自由"天性

(启东市实验幼儿园 沈 霞)

《幼儿园教育指导纲要(试行)》指出：教师在幼儿艺术教育中应视幼儿为创造的主体，给幼儿提供自由表现的机会，鼓励幼儿用不同的艺术形式大胆地表达自己的情感、理解和想象，尊重每个幼儿的想法和创造，肯定和接纳他们独特的审美感受和表现方式，分享他们的创造的快乐，同时帮助他们提高表现的技能和能力。所以，能真正让幼儿成长的美术应该更注重幼儿创造能力的培养。幼儿是天真烂漫、活泼可爱的，他们的想象力也极其丰富、随意夸张。他们无所顾忌，对世界充满新鲜感。这时，老师们要做的就是鼓励幼儿把对这个世界的所看所想表达出来。下面我们就用一些实际事例来谈谈在日常教学生活中如何给幼儿创造条件，激发他们探索和创造的兴趣，放飞他们"自由"的天性。

一、提供自主思维的空间，增进幼儿对美术创作的兴趣

给幼儿营造宽松、自由的创作环境是我们在美术活动中培养幼儿创新意识的前提。喜欢标新立异几乎是每个孩子的行为特征，有了我们大人的支持，孩子才不会担心遭受批评指责，才会有别出心裁的表现。因此，我们要有目的地为孩子创设一个广阔的创作想象的空间，以便他们在自创中增进对美术创作的兴趣，成就自由与快乐!

1. 植物角

植物角里的观察照顾是孩子们每天遵守的"值日生公约"之一，而记录植物的生长过程就是孩子们美术创造的体现了。

在植物角里，孩子们自由组成若干小组，领取各组要照顾的植物。然后，他们从设计记录本的封面图案到每天都由谁负责记录，展开了照顾植物的计划。于是，在每个早晨你都会看到有值日生、记录者准时来到这里，用直尺测量、记号笔绘画等方法，记录着植物的生长情况，他们之间有合作有分工，个个都很认真地做着这一件事。

老师给了孩子们自主思维的空间后，每一组的封面都各具千秋，每一组记录种子生长的画面也各具特色。在观察与美术创作中，孩子们不仅提升了照顾植物的责任感，也增强了创新思维的能力。

2. 可视时间表

大班的幼儿对时间有一定的概念了。那么，在一日活动中，我们究竟参与了哪些环节，做了哪些活动呢？我提议让孩子们以自己的生活经验，用美术中的绘画方式把它记录下来。孩子们大胆想象，找来硬纸板，自由创作设计。最后，班级自创的一日活动安排表就这样诞生了，我把它贴在了墙上。也许，孩子们设计的一日活动安排表看上去并不那么精致。但我认为，这样的设计与记录是孩子们自创的，是最贴近他们自己的理解的。所以说，创意有时候就这么简单！

二、参与主题环境创设，让幼儿体验美术创作的乐趣

皮亚杰认知理论认为，孩子是在与环境的相互作用中发展起来的。幼儿园应充分利用活动室的三维空间，让活动室的每一个墙面、每一个角落都成为幼儿创造的源泉，同时也成为幼儿创造的展示地。

1. 主题墙面布置巧设计

幼儿园墙面布置是美术教育活动的一部分，是一种美育行为。在主题墙面布置的创设中要努力调动幼儿的"三性"，即积极性、主动性、创造性。那么，如何有效地调动幼儿的三性呢？关键在于让幼儿成为墙面布置的创作者和设计者。在每月的主题墙面布置设计中，我始终坚持"让幼儿成为环境创设的主人"这一理念，墙面布置均以幼儿作品为主，让幼儿用绘画、装饰等多种美术方式来参与环境创设，体现墙面布置的游戏性、动态性、教育性、开放性、特色性。我们通过让幼儿自己动手创作、亲身体验，拓展和激发了幼儿的学习兴趣，同时也引发了幼儿自我学习的好奇心和主动探索的求知欲，从而起到事半功倍的教育效果。

2. 主题美术区域巧创造

在主题活动"我是中国人"中，孩子们对主题中生发的美术课程，通过搓捏、绘画、印染、裁剪、粘贴等创作形式，尽情地放飞他们自由的天性。

在感知了解中国的民间艺术——泥塑后，我们生成了班级特色美术课程："做'纸浆娃娃'"。用"纸浆"代替"泥"，让孩子们感受撕报纸、捏纸浆、绘画娃娃等一系列的过程，真是创意乐无穷，愉悦在其中！

在感知了解中国的国粹——京剧后，我们生发了班级特色美术课程："京剧脸谱"，

让孩子们在脸谱模具上绘画。不一样的绘画方式，更能激发幼儿的活动兴趣，提高他们的技能。于是，孩子们主动创造的灵感因为教师的激活不断迸发。瞧，孩子们经常戴上自己创作的脸谱，有模有样地唱上一段京剧，甚是开心！

3. 主题美术游戏巧合作

当今社会，合作能力是一个人最重要的素质之一，学会合作是社会发展的需要、时代的需要。《3～6岁儿童学习与发展指南》指出：幼儿园应多为幼儿提供需要大家齐心协力才能完成的活动，让幼儿在具体活动中体会合作的重要性，学习分工合作。那么，我们在美术游戏中，同样能创造幼儿间交往的机会，促进幼儿合作能力的提高。

分工促交往，助推合作。在美术游戏活动"制作唐装"时，孩子们通过学习与协商，得出了一套制作唐装的工作流程：裁—剪—画—贴—验。大家分工明确，各负其责，制作唐装的过程在孩子们相互合作的游戏中成为一道美丽的生产线。

合作促交往，助力发展。在玩"风筝"的游戏中，我们延伸了给风筝画上漂亮图案的美术活动。孩子们以小组为单位，合作完成一个风筝。动笔之前，小组成员之间先讨论协商，具体画什么、用什么颜色比较合适、小组成员中谁涂哪个色块都要商量好。孩子们在与同伴合作绘画的过程中体验了动手的乐趣，学会了谦让、分享、轮流、协商，也懂得了如何去调整自己的情绪和行为以适应集体的需要，收获了成功的喜悦。有了合作经验后，大家在放飞风筝的时候，也是有商有量，慢慢将合作行为形成了一种习惯。

三、组织实施节日活动，体验多种创作形式

《幼儿园教育指导纲要（试行）》明确指出：要引导幼儿接触周围环境和生活中美好的人、事、物，丰富他们的感性经验和审美情趣，激发他们表现美、创造美的情趣。我认为，在欢庆节日之余，鼓励幼儿积极主动地参与到节日艺术的创造中也是一个非常好的组织形式。我们可以在多种的美术形式创作中，鼓励幼儿充分发挥想象、联想、幻想，大胆运用各种材料和美术表现形式创造和表现新的、美的艺术形象，在创造美和表现美的过程中获得美的情感体验以及成功感。

1. 节日主题：元宵节——做灯笼

班级：大班

材料：各种废旧瓶子、各种材质的纸、线、剪刀、胶水

由来与思路："正月里来正月正，元宵节来闹花灯"。在元宵节这一充满民族特色的传统节日里，元宵花灯总是扮演着最喜庆养眼的角色，为节日添色不少。为了让幼儿更好地感受中国传统节日的喜庆与热闹气氛，班级组织灯笼制作活动，为教室环境增添一

下节日的气氛。唯一不同的是，我们制作灯笼的材料中包含了各种废旧瓶子，具体的方法是：把瓶子当做灯笼的形，然后在瓶子的外面根据自己的意愿、想法进行装饰。孩子们在制作过程中练习了剪、画、贴的技能，充分体验了自制灯笼的乐趣。当我把所有的灯笼挂起来的那一刻，大家欢呼雀跃，孩子们的那种成就感油然而生。

2. 节日主题：运动会——设计运动达人

班级：大班

材料：纸、剪刀、记号笔、油画棒、彩笔、订书机

由来与思路：陶行知先生曾经说过，处处是创造之地，天天是创造之时，人人是创造之人。于是，我结合幼儿园第五届"花儿朵朵开"亲子运动会，设计了美术活动"我是运动小达人"。在找出自己是哪一方面的运动小达人后，孩子们自己设计形象，制作图标。孩子们充分想象、大胆表现，创作出一个个形态各异的运动小达人：有拍球的运动小达人、有跳绳的运动小达人、有打乒乓球的运动小达人等等。当带着这些运动小达人出现在运动场上时，孩子们是多么地神气，因为这个运动小达人代表的就是自己，而且是亲手设计的，是多么的珍贵啊！

3. 节日主题：立夏节——画蛋

班级：大班

材料：煮熟的鸡蛋、鸭蛋、鹅蛋，彩笔

由来与思路：立夏是二十四节气中的一个节气，立夏一到就预示着夏天将要来了。因此，我班也开展了丰富多彩的立夏民俗活动，让孩子们感受立夏的气息。我给孩子们讲解了立夏的节日知识和传统习俗，并选择鸡蛋、鸭蛋、鹅蛋等让孩子们观察、比较区别。之后，我们又进行了斗蛋活动，并评出了"斗蛋大王"。在蛋上画画，又是一个不一样的创作形式。孩子们拿起彩笔，尽情挥洒，在小小的蛋儿上画出了他们的风采。

4. 节日主题：母亲节——给妈妈做礼物

班级：大班

材料：不织布、A4纸、彩纸、丝带、记号笔、油画棒、胶水、剪刀

由来与思路："谁言寸草心，报得三春晖。"在母亲节到来之际，我们对幼儿进行感恩教育，教育孩子从小要懂得关心妈妈、感恩妈妈，以弘扬中华民族的传统美德。于是，我们组织了一系列的感恩教育活动。其中，"给妈妈送一束花"的活动又给了孩子们一次艺术创造的机会。大家自己动手设计制作，画、剪、卷、贴、包，特别是"包"这个步骤最难了。但是我们不放弃，大家相互合作，一起努力，就一定能成功。最后，孩子们画上祝福的话，送给妈妈自己用爱包的花，告诉妈妈："妈妈，我爱你！"情意浓浓。

5. 节日主题：端午节——赛龙舟

班级：大班

材料：大块的纸板、笔、油画棒

由来与思路：五月五是端午，端午节是我们中华民族的传统节日。为了让幼儿更好地了解端午节，感受端午节丰富的文化内涵，激发幼儿的爱国主义情感，我们班也组织了一系列有关端午节的主题教育活动，让孩子们感受中国传统文化的源远流长。其中，"赛龙舟"是端午节必不可少的一个重要节目。我们虽然不能坐上真正的龙舟在水上竞技，但是我们玩一玩类似的"赛龙舟"游戏也同样过瘾。于是，"龙头"创意绘画又开始了。经过商量，大家一致认为，这个"龙头"一定要大一些。在什么材料上画呢？最后，大家发现了一个大的纸盒子，然后把它拆开，剪成一个大纸板。接着，孩子们一起合作画出了"龙头"，再一起涂色，把"龙头"扎在"龙船"（平衡木）上，龙舟就做好了。"一二！一二！加油！加油！"呐喊声、笑声响彻整个操场。之后，我们又组织了精彩的龙舟画展。

《3～6岁儿童学习与发展指南》指出：每个幼儿心里都有一颗美的种子。幼儿艺术领域学习的关键在于充分创造条件和机会，使幼儿在大自然和社会文化生活中萌发对美的感受和体验，丰富想象力和创造力，学会用心灵去感受美和发现美，用自己的方式去表现美和创造美。幼儿美术活动的主体是幼儿，老师要千方百计地创造机会，开展丰富多彩的活动，让幼儿不断去创造美，从而使他们在幼儿园的学习中就具备初步的创新意识和实践能力，这也将对幼儿的可持续发展大有裨益。所以，我相信，只要我们老师能做个有心的人，就一定能让孩子发现：艺术在身边，创意在身边。

创意美术

依托创意美术活动，培养幼儿个性品质

（启东市实验幼儿园 朱红健）

幼儿天生就喜欢画画，家里的纸上、桌子上、地板上，还有墙上都有幼儿画画的痕迹，他们觉得画画可以让自己自由自在地享受这个世界，表达自己内心的情感。绘画对于幼儿来说也是一种语言和思想的表达工具，它能折射出幼儿的心理动态。所以，在幼儿的教育过程当中，幼儿园通过创意美术活动培养幼儿的个性品质是十分重要的一部分。通过一定的创意美术活动，不仅可以激发幼儿的创造力，增强幼儿的自制力，而且还可以锻炼幼儿的独立性，培养幼儿的合作意识，对幼儿养成良好的个性品质有非常积极的意义。因而，在现阶段的美术教学活动中，教师要加强教学创新，带领幼儿积极开展创意美术活动，在提升学生学习积极性和主动性的同时，全面提升课堂效率，加强培养幼儿的学习品质和综合能力。

一、幼儿美术教学活动中存在的问题

随着课程游戏化的不断推进，在现阶段的幼儿美术活动中，引导幼儿积极开展创意美术活动能够有效激发幼儿的学习兴趣，在创造性的教育活动中提高幼儿的变通能力和灵活程度，全面加强对幼儿思维意识的锻炼。而在现阶段的幼儿美术活动中，仍有部分教师没有意识到这一点，在创意美术教学活动中只注重创新，而忽略了幼儿潜能的激发。正是由于教学观念上的偏差，使得幼儿的学习过程变得被动，进而使创意美术活动的教学内容达不到幼儿的发展需要，从而使整个教学过程缺乏时效性，难以达到实际的教学目标。在美术创意活动开展的过程中，教师要在激发幼儿创造潜能的同时，有效培养幼儿的美术素养；在教学活动中，通过耐心的指导和倾听，为幼儿构建一个良好的学习环境，带领幼儿加强创新，有效提高整体的教学效果。针对幼儿创意美术教学活动中存在的问题，教师要进一步加强美术活动内容的创新和形式的创新。在创意美术活动开展的过程中，教师要针对幼儿的学习需要，做好集体教学和区域活动内容的整理，合理建设美术活动内容，加强对幼儿思维的启发和引导，让幼儿在学习的过程中能够积极主动地思考探究，养成良好的思维习惯，有效提升幼儿的创新思维意识和品质。同时，在创意美术活动开展的过程中，教师要充分发挥创意美术活动的优势，带领幼儿开拓创新，充分利用创意美术活动的开放性和创造性，为幼儿构建一个良好的学习环境。在具体的创意美术活动中，教师要加强对幼儿活动兴趣的激发和引导，有效增强幼儿的情感体验，让幼儿能够在一个轻松愉悦的学习环境中加强知识的学习和领悟，加强个性品质的培养。

二、在创意美术活动中培养幼儿良好个性品质的有效策略

1. 生活景物写生，锻炼幼儿细致观察的个性品质

写生，是绘画活动的一种形式。生活景物写生，就是引导幼儿面对特定物体或场景，通过观察把看到的形状特征展示到平面纸上。幼儿写生的内容一般都是建立在自己的童趣之上。对于幼儿来说，他们的童趣无非就是和同伴在户外场地上嬉戏，在自然角里观察动植物的变化、在种植区观察蚂蚁搬家、在墙的角落观察蜘蛛怎么织网捕捉食物等，这些富有童趣的活动让幼儿的想象力越来越丰富。教师应该顺应幼儿的天性和需要，尊重幼儿的身心发展规律，为写生活动营造自由空间和快乐氛围，让幼儿通过写生将这些童趣生动、形象地表现出来。比如在繁花盛开的春天，老师带领大班幼儿到户外进行写生，先让他们仔细观察幼儿园里面的花草、树木、鱼虫以及相关的游乐设施，然后让孩子展开一定的想象，想象自己滑滑梯，想象自己荡秋千，想象自己欣赏花的美丽等情景，然后让孩子将这些眼前之景和内心所想结合起来，把自己对物体空间位置的认识大胆地表现出来，创作出一幅自己的绘画作品。因为在绘画的过程当中，每个孩子观察的对象和角度都不一样，有的孩子把着重点放在了花草上，有的孩子把着重点放在游乐设施上面，他们针对不同的对象画得趣味盎然。幼儿在写生活动中建立起正确感知物体形态、结构、色彩、空间等的能力，锻炼了手眼协调能力，激发了绘画热情和灵感，提高了审美情趣，培养了细致观察的个性品质。

2. 废旧材料的运用，激发幼儿创造力和想象力

大自然为幼儿的艺术创作提供了自然的素材，蛋壳、果壳、树叶、种子、石块这些随手可得的材料的提供，易于唤起幼儿的创作热忱和创作欲望。在美术创意活动中，老师应基于儿童视角，根据幼儿的年龄特征和经验，选择相应的废旧材料，组织幼儿展开美术创意活动，激发幼儿的创造力。比如在一次美术创意活动当中，教师给幼儿提供毛线、油画棒、树叶等材料。有一个小朋友选择毛线，绕成了一幅"开满花的树"，这棵

树上面没有树叶，全是用毛线绕成的各色各样的花。老师好奇地问："在一棵树上为什么不选择用树叶，而画了不同颜色的花？"孩子说："这棵树开满了春天所有的花，黄色的迎春花，紫色的喇叭花，红色的桃花，毛线也是五颜六色的。"虽然这幅作品看起来与现实有一种违和感，但是体现的是孩子对美好未来的一种愿望，表现出孩子独特的审美视角。再如在"桌布变变变"活动中，幼儿利用各种各样的废旧桌布，以变魔术的形式把它们变成环保时装，对各种材质的桌布产生浓厚的兴趣和愉悦的情绪。孩子们分组设计，轮流做模特，穿上自己制作的时装走秀、表演，再讨论不同材料的桌布制作服装的方法和进程。幼儿通过自主学习、探索，在逐渐了解并讲述的过程中自我建构、把握技能，激发创造力和想象力。

三、挖掘绘本题材，培养幼儿的合作意识

绘本中多元的美术信息值得研究和利用，绘本给幼儿打开了一个心灵花园的奇妙世界。在实践中，我们发现，以绘本为载体开展的美术活动更容易引起儿童的共鸣，激发他们的创作兴趣，激发他们的合作意识。比如在创意美术活动"不断变化的七色花"中，老师给孩子讲述七色花的故事，然后让幼儿以分组的形式讨论采用什么样的方法可以将这个故事的内容形象地展现出来。幼儿讨论后发现，用合作的方式来完成这幅作品最为快捷。他们自己讨论选择创编每一组花瓣的颜色，最后组合。在绘画的过程当中，每一个孩子都主动、积极，每个成员都发挥出了自己不同的作用。在这个过程中，大家进行了合作，锻炼了幼儿的合作能力，提高了幼儿的合作意识，让幼儿也意识到团结协作的重要性。如《威斯利国王》绘本体现了各个国家的文化精髓，教师启发幼儿感知世界文化的多元性，了解不同国家文化的独特性。幼儿进行艺术创作时，根据故事的独特性来进行色彩的选择，如黑色和深蓝色可以代表神秘、恐惧等情绪，而红色、橙色代表热烈、欢快的情绪，绿色、蓝色则代表平静、安静、舒适。看到呈现的作品后，孩子感受了世界文化融合的美妙，也明白了人与人之间需要彼此尊重、共同合作的理念。

四、结语

现在，美术活动已经不是传统意义上的"画画"课了，它是利用多种教学手段并整合各个领域的活动。教师依托创意美术，培养幼儿更好的个性品质，提升幼儿的创造力，培养幼儿的合作意识，让幼儿在创作活动过程中克服困难、持之以恒，体会完成作品的成就感，进而让幼儿的个性品质得以更好地发展，为塑造幼儿的良好综合素养奠定坚实的基础。

大美育实践

大美育视角下怎样开展幼儿园审美教育

(启东市实验幼儿园 王美菊)

现如今,随着社会不断地进步,大美育视角下幼儿园的审美教育需要生活在当下的我们引起思考并重视其价值。所以教师在组织美术教学时,就要对其在实践层面进行研究与探讨。

一、审美教育的内容

幼儿园审美教育是培养幼儿全面发展不可或缺的重要组成部分,主要通过幼儿在园生活、游戏、学习等一日活动,引导幼儿感受与欣赏环境、生活和艺术中的美,鼓励幼儿大胆表现自己的情感与体验,并用自己喜欢的方式进行艺术创作。首先,引导幼儿接触和欣赏自然美、社会美、艺术美,帮助他们感知和理解美的形态、色彩、线条等元素,从而培养幼儿的审美感知能力;其次,引导幼儿感受和体验自然和社会中美的事物和情感,激发他们的审美兴趣和热情,培养幼儿的审美情感;再次,鼓励幼儿通过绘画、手工制作、表演等多种形式进行艺术创作和表现,表达自己的审美体验和情感,培养幼儿的审美创造力;最后,引导幼儿对美的事物进行评价和讨论,学会欣赏和评价自己和他人的作品,建立正确的审美标准和价值观念,培养幼儿的审美评价能力。

二、具体的教学方法分析

1. 审美教育的实施方案规划

所以,我们要引领教师更加了解审美教育,更加注重美育教育,并且对审美教育的实施方法进行研究。在研究中我们发现,我国在幼儿园的教育中存在着一些问题,因为我国儿童教育的不完善使得儿童的审美教育受到了直接影响。所以,针对以上出现的审美教育问题,我们通过研究得到了一些方法,一些关于审美教育实施的方法,这些方法也会帮助教师们提升审美教育的能力。关于美术审美教育的设计路径,先对审美教育的内容进行预先设计（要注意儿童本身的情感和态度，还要注意儿童本身存在的能力以及能力的发展）——明确活动的目标以及了解活动中的难点（活动中，了解儿童对教育内容的理解程度，并且对活动中得到的经验进行整理）——对审美教育活动的准备（物质准备以及精神准备）——审美教学活动的实施（儿童在此次活动中的体验，能力的表现以及提高）——教学活动中的反思（整理经验并总结）——教学延伸。

2. 审美教育活动的预先准备及内容

在进行教学前，老师们要对即将用到的教具进行预先的准备。教师在对教具预先操作时，一定要注意教具的安全性以及达到的效果，并且对使用教具的经验进行总结，从而对教具添加一些创作方法，改善教具在教学过程中发挥的作用。在准备教学材料的时候教师可以让儿童积极参与，让儿童更加熟练教学工具，可以把原材料放在教室的一角，让儿童自己探索。教师也要在此过程中观察儿童自己探索中出现的问题并记录，这样就能更加了解儿童在审美能力上的问题，并且进行有针对性的解决。审美教学的预先准备不仅包括了物质准备，还包括了经验的准备。

我们通过整理得出，儿童的美育教育应该从不同的方面进行，包括表演、文学以及周围的环境。在表演方面，可以让儿童观看一些戏剧、电影、动画，还可以听一些音乐进行感受；在文学方面，让儿童参观一些绘画，接触较为简单的诗歌；周围的环境就需要让儿童在平日的生活中发现，并且在一些节日中去探索；还有一些大自然中的景色，也需要让儿童去发现。我们也要在不同的地方对儿童进行美育教育，包括在幼儿园生活中、家庭生活中、社会生活中；还可以通过游戏对儿童进行审美教育，包括室内游戏、户外游戏，通过游戏提高儿童的审美能力，还可以提升教学兴趣。

3. 审美教育的目标

无论做什么事情都需要设立一个目标，我们在做审美教育的时候也不例外。但是设立目标一定要有定位，确立目标的时候也一定要有综合的考量并且从多方面考虑，要考虑到儿童的情感、态度、能力以及目前发展的情况。教师要在教学中总结不同年龄段学生的学习特点，梳理本领域学习的关键经验；要分析审美教学的素材，通过分析教学素材确定素材的教育价值；要在进行审美教育的同时，不断地观察儿童在学习中呈现的学习特点和方式。教师的教学方法一定要适合儿童的学习，从而形成适合当地儿童发展的教育目标。

审美教育不仅要求儿童单方面提高，更要求师生共同进步、共同了解美育教育。美育教育的实施可以使幼师加强专业素养，提高素质，也可以为国家培养更加优秀新型的幼师。我们也一定要在幼儿教育中确立审美教育的地位。我们的儿童要有发现美的能力，美在我们的生活中无处不在。所以，我们也一定要把美育教育融入生活中作为我们的目标，也一定要把美育教育作为幼儿园的核心课程。幼儿园添加了审美教育后，也一定会提升教育品质，成为更有特色的幼儿园，丰富幼儿教育文化建设，呈现更优秀的文化品质。我们在进行美育教育时，也一定要尊重儿童的天性，并且开发儿童的天性，促进儿童积极快乐地成长，同时也要以提高儿童的各项能力为目标。

4. 审美教育的融合

审美教育也不是单一的，也要结合大自然中的美，包括植物、景观等；也可以让儿童观察科学中的美，让儿童接触一些简单的科学现象，不仅让儿童了解科学，还可以培养儿童对科学的兴趣，同时提升审美能力；更要结合我国优秀的传统文化，包括古诗、国画、民间音乐、传统节日等，通过传统文化的教育实现美育教育；还可以结合传统节日、传统美食、传统服饰、传统乐器、传统建筑等，实现审美教育的融合。

三、结语

本文旨在提高社会对幼儿美育教育的重视，希望本文能对广大幼儿教育者有一定帮助。受限于自身的审美教育能力素养，笔者对相关理论课程设计得不全面，希望广大幼儿教育者指正并提出宝贵意见，以推动广大幼儿教育者共同努力，完善幼儿园审美教育。

大美育实践

美术游戏活动对幼儿健全人格培养的促进作用

(启东市实验幼儿园 陈倾玲)

【摘要】幼儿美术游戏活动是遵循孩子的年龄特点和发展规律，从兴趣点出发，融合多元化学习方式，引导、鼓励孩子感知美、欣赏美、表达美的一种活动。游戏过程能够培养幼儿的审美情趣，引发幼儿的向美情感。孩子们在实践体验中充分进行自我表现和展示，获得愉悦的审美体验，收获创造的快乐和成就感。在幼儿园一日活动中，我们需要利用好美术手段，创设适合幼儿年龄特点的游戏活动，以促进他们身心健康发展，获得真善美的领悟和熏陶，塑造有益一生的健全人格。

【关键字】美术游戏活动 幼儿 健全人格

游戏是儿童的天性，游戏是儿童的学习过程，游戏是儿童的权利。儿童美术教育家罗恩菲尔德说过："游戏……可应用于儿童的一切活动……艺术可视为游戏的一种形式，儿童在艺术特别是绘画这样的游戏活动中，内在需要得到真正满足。"美术游戏活动内容丰富、形式多样，深受幼儿喜爱。幼儿在自主自由的游戏中进行美术创作，逐渐培养了乐观、自信、分享、责任心等多方面的个性品质，促进健全人格的形成。

一、以美术引导幼儿情感表达，奠基健全人格

幼儿正处于人格形成的萌芽阶段，某种程度上也可以说是最重要的阶段。幼儿的人格形成还不稳定，容易因环境改变受影响。基于健全人格的幼儿美术活动，需要依托幼儿喜欢的游戏形式来达成。因此，教师要不断丰富游戏手段，营造愉悦的活动氛围，调动幼儿的参与热情，并进一步引导他们进行美的感受和表达，获得心灵的满足，不断促进健全人格的形成。

在日常生活中你会发现，幼儿最喜欢的是自由绘画。孩子们在生活中看到的、摸到的、想到的……都会引发涂鸦游戏。孩子们自主选择的美术材料，比如棉签、海绵刷、

油画棒等，蘸上各种色彩的颜料，在纸上、在涂鸦墙上自由地涂画发挥，随心所欲地表达自己对周围世界的认识和对美好未来的想象，在美术的世界里自由遨游。教师要做的是为幼儿创设一个轻松、愉悦的氛围，抱着赞赏的态度，鼓励幼儿进行自由创作。幼儿在玩色彩的涂鸦游戏中宣泄着自身的情绪，心情愉悦的时候，画面往往色彩温馨或者缤纷；情绪低落的时候，画面往往色调偏灰黑，这都是孩子自然情感的流露。当然，有时候个别幼儿会出现暗黑、暴虐涂鸦的行为，这就需要老师及时关注，听听孩子怎么说，让孩子有表达的机会，获得情感的释放和满足。只有经常让心境处于轻松、平稳、愉悦的状态，才有利于幼儿身心健康发展，才能培养出幼儿热爱生活、热爱生命的乐观态度，这也为幼儿健全人格奠定了基础。

世界的美有千种万般，人们对美的表达没有固定的模式，表现方法可以多种多样。在"给妈妈做一条花裙子"的游戏活动中，有的幼儿选择自己喜爱的颜色并用油画棒把裙子填满，有的幼儿在滚珠上滴上颜料并随意滚动制作花纹，有的幼儿用喜欢的小动物贴纸装饰裙子，有的幼儿用海绵刷画出好看的波点纹样……孩子们运用已有的美术经验尽情表达对"花裙子"的所思所想，充分展示了自己对美的理解，每一件作品都具有稚拙的独特美。在相互欣赏和交流的过程中，孩子们感受到被肯定的喜悦和成功，增强了自信。只有具有自信的孩子才能不断向前发展，形成积极的人生态度，拥有健全人格。

二、以美术熏陶幼儿审美情操，完善人格发展

美是内心的感受，它来源于生活，来自发现和感知。美的事物能唤起愉悦，能激发儿童去追求。德国著名的心理学家赫伯特·里特曾说："艺术教育不是为了训练儿童的服从性，而是为了儿童生长的自然秩序的陶冶。"美术游戏活动能够让幼儿在提高审美创造能力和表现能力的基础上，获得真、善、美的陶冶，启迪思想和灵魂，逐渐树立起正确的人生观。

研究发现，幼儿在两岁左右就已经开始了审美活动，开始逐渐形成美感。比如说，通过象征性图画的绘画，幼儿能够反映对于客观对象的视觉映像。这种象征符号虽然较为简洁，但是却体现了人类在成长的萌芽阶段对于美感的追求和向往。在户外小花园玩过了吹泡泡游戏后，孩子们真切地感受到泡泡的轻盈以及在阳光下的多彩，他们在快乐游戏的同时发现了事物的美。之后，在感性体验下，幼儿创作的"吹泡泡"美术作品更富有情趣、生动形象，构图和色彩充分彰显了每个孩子的个性。其实，美术活动不仅是一个创作过程，也是一个情感体验过程。幼儿通过观察、体验、模仿等方式，获得美术创作灵感，并将其思维和情感通过艺术实践传达出来。

幼儿的美术游戏活动不仅生动丰富，而且还带有一定的人文性和情感性。通过美术游戏活动，幼儿进一步丰富感性经验，发现世界的美好，并激发审美和创造情趣。"娃娃家"不仅仅是社会交往游戏，也包含了美术游戏。"娃娃家"的"爸爸妈妈们"用橡皮泥为宝宝制作了饺子、汤圆、油条等丰富的食物，把彩色皱纹纸撕成细细的面条，把白纸剪碎做成白米饭，把彩色纸剪碎做成八宝饭，用任意弯曲的扭扭棒给长发娃娃扎各种好看的发型……这些贴合生活实际的游戏活动让幼儿在美术创作时更加愉悦、轻松，这也是身心协调、手眼协调和感知表达能力协调相统一的过程。也就是说，美术游戏活动是审美和创美的融合，在体验内化和外显表达的过程中，不仅开发了智力、启迪了智慧，而且在潜移默化中感染心灵、陶冶情操，也完善了幼儿人格的发展。

三、以美术助力幼儿习惯养成，培养健全人格

幼儿时期形成的个性品质影响人一生的学习、生活和工作。人格的发展是教育永恒的追求，塑造健全的人格是当前教育倡导的方向。

幼儿对于美术游戏活动具有强烈的兴趣和参与欲望，在进行美术创作时需要运用各种工具和素材，如果老师不提醒、不引导，用过的画笔会随意扔，剪下来的纸屑桌上、地上都是。针对画笔乱扔的现象，教师可以以游戏的口吻告诉幼儿，盒子是油画笔的家，每一支笔宝宝出门后都要再回到自己的家，不能回家的笔宝宝会伤心难过。孩子们迁移自己想爸爸妈妈的情感体验，理解了孤单、难过的心情感受，知道了要及时归放画笔。一个小组的伙伴之间还会互相提醒注意，孩子们渐渐养成了有序整理的习惯，也进一步增强了责任心。

在涂色时，有的幼儿会只涂中心部分，构图不饱满；有的幼儿会很用力涂色，涂出了边框。于是，教师设计涂色游戏"红红的草莓"，引导幼儿回忆生活经验，只有一点点红的是还没长熟的草莓，乱糟糟不成形状的是被压坏的烂草莓，甜甜的草莓像个三角形，整个身体红红的，边缘很光滑……"于是，小朋友们都想要画出甜甜的红草莓，涂色时会非常仔细、尽量涂均匀，遇到边框的时候也会注意控制好手部动作。他们在愉快的美术游戏活动中培养了做事细致的好习惯。

英国哲学家约翰·洛克曾经说过："习惯一旦培养成功后，便用不着借助记忆，很容易地自然地发生作用了。"教师在潜移默化的美术游戏中培养幼儿的好习惯并及时给予表扬，孩子们会获得荣耀感、成就感。好的习惯受益终身，在纠正培养的过程中，教师要对幼儿的心理健康做出积极引导，促进他们实现自我人格的发展和完善，这对幼儿的未来发展、终身发展都起到积极的影响作用。

综上所述，在幼儿成长发育的关键时期，美术游戏活动作为健全幼儿人格的重要手段，需要我们长期探索，将"美育"的功能和价值充分发挥出来，不断推动幼儿身心的健康发展，促进他们健全人格的形成。

大美育实践

学前美术教育与儿童人格培养研究

（启东市实验幼儿园 徐 晴）

随着素质教育的提出，儿童的各项能力素质要求也得到进一步提升。学前美术教育作为学前阶段艺术教育的基本构成部分，对于促进儿童的个性培养是非常重要的。在美术教育的过程中，儿童各方面的能力得到锻炼，能够促进儿童的身心健康，培养儿童的人格精神，在研究方法论的基础上，促进儿童的健康发展。

一、引言

学前美术教育作为素质教育的重要组成部分，是培养未来全面发展人才的必不可少的一个重要环节。学前时期，是幼儿成长发育的关键阶段，这一阶段的学习能够促进幼儿观察能力、想象力、创造力和审美能力的提高。美术教育可以促进儿童审美情趣和素养的提升，强化儿童手眼脑的动手操作能力，促进儿童认知结构的形成和发展。本文主要围绕学前美术对于儿童个性培养的重要性以及学前美术锻炼儿童的能力两方面的内容进行阐述，明确学前美术教育对于儿童的重要性和必要性，希望对广大教育者有借鉴意义。

二、学前美术教育对于儿童人格形成的重要性

（一）学前美术教育中幼儿个性的培养

美术教育本身就是一种艺术教育，从美术作品中，通过观察儿童所运用的色彩、线条、形状等，能看出幼儿不同的个性特征。有的幼儿所用的配色是比较鲜艳夸张的，有的则是比较保守的，还有的儿童配色单一沉闷，这就能呈现出不同的性格特点，如大胆、活泼、内向等。因此，教师也可以透过绘画作品，发现儿童内心真实的情感和想法，帮助儿童培养良好的个性。幼儿绘画提倡大胆地涂鸦，表达心中所想，不受拘束。在创作过程中，教师尽量不要干预，让孩子自己独立去作画，激发孩子天马行空的想象

力，让孩子在自由的环境中作画，在创作的过程中陶冶情操，提升美术素养，这有助于孩子良好个性的养成。

（二）学前美术教育有利于幼儿智力的开发

教育观一直以来强调，要重视幼儿阅读，让幼儿通过语言去表达情感。因此在平时的教育中，家长们常常会关注孩子对文字、数字的掌握情况，而对于他们的动手、动脑、绘画方面的能力相对不够重视。学前美术教育就是运用新奇有趣的方式，引导幼儿去主动观察、感知外界事物的结构、形态、色彩等，把所吸收到的信息在自己的脑海中进行加工，形成自己独特的认知结构，从而促进幼儿智力的开发。例如让幼儿画一个毛毛虫，老师可以先给幼儿播放一段毛毛虫的动画片，让儿童从动画片中了解毛毛虫身体的形状、毛毛虫走路是什么样子、毛毛虫是什么颜色的。幼儿有了自己对于毛毛虫的初步认识：毛毛虫的身体是一节一节的，走路的样子是一扭一扭的十分可爱，身体的形状是圆圆的，颜色是绿色的。在此基础上，教师可以引导幼儿利用彩色笔在纸上画出毛毛虫的形状，再加上鼻子、触角等，让儿童对毛毛虫有了一个全面的认识，通过手眼脑的协调配合，促进智力的发育。

（三）学前美术教育促进幼儿想象力和创造力的开发

美术教育也是一种创造教育，每个儿童都具备绘画的潜质。幼儿时期的儿童的想象力和创造力是成年人所不可比拟的，因此幼儿教育中，教师要起到积极的引导作用，激发儿童的想象力和创造力，并且鼓励儿童大胆思考，保护儿童的想象力和创造力。例如今天要画一个云朵，教师可以引导儿童们去抬头看看蓝天白云，并且让孩子们在画纸上画出自己心中的云朵。有孩子把云朵画成了一只小兔子，有的孩子给云朵涂上了粉色，有的孩子在云朵上画了一只小飞机等，这些都是儿童创造力和想象力的体现。教师不能说孩子们这样画是错的，云朵应该是白色的，天空应该是蓝色的，因为这样不利于孩子思维的发挥。教师要鼓励孩子们去大胆地表达心中所想，并且引导孩子们用语言去讲述自己的画，激发他们的创造力和想象力。

三、在学前美术教育中培养儿童能力

（一）培养儿童的观察能力

绘画作品中所表达的内容思想，归根结底是孩子通过眼睛去观察事物的一种呈现。在绘画创作之前，教师要先让孩子们去主动观察，让孩子们在观察的过程中找到自己感兴趣的东西,然后在纸上描绘出来。因此,观察是绘画的前提,也是孩子认知结构形成的重要基础。教师在观察的过程中要选择适合儿童年龄阶段的事物,用眼睛去发现生活中的美好。

(二)培养儿童的记忆力

形象记忆能力是基于观察基础之上的,是外界事物在头脑中所形成的一种印象。例如,我们平时背的书包,它的颜色、形态、结构、款式等,这些都是一种形象记忆的体现,形象记忆力对于儿童之后的发展是非常重要的。儿童形象记忆力的增强,能使孩子把眼睛中所看到的事物都印刻在脑海中,形成自己的认识结构,能促进孩子学习能力的提高和思维的形成,对于儿童未来的成长是很有帮助的。因此,教师在平时也要刻意培养儿童的形象记忆力。

(三)培养儿童的想象力

儿童的想象力是观察能力和记忆力的智慧结晶。儿童的想象力是与生俱来的,他们可以通过观察简单的线条,就描绘出一个富有想象力的、有趣的故事情节。比如画一条鱼,孩子们就能联想到美人鱼的故事,然后在自己脑海中描绘出一个画面。绘画是孩子创造力和想象力之下的产物,在绘画的过程中,孩子的想象力不断被激发。

(四)提高儿童的审美能力

美术绘画仅仅是美术教育的一部分内容,美术教育还包括美术欣赏、美术评论等,是一种综合性的审美活动。通过美术的教育,孩子们认识美、发现美,学会欣赏美。在美的环境中成长,孩子的审美情趣和审美能力也得到提升。

(五)培养儿童手、眼、脑的协调能力

绘画创作的整个过程,是孩子各方面综合能力的体现过程。孩子绘画之前要先观察,就是用眼睛去看事物,再在脑海中形成对事物的基本印象,然后再动手去画,并在创作的过程中加入自己的想法和思考,最终完成画作。因此,绘画的过程,是需要手、眼、脑共同作用完成的。

学前美术教育是培养幼儿素质教育的重要方式,对于幼儿良好个性的养成是至关重要的。学前美术教育通过对儿童观察能力、创造力、想象力和审美能力的培养,直接作用于绘画创作之中,间接促进儿童认知结构的形成和发展。教师在美术教育的过程中,要起到积极的引导作用,选择适合儿童年龄阶段的绘画读物,让他们找到自己感兴趣的事物进行主动创造,这样能有效促进儿童各方面能力的提升,促进儿童良好个性的养成。

环境建设

构建美育空间，为孩子成长赋能

（启东市实验幼儿园 钱 磊）

伴随着时间的推移和国内教育事业的高速发展，国内幼儿教育的发展进入"快车道"。与此同时，广大的幼儿家长、社会环境同时对幼儿园教育教学活动提出了崭新且更高的要求和需求，要求新时期的幼儿园教育环境不光可以完成知识启蒙和支持幼儿游戏活动，同时还需要促进幼儿的内涵发展，提升幼儿的审美意识和能力，这对于幼儿的学习和成长具有重要的现实意义。而且，对于幼儿园来说，美育的加强其实也是一种丰富自身教育教学的有效方式和对策。所以，接下来的文章首先分析了幼儿园构建美育空间的重要性，其次提出了具有针对性和建设性的意见，试图对新时期幼儿园的教育工作起到一定的借鉴和指导作用。

一、构建儿童美育空间的重要性

（一）有助于幼儿智力发展

幼儿园中的孩子处于智力发展的关键时期，因此，幼儿园的一系列教育教学活动对于儿童日后的学习和发展也会产生比较大的影响。其中，构建幼儿园美育、落实审美教育，可以使得幼儿在幼儿园的学习、成长过程中接触到众多的美好事物，在接触、了解、创造美的活动过程中整合相关的知识和经验，可以对幼儿抽象思维能力的成长起到比较强的促进作用，从而促进幼儿的智力得到发展，这对于幼儿日后的学习和成长具有重要的作用和价值。

（二）促进幼儿正确认知审美

正如世界上没有完全相同的两片树叶一般，每一个幼儿都是一个单独的个体对象，他们在性格、学习能力、思维等等方面都具有比较大的差异性，特别是幼儿自身的审美能力。其中，对于身心发展极度不成熟的幼儿来说，其在自身的学习和成长过程中，往往容易根据自己主观意识的喜好去判定是否美,这导致孩子容易进入一个审美误区中,不利于幼儿的学习和发展,甚至养成错误的观念和意识,影响到幼儿的一生。而在幼儿园的美育空间当中,教师可以对幼儿的审美意识起到很强的引导作用,促使幼儿以积极健康的、向上的、美的思想去感知精神层面上的美德,实现孩子全方位、个性化的发展。

(三)促进幼儿的个性化发展和全面发展

现如今,越来越多的幼儿家长开始关注幼儿自身的个性化成长,甚至不惜花大价钱培养幼儿自身的兴趣和爱好。在幼儿园的美育空间教学活动当中,幼儿可以表达自己的想法和情感,培养创造力和想象力,提高审美能力和艺术修养,并且在这一过程中,幼儿能够逐渐找到自身的兴趣和爱好,从而促进自身的个性化发展。除此之外,幼儿园美育空间中的一系列活动,还可以有效地提高幼儿的社交能力和团队合作意识,增强幼儿的自信心和自尊心,有利于幼儿的全面发展。由此,在幼儿教育工作中,幼儿的个性化成长与全面成长达到了重要的协同,幼儿园的教育教学质量也得到了显著的提升。

二、美育空间与儿童发展的实践策略

伴随着广大人民群众综合素养的提升,其对于幼儿园教育工作的关注度、认知水平提升的同时,对于幼儿园教育工作也提出了更高的要求和需求。因此,在幼儿园教育工作中,教师需要重视美育空间构建的必要性,并且将其与美育空间和儿童发展联系起来,从而达到更好的"为幼儿成长赋能"的效果,具体策略和方法如下所示:

(一)润物无声,公共环境丰富审美感知

对于广大幼儿园的儿童群体来说,其长期处于幼儿园的公共环境当中,公共环境中的一切都会对幼儿产生潜移默化的影响,这一点毋庸讳言。因此,在幼儿园美育空间的构建中,公共环境的美育空间构建也是极为重要的。

首先,幼儿对于色彩的敏感程度比较高。在进行优化之前,幼儿教师可以进行调查,了解幼儿园儿童们喜欢的颜色,选定主题色彩,并以主题色彩为基础,统一幼儿园各个区域的颜色,增加整体协调性,同时也会让孩子们更容易接受。其次,审美教育与艺术教育之间的契合度非常高。为了在公共环境中实现润物细无声的审美感知教育,幼儿园自身可以选定主题色彩,并以主题色彩为基础,统一幼儿园各个区域的颜色,增加整体协调性,同时也会让孩子们更容易接受。再次,也可以在空间内增加孩子们的创

作，从而增强幼儿在幼儿园公共环境中的审美创作体验，强化审美教育的效果。最后，还需要意识到，无论多么美丽的环境，如果不干净整洁，都难以产生好的效果。因此，保持环境的干净整洁也是提升审美水平的关键，幼儿园管理者和幼儿教师在环境美育空间构建过程中需要意识到这一点。

（二）各美其美，专用活动室探索艺术表现

事实上，国内幼儿园的审美教育在多年以前就已经被提及，并且国内不同幼儿园在教育工作过程中都在积极主动地落实。然而，按照实际情况来看，其整体效果并不是非常理想，主要原因就是幼儿园的审美教育浮于表面。

因此，幼儿园自身在美育空间建构与儿童发展的实践过程中，需要尽可能避免传统教学中的问题。其中，在美育空间构建的过程中，为了强化教育教学效果，幼儿园可以设置一个专门的美育活动室，并且投放不同的材料，供幼儿进行探索和学习。一是重视色彩材料的投放。色彩对于幼儿审美意识和艺术意识的激发十分重要，幼儿教师可以通过颜料、彩纸、彩笔等形式呈现。投放合理的色彩材料可以帮助幼儿了解不同颜色的搭配和运用，掌握基本的色彩知识。二是可以在美工活动室投放粘贴材料，以培养幼儿的空间认知能力以及手眼协调能力。投放的粘贴材料，如剪刀、胶水、彩纸、毛线球等，可以引导幼儿将碎片化的材料通过剪、贴等方式组合成为一个完整的艺术品，进而完成审美教育和艺术教育。

（三）身临其境，多元艺术展支撑创意实践

每一个幼儿其实都是一个"艺术家"，其在幼儿园美育空间中的一系列探索、创作，也需要有人欣赏。因此，幼儿园在构建美育空间的过程中，可以以"童话王国"为主题开展艺术展，幼儿教师可以和孩子们一起制作精美的手工和绘画作品。在展览布局方面，可以将所有作品按照故事情节和主题摆放在不同区域，如"长发公主""小红帽"等，从而支撑幼儿在美育空间的持续探索。除此之外，在开展不同艺术展览的过程中，可以通过学校通讯录、社交媒体等渠道宣传展览信息，邀请家长和社区居民参观。并且在这一基础之上，在展览期间安排亲子互动、主题讲座等活动，进而增强幼儿的美育学习体验感和沉浸感。

三、结论

综上所述，不难发现，在国内幼儿教育事业快速发展的背景之下，包含幼儿家长在

内的多方主体对于新时期的幼儿教育提出了更高的要求。在这种趋势下,幼儿园需要积极进行美育空间的构建和探索,并且为幼儿的美育学习提供支持和支撑,同时不断优化和完善,促使幼儿在健康成长的同时,也能够实现审美意识、艺术素养的提升,这对于幼儿的学习和成长至关重要。

课程资源

给孩子创造美的能力
——幼儿园美术课程资源开发策略探析

（启东市实验幼儿园　沈　霞）

幼儿园的美术课程是班级日常教育课程的重要组成之一，能够有效落实对幼儿美育的培养。我国发布的关于幼儿园美术教育的指导文件中就曾指出，应重视幼儿对身边环境和事物的接触，引导幼儿能够发现生活中的美好，进而促进幼儿审美以及创造美的能力。幼儿园对此应予以重视，利用多样化的教育手段，扩展课程教育资源，加强培养幼儿能力的教育引导工作，从而促进幼儿未来更好地发展。

一、构建轻松的创作环境，激发幼儿创造美的能力

（一）物质环境

开展幼儿美术课程离不开物质材料和环境的支撑。幼儿在进入幼儿园开始一天的活动时，主要的活动空间就是教室，教师应充分利用这一教学空间，开展高质量的美术课程教学工作。教师应为孩子们准备美术课程所需的各种材料，如油画棒、水彩笔、画纸、橡皮泥、树枝、树叶、毛线等多样性的美术教学材料，并在教学过程中，根据教学内容引导幼儿对相关材料进行自主选择。

（二）激励环境

幼儿进行美术课程学习时，常用动作、画面等形式展现自己，这时就需要教师针对幼儿的实际情况进行合理的鼓励和激励。教师对幼儿的语言或物质激励能够有效激发其自豪感和创造感，比如"你的画太好看了，真想把它挂在家里！""你的画里颜色真多，像彩虹一样！""你的画与众不同，好棒呀！"等，用这样激励性的语言赞美幼儿，能够有效激发幼儿创造的积极性。除此之外，教师还可以为幼儿准备奖品，比如幼儿感兴趣

的毛绒玩具等,在加强教师亲和力的同时,用物质鼓励的方式激发幼儿对美术课程学习的动力。美术课程教学过程中,为幼儿营造轻松、自由的环境也尤为重要。幼儿的创造力能够根据对绘画材料的选择以及自由的想象力形成。教师在授课的过程中,可以利用互联网技术,为幼儿扩展美术教学内容,针对幼儿的年龄等特征,在网络上搜集适合幼儿学习的教学内容,将其运用于日常教学环节。多样性的教学内容能够激发幼儿的学习兴趣,利于教学工作的开展。

(三)表现环境

幼儿具有充沛的精力、活力以及表现欲望,教师可以利用幼儿的这一特点为幼儿创建表现自我的优质环境,从而满足幼儿的表现需求。比如,教师可以利用幼儿园节日为主题,开展美术课程教育工作。传统的幼儿园节日都是由幼儿园购买相应节日的物品,再由教师进行陈设。为了扩展幼儿园美术课程的教学资源和途径,教师可以将幼儿园的节日制作环节交给幼儿,引导幼儿制作与节日元素相关的绘画、剪纸作品等。在此过程中,幼儿能够根据自己的想象力和动手能力进行自主美术创作,不仅能培养幼儿的审美能力,锻炼幼儿的动手操作能力,还能在一定程度上提升幼儿的生活经验。

二、挖掘丰富的教学内容,增强幼儿创造美的能力

(一)语言细节

由于年龄等原因,幼儿对生活中美的感知、体验等情感难以通过语言进行完整的表达。教师可以关注幼儿与教师、同学语言交流中的创造性思维,再根据幼儿自身的实际情况,将创新思维有效扩张,从而培养幼儿的创造能力。比如,在开展美术课程时,有利用各种农作物拼接画的教学内容,教师在将制作材料向幼儿展示和介绍的过程中,就会有幼儿对豆类材料进行联想,有的幼儿就会说:"这个红豆很像妈妈戴的戒指。"这样富有联想的话语教师不能忽略。针对幼儿的想象,教师可以对课程进行延伸,让幼儿从家中带来五颜六色的豆子,再引导学生对豆子进行创作,可以利用豆子串成项链、手链等首饰,也可以用豆子进行拼接画的制作,或是让幼儿发挥想象力进行随心创作。由此可以看出,幼儿的语言细节也能拓展教学内容,培养幼儿的表现、创造能力。

(二)失败作品细节

幼儿在绘画、创作的过程中,经常会制作出失败的作品,这些作品或是幼儿不小心将颜色涂错,或是画出的形状没有符合自己的要求等。当教师发现这些作品时,不要急

于将其扔掉，而是要引导幼儿对作品进行仔细的观察或想象，利用常用的添加法对作品进行修改再创作。比如，当人物的脸被画坏时，可以在画中增加人物的衣服、帽子；当人物的衣服被画坏时，可以更改衣服的线条等。教师在引导幼儿对作品进行更改的过程中还可以集思广益，让其他同学对作品进行想象，帮助幼儿更改绘画作品。除此之外，教师还可以将幼儿画坏的作品收集起来，开展一堂专门的"画坏作品改造"的课程，引导幼儿充分发挥想象能力，有效扩展美术教学内容，丰富教学资源，加强幼儿的审美能力、想象能力和创造能力。

三、开展多样化的教学手段，提升幼儿创造美的能力

（一）走进自然环境和社会环境

教师要想培养幼儿的审美能力，就要优先使幼儿具有发现美的眼睛。对此，教师可以带领幼儿走出幼儿园，到幼儿园附近的自然景观中参观，利用多样化的风景提高幼儿对美好事物的感知能力，也让幼儿体会到美好事物存在于生活的各个方面，再引导幼儿对发现的美好事物用语言、绘画等形式进行表达。带领幼儿走出课堂的教学模式和传统的教学模式。拓展教学资源，能够有效加强幼儿对美好事物的体验，从而培养幼儿的审美能力以及创造能力。

（二）重视节假日的教育作用

幼儿园的美术课程，不仅能够培养幼儿的艺术素养，还能在一定程度上培养幼儿的道德素养，对此，教师可以充分利用我国的各个节假日对幼儿进行教育引导。比如"母亲节"为母亲制作贺卡、"六一儿童节"为同学制作小礼物、"中秋节"利用"月饼""玉兔"等形象进行绘画创作等。教师在教学的过程中充分利用节假日的教育作用，在有效提升幼儿审美能力、动手操作能力和创作能力的同时，还能增加幼儿的生活经验。教师对我国传统节日的介绍，还能加强幼儿对传统文化的认知和了解，全面培养幼儿的艺术素养、文化素养，对幼儿的未来发展具有积极作用。

（三）设置再创作教学模式

简单来说，再创作教学模式就是将学习形式转换成另一种形式，以促进和提升幼儿的想象能力以及创作能力。教师在美术教学环节中，可以从以下三个方面着手：首先，将故事创作成美术作品。教师可以为学生讲述一个童话故事，引导幼儿将自己感兴趣的部分用美术作品的形式展现出来。其次，开展命题或半命题创作。教师可以为幼儿固定

一个绘画主题,再引导幼儿进行自由发挥,可以将语言形式转为美术形式,也可以是美术形式向语言形式的转换。最后,引导幼儿感受音乐内容进行再创作。教师可以为幼儿播放歌曲,引导幼儿将歌曲中提到的或自己想象到的场景进行美术创作,进一步加强幼儿的想象和创造能力。

四、结语

综上所述,在重视培养幼儿综合能力和素养的教育环境下,教师应重视美术教学对幼儿审美、创造等美育思想和能力的培养。教师可以通过为幼儿创建轻松的创造环境、丰富教学内容、拓展教学手段等,增加美术课程教学的内容和形式,有效扩展教学资源,为幼儿构建优质的美术学习环境,从而提升幼儿对美术课程学习的动力,促进幼儿园美术教学工作高效推进。

课程资源

将"美"发挥到极致
——大班美术区域游戏例谈

（启东市实验幼儿园　沈　霞）

《幼儿园教育指导纲要（试行）》指出：在艺术活动中面向全体幼儿，要针对他们的不同特点和需要，让每个幼儿都能得到美的熏陶和培养。我班的美术区域就是一块可以让孩子们发现美、感受美、表现美、创造美的小天地。老师通过创设优美的环境、开展生动的游戏、组织丰富的活动，引导幼儿在这方天地里自由、自主地学习与创造，将美术区域游戏中的"美"发挥到极致。

一、创设灵动空间，显区域环境之美

1. 区域空间大

美术区域中的活动内容丰富，各种工具、材料种类比较多，所以美术区域的空间一定要大。我们就根据班级的实际情况，将活动室中三分之一的面积划分为美术区域，这样就显得开阔大气，幼儿进区域操作时也不会显得拥挤，真正给幼儿搭建了"海阔凭鱼跃，天高任鸟飞"的活动大舞台。

2. 幼儿共参与

在美术区域中，我们始终坚持"让幼儿成为环境的主人"这一理念，墙面布置均以幼儿作品为主，让幼儿用美术的方式来参与环境创设，体现墙饰的游戏性、动态性、教育性、开放性、特色性，让墙壁说话，从侧重装饰与美化功能向注重真正促进幼儿发展进行转化，发挥幼儿与环境的互动作用。

比如，在主题活动"我是中国人"中，老师和孩子们一起动手绘制了一张易懂的中国地图，并展示在墙壁上。孩子们经常会三五成群地来到地图前，相互交流，增长知识。在幼儿与墙饰积极互动的过程中，渐渐生发的游戏有我来讲爸爸妈妈两地如何相识的故事、接龙说地名等等。

3. 材料归整齐

为了能激发幼儿的创作兴趣，帮助幼儿内化创美经验，在美术区域中提供丰富的美术材料、趣味的操作工具是很有必要的。那么，如何帮助幼儿有序取放，确保区域内各类材料杂而不乱、井然有序呢？和孩子们商量后，我们的做法是：将各类材料分类摆放在工具盒里。不同的工具盒设有不同的标记，而且与柜子摆放位置上的标记相同，以利于幼儿按标记所示，有序地取放，帮助幼儿养成良好的自我服务能力及做事有条理的习惯。

二、与主题巧结合，展游戏精神之美

我们都知道，"游戏精神"是一种自由、愉悦、创造的精神，是幼儿教育的核心价值，也是对幼儿教育最本质的把握。那么，在我们的美术区域中，"游戏精神"在活动中如何体现呢？我们考虑到，在美术区域活动内容的选择上，既要遵循幼儿的认知发展特点，又要避免幼儿出现表现形式多、杂而无主线的情况。因此，我觉得以"主题"形式开展较为合适。因为主题活动的内容与幼儿的真实生活经验相联系，能充分调动幼儿内在的活动动机；主题活动的形式顺应幼儿的发展需要，能使幼儿的发散性思维和创新能力得到淋漓尽致地发挥，同时能照顾到幼儿的兴趣及满足幼儿从事美术活动的自由、愉悦的情感需要。

放飞"自由"天性。在主题活动"我是中国人"中，孩子们对主题中生发的美术课程，通过搓捏、绘画、印染、裁剪、粘贴等创作形式，尽情地放飞他们自由的天性。于是，主题式的美术区域游戏中彰显着他们的不同凡响，回归游戏精神……

享受"愉悦"体验。在感知了解中国的民间艺术——泥塑后，我们生成了班级特色美术课程："做'纸浆娃娃'"。用"纸浆"代替"泥"，让孩子们感受撕报纸、捏纸浆、绘画娃娃等一系列的过程，真是活动乐无穷，愉悦在其中！

激活"创造"灵光。在感知了解中国的国粹——京剧后，我们生发了班级特色美术课程："京剧脸谱"，让孩子们在脸谱模具上绘画。不一样的绘画方式，更能激发幼儿的活动兴趣，提高他们的技能。于是，孩子们主动创造的灵感因为教师的激活不断迸发。虽然这个主题结束了，但在游戏期间，我们还会经常看到孩子们戴上自己创作的脸谱，有模有样地唱上一段京剧，甚是开心！

三、创造交往机会，诱幼儿合作之美

当今社会，合作能力是一个人最重要的素质之一，学会合作是社会发展的需要、时代的需要。《3～6岁儿童学习发展指南》指出：幼儿园应多为幼儿提供需要大家齐心协力才能完成的活动，让幼儿在具体活动中体会合作的重要性，学习分工合作。那么，我们在美术区域游戏中，同样能创造幼儿间交往的机会，促进幼儿合作能力的提高。

分工促交往，助推合作。在美术游戏活动"制作唐装"时，孩子们通过学习与协商，得出了一套制作唐装的工作流程：裁—剪—画—贴—验。大家分工明确，各负其责，制作唐装的过程在孩子们相互合作的游戏中成为一道美丽的生产线。

合作促交往，助力发展。在玩"风筝"的游戏中，我们延伸了给风筝画上漂亮图案的美术活动。孩子们以小组为单位，合作完成一个风筝。动笔之前，小组成员之间先讨论协商，具体画什么、用什么颜色比较合适、小组成员中谁涂哪个色块都要商量好。孩子们在与同伴合作绘画的过程中体验了动手的乐趣，学会了谦让、分享、轮流、协商，也懂得了如何去调整自己的情绪和行为以适应集体的需要，收获了成功的喜悦。有了合作经验后，大家在放飞风筝的时候，也是有商有量，慢慢将合作行为形成了一种习惯。

总之，美术区域原本就是一个"美"的天地、"美"的乐园、"美"的摇篮，只要我们创设灵动空间，显区域环境之美；与主题巧结合，展游戏精神之美；创造交往机会，诱幼儿合作之美，那么，美术区域这一方小天地中的"美"就一定能发挥到极致。

美与生活

论"真正看见儿童"的美育在生活课程中的作用

（启东市实验幼儿园　王美菊）

美育，重在对幼儿进行审美教育，美育对培养幼儿健全的人格起到促进作用，是儿童早期教育的重要内容。对幼儿进行美育，让幼儿感受与发现世界的美好，不仅能有助于幼儿良好品德的养成，也有助于幼儿身心的健康发展。

《幼儿园教育指导纲要（试行）》明确指出：教师的作用应主要在于激发幼儿感受美、表现美的情趣，丰富他们的审美经验，使之体验自由表达和创造的快乐。在课程游戏化建设的大背景下，探索"真正看见儿童"的美育价值，显得尤为重要。笔者尝试将"真正看见儿童"的美育运用到幼儿的日常生活课程中，通过开展各种各样的美育实践活动，提高幼儿发现美、创造美的能力，以此促进幼儿的发展。

一、"真正看见儿童"的美育概念解释

"真正看见儿童"源于德国教育家伯特·海灵格的文章《真爱的发生》，他提出遵循孩子的身心发展规律和年龄特点，透过行为看懂幼儿的内心需要，了解幼儿内心的真实想法。美育，即审美教育，它有广义和狭义之分。这里是指广义的美育，即通过对自然、艺术、生活等的审美实践活动，培育个体的审美态度，提升其审美趣味，陶冶其审美情操，涵育其审美化的生命。

"真正看见儿童"的美育即表现为通过美育实践活动，了解幼儿内心的真实想法，从而有针对性地开展教育活动。教师要走进孩子的内心世界，引导幼儿发现生活中的美，支持鼓励幼儿用自己的方式塑造美、创造美、表现美。幼儿审美水平的发展影响着幼儿素质与能力水平的发展，教师要以美助德（德育）、以美启智（智育）、以美健体（体育），重视幼儿美育，从小给孩子种下真、善、美的种子，以助力国民整体素质的提升。

二、"真正看见儿童"的美育实践操作要素

对于幼儿来说,实际的感官体验更能激发他们对美的向往。因此,教师可以创造条件,让幼儿看见美,比如带幼儿去大自然看看美丽的田野,闻闻花草的香味,听听虫儿的鸣叫,使幼儿在感官刺激中获得美好体验,从而激发幼儿表现美的欲望。

1. 体验审美,展开想象

在美育教育的过程中,让幼儿进行审美体验应贯穿始终,让幼儿在实践中发现身边的美,升起表达美的积极情绪。美就在我们的身边,重要的是要有一双能发现美的眼睛。教师可以带领幼儿观察生活中的美,欣赏生活中的美,体验生活中的美,让幼儿逐渐对生活中的美感兴趣,进而养成善于观察与发现美的好习惯。比如,教师可以带领幼儿到户外散步,看看路旁笔直整齐的水杉树,让幼儿感受整齐美;教师可以带幼儿去春游,提醒幼儿看看粉红的桃花、金黄的油菜花、绿油油的麦田,让幼儿感受色彩美;山坡上雏菊星星点点地开放,红的、黄的,在绿色草地的映衬下分外美丽,幼儿可以从中感受到大自然中色彩的美丽;在校园走廊里,幼儿观赏各个班的主题墙、美术区角,看大班哥哥姐姐用花生壳制作的小鸡,欣赏小班弟弟妹妹用手指点画的"一串红",从而体验到图案美、线条美。教师在引导幼儿进行完整而充分的审美体验时,应使幼儿获得愉悦的感受,展开丰富的联想,提高审美的能力。

2. 体验参与,情感共鸣

幼儿只有在体验中才能获得真情实感。在美育教育的过程中,教师要重视美育环境的创设,有意识地营造适合学习的环境,使幼儿能积极主动地、全身心地参与美育实践活动,在活动中主动探寻、领悟,使教育过程真正成为幼儿体验参与的过程。比如,在欣赏齐白石的《虾》后,孩子们对"虾"产生了兴趣和好奇心,会问"虾在水里是怎样游的""它吃什么""为什么虾煮熟就变红了"等问题。教师引导幼儿自主探究与实践,孩子们不仅从家里带来了许多虾,还带来了用虾做成的食物。教师引导幼儿尝试喂养虾,在喂养的过程中加深对虾的认知。在了解虾的基础上,幼儿尝试进行"虾"的美术创作,他们用粗细两种记号笔表现虾粗细不同的腿,并在虾的背景图上画上各种各样的水草、贝类,使得以"虾"为主题的画作内容变得更加丰富,富有情趣。幼儿有了真实的生活体验,在进行创作时,他们会将日常观察体验到的内容,用艺术的形式表现出来,这样表现出来的美术作品更生动有趣。

3. 体验快乐,提高审美

兴趣是最好的催化剂,培养幼儿浓厚的美育学习兴趣,离不开美育体验教学。教师可以创设富有趣味、艺术性的美育教育活动,激发幼儿的美育学习兴趣,引导幼儿从

"要我学"向"我要学""主动学"转变,让幼儿体验快乐,强化主观能动性。比如,在画"我的幼儿园"时,教师给孩子们播放幼儿日常在园游戏的画面,孩子们看到自己经历过的生活日常,有了真实的感受。在表现画面时,他们各展其才,有的用线条勾勒校园美景,有的用水粉画表现花开的样子,有的用油画表现自己和同伴开心游戏的场景。这能让幼儿记住生活中的美好事物,并将之表现出来,在体验快乐中,提高审美情趣。

4. 体验创新,求异思维

教师要创设情境,鼓励并启发幼儿主动探究、质疑、思考,充分利用自身的生活空间和生活经验去发现新知识,在求异思维中获取创新能力。求异思维是建立在合理的想象基础上的,它需要教师拓宽幼儿的想象空间,鼓励幼儿敢于表现。比如,在"圆形变变变"探究活动中,教师启发幼儿思考"圆形还能变成什么",孩子们充分展开想象,认为可以将圆形变成乌龟、变成地球仪、变成呼啦圈、变成漂亮的帽子等。教师要给予幼儿积极的反馈,鼓励幼儿形成求异思维。

三、"真正看见儿童"的美育在幼儿生活课程中的课例分析

1. 理论联系:陶行知的生活美育思想

陶行知把美育列为生活教育理论的重要组成部分,他对美的理解是广义的,并且深深地与生活联系在一起。陶行知认为,美就是生活,生活中蕴含着美。美在于发现,教师要引导幼儿发现生活中的美,如环境美、景色美、建筑美、和谐美、劳动美等。"真善美合一"是陶行知美育思想的核心,教师要对幼儿进行真善美的教育,帮助幼儿完善人格,促进身心健康和谐发展。

2. 典型案例及分析

在小班生活微课程"我的螃蟹朋友"中,教师让幼儿在认识螃蟹的基础上,尝试进行艺术创作,表达对生活的热爱之情。

有一天,琪琪小朋友从家里带来了几只螃蟹,放在班级自然角里,孩子们七嘴八舌地议论开了:"哇,是螃蟹呀!螃蟹的两只大脚,像两把剪刀耶!""我觉得像是鳄鱼的牙齿。""你们快看,它有好多脚呢,它一定跑得特别快!""我想跟它赛跑,看看谁跑得更快。"煮熟的螃蟹是孩子们在餐桌上经常见到的一道美食,而活的螃蟹原来是这个样子的!它会干什么呢?孩子们对此充满了兴趣。

《幼儿园教育指导纲要(试行)》明确指出,幼儿园教育活动内容的选择应"既贴近幼儿的生活来选择幼儿感兴趣的事物和问题,又有助于拓展幼儿的经验和视野"。于是,教师决定引导孩子们开展关于"螃蟹"的探索。

（1）先给螃蟹找个家

螃蟹来了，住在哪里呢？教师引导孩子们从身边的器具出发，积极想办法给螃蟹找个"家"。"我们让螃蟹住在碗里面吧！""不行不行，碗太小了，螃蟹住在里面太挤了。""让螃蟹住在小篮子里吧！""螃蟹不是要生活在有水的地方吗？篮子会漏水的。""大家快来看，我给螃蟹找到了一个好房子。""这个房子好，又大又不漏水，上面还有盖呢！如果螃蟹嫌冷，还有屋顶呢！"最后，周周小朋友找到了一个合适的塑料大框，于是，大家让螃蟹住在这个新房子里。

"美"的教育价值：在引导幼儿给螃蟹找家的过程中，教师不仅调动幼儿的感官，发展幼儿的智力，而且调动他们的感情，使幼儿审美价值观的形成过程伴随着思考，伴随着求真和发展。

（2）认识了解小螃蟹

"螃蟹有几条腿呢？"教师引导幼儿数一数，发现螃蟹的身体两侧各有4条长长的腿，总共有8条腿，都微微弯曲着，最有特点的就是那两个大钳子了。接着，教师引导幼儿用逗蟹棒轻轻碰一碰螃蟹。感觉到螃蟹的身体硬硬的，孩子们说："就像古时候人们打仗用的盾牌。"翻开两只螃蟹，咦，怎么肚子不一样呀！原来，螃蟹有公母之分，肚脐尖尖的是公螃蟹，肚脐圆圆的是母螃蟹。

"螃蟹喜欢吃什么？"教师让幼儿带着这个问题，回家和爸爸妈妈一起去调查、实验，并通过亲子图夹文的方式记录下来。孩子发现，螃蟹爱吃的东西有很多，比如小鱼、小虾、蚯蚓、螺蛳等水生动物，以及煮熟的土豆、饭渣、面包渣，还有水草、青菜等。

"美"的教育价值：在引导幼儿认识、了解螃蟹的过程中，通过感性认识和理性认识的结合，让幼儿形成自己的认知。教师和家长与幼儿平等地学习探索，相信幼儿、悦纳幼儿，把幼儿的潜力开发出来，整个过程轻松舒适，使孩子听得进、乐于学。

（3）和螃蟹玩游戏

教师将生活中的事物与幼儿的课程游戏结合起来，能够丰富幼儿的体验，增强幼儿游戏的积极性。比如，教师可以开展体育游戏、美术游戏，让幼儿和螃蟹玩游戏。

体育游戏："开个螃蟹运动会"。目的是让幼儿能够手脚协调地运动。"螃蟹是怎样走路的？"教师把问题抛给孩子们。孩子们经过讨论，结合平时的经验得出结论，认为螃蟹是横着走的。教师请孩子们模仿螃蟹走路的动作，孩子们很感兴趣，一个个手脚着地，模仿小螃蟹走路的样子，尝试横着走。教师发信号，让"小螃蟹们比赛，看谁爬得快"，极大地调动了孩子们的兴趣。将审美与体育活动相结合，让幼儿在体验中感知螃蟹的特性，能够丰富幼儿的认知，提高幼儿的审美。

美术游戏："给螃蟹穿新衣"。在这一活动中，教师又可以根据"螃蟹"这一主题创设几组不同的游戏。比如，在绘画组，教师可以事先画好螃蟹的轮廓线，让幼儿用油画棒练习涂色，提醒幼儿注意色彩的搭配；在泥工组，教师发放彩泥、陶泥等，让幼儿尝试用彩泥、陶泥根据螃蟹的外形特征进行塑形活动；在剪贴组，教师发放了彩纸、剪刀和笔，让幼儿尝试剪螃蟹。值得一提的是，在剪贴组，有的孩子剪的螃蟹少了两条腿，有的孩子剪的螃蟹身子是分开的。但教师没有过多地干预幼儿，而是鼓励幼儿自己找原因，想办法解决问题。孩子们在对比中找原因，终于知道自己哪里错了，并及时改正。当将完整的螃蟹剪出来时，孩子们充满了成就感。美术游戏是一项创造性强的游戏活动，教师引导幼儿收集螃蟹壳，拿起笔、彩纸、彩泥、剪刀……在螃蟹壳上画一画、捏一捏，创作出与众不同的螃蟹，充分发展了幼儿的动手能力和创造能力，让幼儿在创作中体验成功，增强自信心，培养幼儿对美好生活的向往和热爱之情。

"美"的教育价值：用动作模仿以及用绘画等艺术手法表现螃蟹，使课程的美育内涵凸显了出来。在这个过程中，幼儿兴致很浓，觉得是种享受。这样的教育比单纯的知识教授更有意义。

美育和生活是紧密联系的，艺术来源于生活，生活是艺术的基础。幼儿通过生活实践不断地积累生活经验，生活中美的各种表象资料在他们脑中不断积累，在他们进行美术创作的时候喷涌而出，使得他们的美术作品变得丰富多彩，富有感染力。

现实生活中拥有非常丰富的美的资源，美育有广阔天地，美无处不在，无处不美育。我们的教育一定要在生活中探索美好，让美育纯净心灵、陶冶性情，使人格逐步完善健康。生活微课程"我的螃蟹朋友"正是来源于生活。在实施过程中，教师、幼儿、家长之间始终保持和谐的关系，幼儿一直在求知中享受美好，教师与家长联系沟通、教育行为的一致性也让幼儿感受到了学习的快乐。教育是春风化雨，润物无声，教师就应该通过这种生活化的课程，把幼儿的潜力充分发掘出来，促进其审美品格的发展。

四、结语

"真正看见儿童"的美育在幼儿生活课程中的运用是一条可行之路，因为它的前提是幼儿主体的广泛参与和自我体验，它打破了课堂教学的旧模式，让幼儿在生活中、在游戏中、在嬉笑玩乐中去感受、去学习。幼儿就在用眼看、用脑想、用手做、用身体感知的过程中，获得了知识，发展了能力，提高了审美素养。

游戏指导

幼儿园游戏之适宜指导

思考一 幼儿园游戏需不需要指导？

游戏场景一： 玩沙游戏时，几位小班幼儿正在用小型塑料铲子和容器玩挖沙和装沙的游戏。刚开始时，一切井然有序。但当孩子们越来越用力地挖沙子时，沙子被弄得到处都是，有的弄到孩子的眼睛里，有的洒到沙地旁的步行道上。小朋友在撒了沙子的地上行走，还很容易滑倒。孩子们的叫喊声越来越响，挖沙子的动作幅度也越来越大。

游戏场景二： 游戏活动已经进行了一半，两名中班女孩在茶餐厅的角色区重复摆放着盘子和杯子等材料。老师走过来，坐在桌子旁问道："你们在做什么呢？"两名女孩很快给老师拿来了杯子，说："这是橙汁"，接着还拿来了装着"披萨"的盘子。老师假装喝橙汁、吃披萨，并和孩子们谈论吃的是什么口味的披萨，以及他们还会制作什么食物。两名女孩一边按照茶餐厅的菜单回答，一边重复着前面摆放杯子、盘子等的动作。

思考二 幼儿游戏的三种水平及指导策略

盖伊·格朗兰德将儿童游戏分为三种水平，即混乱失控的游戏，简单重复的游戏，有目的、复杂的、能够让儿童聚精会神的游戏。

处于混乱失控边缘的游戏场景，一般有以下方面的特点：（1）儿童的声音很大，音调很高；（2）肢体接触较多，有时儿童的行为处于危险行为的边缘；（3）有时会有极端的欢闹——不可控制地大笑或傻笑；（4）争议较多，可能导致肢体伤害或情感伤害。当教师看到幼儿在进行这种混乱失控的游戏时，必须进行干预，让孩子进行安全的游戏。有些老师对此问题的反应是用纪律去约束游戏中的儿童，可能会将他们分开，或是停止游戏，或是进行别的活动。正确的做法应该是帮助儿童进行更高水平的游戏，而不是单纯地干预、打断孩子的混乱失控游戏。教师也不应该武断地将这种游戏视作儿童的行为问题，而应该问问自己：我用何种方式进行干预才能使孩子的游戏发生改变？我应该为孩子提供什么方法、材料？我该如何参与才能使孩子的游戏变得安全和受控？

简单、重复的游戏和混乱失控的游戏不同,简单游戏中很少存在安全和噪声问题,因此这种游戏很容易被教师忽略。这种游戏经常包含重复行为,并且儿童的参与度不高。儿童只是简单地模仿自己看到的成人的行为,没有任何创造性的加工。游戏场景就有些偏向于简单、重复的游戏了。当然,这种简单、重复的游戏,对于托班、小班的孩子来说是有益的、适宜的;但是对于中、大班的幼儿来说,这种游戏则过于简单,并且缺乏想象。"只要某一事物被模仿了,它就肯定会被儿童通过游戏转化,从而变成对儿童更有意义、更有用处的信息。因此,当模仿在儿童的发展中扮演了一个有用的角色时,问题就会在儿童固执地坚持这一模仿而不进行任何转化时出现。"要想能够识别简单游戏,教师需要仔细地观察儿童的游戏,在儿童游戏时站在一旁观看、聆听,这有助于教师了解孩子游戏中互动的质量。此时,教师需要通过构建新的情节来对儿童进行干预,帮助他们超越简单的模仿。儿童简单、重复地游戏,可能是缺乏丰富的游戏经验和试图模仿自己拥有的生活经验所导致的。需要我们注意的是,这种类型的游戏很容易被教师忽视,因为这种游戏并不总是需要教师的关注,很多时候没人会注意到它。这样,孩子就不能获得教师的支持,从而无法获得更加有益的游戏经验。

有目的、复杂的、能够让儿童聚精会神的游戏就属于富有成效的、高水平的游戏了。孩子的游戏,看上去是快乐的,参与进去就更有意思了。在高水平的游戏中通常会出现以下几点:(1)无论是15分钟还是更长一些时间里,孩子都能高度参与到游戏中;(2)孩子们相互分配角色并且在游戏中扮演角色;(3)即使存在异议也不会出现行为问题,儿童会通过协商和妥协解决争议,协商的过程通常时间较短并且能达成一致;(4)富有成效的游戏的噪声水平合理,并且在他人善意提醒时较易安静下来;(5)有特定需要时,会向教师寻求帮助,如需要某件物品去完善游戏,或者需要教师帮助解决争议以便游戏能够继续下去;(6)儿童会邀请教师观看他们的游戏、认可他们的做法和提供反馈意见,然后儿童会继续自己的游戏,这种游戏很少需要教师持续介入;(7)儿童使用材料的方式富有创意。游戏时,儿童不一定需要真实物体作为道具,因为他们可以将一小块积木当作手机或将拼插在一起的方块当作灭火用的水管。这样的游戏不仅仅发生在角色游戏中,也发生在建构游戏中。例如,一个孩子可能就积木的搭建提出建议:"我知道,让我们建一幢高楼吧!"他还可能会给其他孩子提供建议,让他们用合适的材料搭建成一个不错的设计:"不是这样的,应该把长的摆在上面,这样汽车就能够进去了。"其他孩子经常会接受这样的建议,心甘情愿地加入,并且表现出维果茨基所说的自我调节能力。对教师来说,非常重要的是,要思考支持高水平的游戏需要哪些条件,以及要创设一个能够促进儿童想象力、让儿童感兴趣的环境。虽然高水平的、复杂的游戏没有教师的介入也经常成功，但是教师仍然需要和儿童交流互动，使儿童的游戏能够持续发展。

游戏场景——指导策略：还记得前面那个混乱失控的玩沙游戏吗？这位老师和她的同事们想出了个好的办法，他们阅读了一些考古方面的书籍，并把这些书念给孩子们听，让他们了解一些地底下的秘密。然后，他们将一些小动物玩具埋到沙里，鼓励孩子们小心地将它们挖出来，就像是考古学家们的工作一样。他们将玩沙用的工具、铲子和容器，换成了小刷子和勺子，这样可以让孩子们更为仔细地挖沙，并且能够更多地运用小肌肉动作技能。一旦在沙里发现了小玩具，孩子们会按照动物的基本特征进行简单分类，教师则协助孩子对自己的发现进行分类和记录。教师通过增加这一活动的复杂性，提高了对孩子在活动中认知性的参与以及体能方面的挑战，因此平息了孩子过激的行为，使孩子获得许多积极的结果。

游戏场景——指导策略：同样的，在前面的茶餐厅游戏中，教师通过观察，发现了她们简单、重复的游戏，于是建议孩子们可能需要去超市购买一些不同的食材来制作食物，还询问她们是否需要制作一份购物清单。孩子们热情地回应了她，并且请教师帮她们在纸上写下一些食材的名称。教师则鼓励她们找一下角色扮演区中或是活动室中哪些东西可以用来当她们"购买"的食材。然后，教师给她们提供了购物袋、购物清单，送她们出发去购物。这两名孩子的活动持续了大约15分钟，并且即使老师正在教室的另一头指导别的孩子游戏时，她们也走过去征求她的意见。当孩子不需要成人不断地促进和支持也能够持续游戏时，他们就已经进入了更有目的的游戏状态，但这并不是说在高水平的游戏中教师不会与儿童交流。我们发现，在高水平的游戏中，教师会以另外一种方式与儿童交流。刚才茶餐厅中的女孩仍然会去征求教师的意见，即使需要从教室的一头走到另一头。当然，她们还会回到教师之前帮助她们开始的独立游戏中去，她们已经不再需要教师作为伙伴一起游戏或是提供建议。这个超市购物和购物清单的游戏情境已经引起了孩子们的兴趣，为她们进行一段较长时间的游戏提供了广泛的选择性和足够的可能性。

思考三　对幼儿游戏活动中教师行为的观察与分析

当然，建设性的、高水平的、符合游戏精神（自由、自主、愉悦、创造）的游戏不可能在真空环境中生成。教师的行为对游戏的发展、维持、深化有着至关重要的作用，需要考虑适宜的介入、适当的指导、适时的点拨和适度的回应，指导的关键在于"适宜"二字。"适宜"有合适、相宜之意。

我们一起分享国内邱学青教授和他的研究团队所做的一个游戏案例,对幼儿游戏活动中教师的行为进行观察与分析,相信对我们做游戏研究也能有一定的启发。

班级:中班

内容:下学期的一次主题游戏活动

时间:春季清明节假期后的第一天

班级活动的基本状况:

预成性主题:大树和小花,生成性的探索主题,如妈妈的包、汽车(对汽车的关注从小班阶段开始,已持续了一年多时间)

班级开展的游戏主题:医院、娃娃家、蛋糕房、警察局、超市、理发店、小剧场、汽车修理厂、公共汽车

游戏场地的设置:略

班级教师基本情况:主班教师工作20年,关注幼儿游戏研究10余年;另一位是工作第三年的新教师。

观察方法:自然观察(班级幼儿正常的游戏状态),追踪观察(观察者在游戏过程中跟踪记录主班教师在整个游戏中的行为表现),其中,标☆代表教师的支持行为,标★代表教师的参与行为。

观察记录:

1. 游戏开始环节——引发幼儿对已有经验的回忆

(1)谈话——小长假中的活动

师:放假的3天,你们都到哪里玩了?和谁一起去的?是怎么去的?

教师的问题激发幼儿对已有经验的回忆,孩子们积极地回应:坐33路公交车、30路公交车、地铁一号线、地铁二号线、地铁南延线。在交谈中,孩子们初步感知到了去动物园有多种行走路线,出行有多种方式。

师:这几天,大家都很开心。如果今天玩游戏的时候让娃娃也这么开心的话,自己也会很开心!

(2)欣赏幼儿画的车

警车、救护车、公共汽车、金盾护卫(请幼儿介绍上面的标志)、卡车、轿车(甲壳虫)……对探索性主题的经验进行有效的扩展。

2. 游戏过程中——支持与参与幼儿游戏

在本次活动的开始,观察者计划观察"警察"游戏("警察"游戏是近阶段的新游戏)的开展情况。但教师在开始阶段处理角色纠纷时的策略引起了观察者的兴趣:教师

在游戏中的言行对幼儿游戏有影响，进而展开了追踪观察。

☆"警察"游戏中先来了3名女孩（A、B、C），后来了两名男孩（D、F），这时3名女孩齐声说："不行，我们是先来的！"D离开，去选择别的游戏；F坚持留下，发生争执。教师被声音吸引，出现在男孩F面前。

教师：你是不是很想玩"警察"游戏？那你跟她们商量商量。

F对C说：那我们猜纸球？

C：不好！

F：那我们猜拳？

C：好！

教师对F说：如果你猜拳输了，怎么办？

F：我去选其他游戏！

教师又对C说：如果你猜拳输了，怎么办？

C：我就去选其他游戏！

猜拳后，女孩输了，表情自然地离开，选择去"超市"当"营业员"。

★包店里，两名女孩选择了此游戏。

教师对两名女孩说：我想买包，在哪儿买呀？

☆医院里，教师看见"医生"几次都没把衣服穿好。

教师对"医生"说：需要我帮助吗？

医生：嗯。

教师帮助幼儿穿好白大褂。

☆一名幼儿拎着包过来求助（包有点问题），教师帮助幼儿修好包，幼儿开心地走了。

☆教师再次来到包店旁，见两名幼儿仍然坐在一张桌子上。

教师对做包的幼儿说：你可以到另一张桌子上去做。

★教师来到"警察局"，看见一个路人踢走了路边的摄像头。

教师：警察，你们都在哪里安装了摄像头啊？想想这些摄像头装在哪里合适呢？

一名警察带领大家查看摄像头的位置。

☆再次回到警察局时，教师发现医生和警察为了用同一张桌子起了争执。

教师来到他们面前：吵有没有用？快想个办法吧！

教师对医生说：看，警察去想办法了。（一名警察从空置的理发店里找到了一张桌子）

教师对医生说：快去帮他抬吧！

★应孩子的邀请，教师第一次来到蛋糕店买蛋糕。蛋糕店里有3名幼儿（G、H、I），两男一女都是做蛋糕的。在女孩陪教师欣赏蛋糕的时候，教师发现旁边挂着一个牌子，上面有一张纸，画着一个娃娃。

教师：这个是什么？

I：招聘营业员。

教师：招几个营业员？

I：两个。

教师：我看这上面只招1个人啊？

幼儿用笔在娃娃的旁边画了两条横线。

教师：试试看吧，看看能不能招到两个营业员。

☆教师帮助解决车辆标志的设置（幼儿想在车子的方向盘上固定一张写有"120"的纸片，作为车辆的标志。他们在材料盒中找来一个夹子固定好，可是夹子太大，把"120"都挡住了。教师在自己的办公桌上拿来一个小夹子，提示幼儿试试看。成功！）

★教师再次来到蛋糕店买蛋糕。

教师：我想买蛋糕，谁收钱啊？招到营业员了吗？

I：没有人来。

教师：那再等等吧。

★教师又来到包店，看到一个努力做包的幼儿。

教师：这个颜色我很喜欢，等你做好了，我来买哦！

这个孩子在上次游戏中一直不敢动手，总说："我不会！"听了教师的话，她跑到了另一个幼儿身边，说："老师夸我了！"脸上荡漾着灿烂的笑容。

☆教师看见一些材料散落在多用箱外面的地上，弯下腰，把材料收拾好，放回多用箱。

★"警察"给教师打电话，告诉教师发现小偷。

教师：真的吗？再看看！

教师：这是你们警察的事哦！

★教师拿了自己的钱包，到蛋糕店里买蛋糕。

教师：谁收钱啊？有营业员吗？

I走过来说：没有人来当营业员，我卖给你吧！

教师：钱放在哪里啊？

H、I为此问题起了争执，商量后决定把钱放在桌上，等游戏结束后再分钱。（班级游戏规则：前一次游戏中挣的钱，下一次可以被拿去消费）

★教师买蛋糕时，旁边的"娃娃家"打来电话，教师做接电话的动作。

教师：你是哪里呀？

教师：你们家娃娃过生日啊，太好了！我正好买了一个蛋糕，送给你们家娃娃吧，等你们把家收拾整齐，我就来哦！（透过窗格，教师发现"娃娃家"里的物品有些乱）

★教师到"娃娃家"做客——送蛋糕、过生日、为娃娃唱生日歌。过程中，教师提醒家中的1名孩子（能力稍弱的）招待自己。

教师：请我坐哪里呀？

教师：桌上这么多吃的，是什么呀？

表扬"鸡汤馄饨"真好吃，询问烧法，鼓励她等会儿向大家介绍。

★教师来到包店，买了孩子制作的包。

教师：这个包我太喜欢了，下次再做哦！我还来买！

音乐响起，幼儿在音乐声中收拾整理。

3. 分享与交流——鼓励幼儿讲述自己的游戏，分享自己的经验

全体幼儿围坐在教师身边，教师组织幼儿进行交谈，"下面我们来说说今天的游戏，说的时候要说清楚：今天你玩的是什么游戏？扮演的是什么角色？玩得怎么样？是开心还是遇到了困难？"——一片高举的小手！

（1）超市——开门太迟。"营业员"（在"警察"游戏选择中猜拳落败的孩子）提意见：超市很长时间才开门，因为前一次游戏结束后，东西没有摆放好，分类整理用了很长时间，所以不能开门。讨论结果：收游戏工具时要分类摆放。

（2）超市——买与送

（3）娃娃家——去旅游时带了许多垃圾食品。"什么是垃圾食品？""今天回去问问爸爸妈妈，哪些是垃圾食品？""为什么不能吃这些垃圾食品？"

以上游戏开始的导入环节承上启下，引发幼儿对生活经验的回忆与迁移。游戏结束阶段的分享与交流是幼儿发现问题、解决问题、交流游戏中的创造与快乐情感的好时机，幼儿们述说着鲜活的事例，在听与说中，视野得到拓展，各方面的能力得到提高。

教师游戏指导行为分析

分析游戏过程，主班教师的指导是适宜的，有诸多优点：

一、分工合作，利于观察

从主班教师关注的游戏主题来看，教师更多关注了新主题——"警察局"游戏及其周边主题游戏的情况，而班级的另一位教师，主要关注"超市"周围的主题游戏情况，这样的分工合作有利于教师有重点地进行有效的观察指导。

二、基于观察，恰当指导

"警察局"游戏是近期开展的新游戏，幼儿都非常喜欢。每次遇到角色纷争，孩子们就使用"猜纸球""黑白配""猜拳"等方法来确定角色。但是，由于参与游戏常出现破坏规则的现象，所以教师在游戏一开始，就来到"警察局"游戏旁进行观察。教师的正确选择来源于对游戏的观察！教师的语言非常睿智："你是不是很想玩警察游戏？那你跟她们商量商量。"贴心的话语，走进了孩子的心！同时也给予了方法上的指导——有问题是可以通过协商进行解决的！在猜拳游戏前，两次针对不同对象的相同话语"如果你猜拳输了，怎么办"更显得教师对幼儿心理发展的关爱——勇于接受挫折！这相当于打了预防针，为幼儿下面可能出现的失败做好心理准备。正是因为这样，才有了猜拳失败后女孩的"表情自然地"离开，重新选择！（有效避免了对规则的挑战——前一次游戏猜拳失败有人耍赖，再次引发争执）

三、合理支持，适时参与

从时间上看，游戏的前三分之一时间里，教师更多地起着支持作用（含☆的行为）。游戏开始阶段，是幼儿自主选择游戏主题、同伴、角色、场地、材料等多方面内容的时候，这也是矛盾冲突最易发生的阶段。教师的行为以观察为基础，发现问题，解决问题！当然，这时的语言不是简单的告知，而是启发性的语言，引导幼儿用自己的方法解决游戏中遇到的问题："吵有没有用？快想个办法吧！""看，某某去想办法了。"教师的一些动作也给予了合作有效的支持：在办公桌上拿来一个小夹子，支持幼儿完成了安装120救护车标志的愿望；修理好的包，成全了合作外出旅游的计划……

游戏后三分之二的时间里，教师更多的是以参与者的身份出现在幼儿游戏中，和幼儿一起玩乐（含★的行为）。这里不是为乐而乐，而是乐在启智中！例如，对蛋糕店中招聘信息的关注，引发幼儿对招聘广告的修改；"我想买包，在哪儿买呀？"引发两名幼儿进行了角色分工，对做包的孩子的鼓励更激发了孩子挑战自我的勇气；接受做客邀请后的一句"等你们把家收拾整齐，我就来哦"，巧妙地将规则的要求渗透其中。在这样的共同游戏中，教师既是玩伴，更是启智者！

教师在游戏过程中的一个动作值得推荐：看见一些材料散落在多用箱外面的地上，弯下腰，把材料收拾好，放回多用箱。在对幼儿的教育中，我们深深地感受到：教师的身教重于言教。幼儿的年龄特点决定了教师的一言一行对幼儿起着榜样的作用，多次的要求可能不及教师的一次行为示范。教师无声的弯腰、整理，没有打断幼儿的游戏（常常有因为类似的原因，教师中断全体幼儿游戏的现象）。但是，相信幼儿在看到教师的动作后也会像教师一样，由他律转向自律，这才是教育的不懈追求！

四、持续关注，凸显关爱

教师在游戏中持续关注幼儿，在言行中凸显关爱每一个幼儿的心！

对包店的关注（这是两个能力相对较弱的幼儿的组合），"我想买包，在哪儿买呀"，指导幼儿进行角色分工；见两名幼儿仍然坐在一张桌子上，教师提醒做包的幼儿，"你可以到另一张桌子上去做"，合理地使用场地；鼓励做包的幼儿，"这个颜色我很喜欢，等你做好了，我来买哦"，鼓励幼儿挑战自我（这个幼儿在上次游戏中一直不敢动手，总说："我不会！"）；游戏结束前来到包店，买了幼儿制作完成的包，"这个包我太喜欢了，下次再做哦，我还来买"，帮助幼儿建立自信！

对"警察"游戏角色选择的指导也是教师关爱幼儿的写照。坚持留下游戏的男孩，在前一次游戏中，因猜纸球失败被迫离开，对一决胜负的规则有过挑战。今天坚持留下，表明他对玩此游戏的心理需求很高！教师的一句话既帮助他丰富了解决问题的方法，也让他的心理压力有所缓解。猜拳游戏前，对可能出现的失败有了准备，猜拳胜利后，孩子充满笑意的小脸上，写的都是快乐！

对蛋糕店的关注也是如此。第一次被邀请时，教师发现了幼儿创造性解决问题的设想——招聘启事，并提出了自己的异议——要招一个人吗？引发幼儿对招聘广告的修改。后面的两次光顾，教师都是带着目的来的——看看招聘的效果，引发角色的兼职（既是制作人也是营业员）。游戏中，招聘没有成功，可能是招聘广告画面的问题，也可能是……教师没有急于求成，告诉幼儿怎样才能成功招聘，而是让幼儿一次一次地动脑筋，在解决问题的实践中，感受着快乐，收获她们的希望！

五、有机渗透，有效延续

游戏是幼儿最主要的活动，也是最喜爱的活动，幼儿在游戏中的笑脸说明了一切！每次游戏开始及结束阶段，教师都让幼儿说说自己的游戏体验，充分落实了让幼儿有机会说！交流问题为幼儿的表述理清了思路。幼儿语言的清晰、有序，极大地说明在每一次游戏中、在日常生活中，给予幼儿说的机会，给予幼儿表述引领的有效性！

分享与交流环节中出现了"垃圾食品"的话题。教师适时地提出问题："什么是垃圾食品？"幼儿的回答既理性也感性："薯片、油炸的东西……""吃了第二天就变成垃圾了。"培养幼儿良好的饮食习惯是健康教育的重要内容，对幼儿的健康成长特别重要。这个话题非常有价值！教师的引导也是适度的，既稍作拓展又引发了幼儿进一步探究的兴趣。相信这个话题会对幼儿养成良好的饮食习惯起到积极的作用。孩子们在游戏中发现问题，自己提出话题，通过自己的调查去了解答案，并在今后的游戏及生活中践行！

安吉游戏提倡教师"管住自己的嘴和手"，在此基础上，教师更应该做的是"用好自己的嘴和手"。孩子的游戏需要适宜的指导，才能发展得更好！

游戏指导

幼儿园高质量的师幼互动

教育部2022年2月颁布《幼儿园保育教育质量评估指南》(以下简称《评估指南》),扭转了过去"重结果、轻过程,重硬件、轻内涵,重他评、轻自评"等在评价和评估中的一些不良倾向,提出"要注重过程评估,要聚焦班级观察,要强化自我评估"等具有针对性的举措。幼儿园都非常重视内涵建设,它的内涵可以用什么衡量?怎么衡量?《评估指南》中聚焦班级的观察是衡量幼儿园内涵发展的重要的方式之一,它首次提出通过"聚焦班级观察"的方式对幼儿园保教质量进行评估,并进行了说明:通过不少于半日的连续自然观察,了解教师与幼儿互动情况,准确判断教师对促进幼儿学习与发展所做的努力与支持,全面、客观、真实地了解幼儿园保育教育过程和质量。由此可以看出,师幼互动质量对孩子发展的影响之大,甚至可能是决定幼儿园质量的关键因素。

一、互动对儿童发展的意义

《评估指南》共有5大板块48个考查要点,其中师幼互动是涉及考查要点数量最多的,共有7个,因此师幼互动是重要的。在幼儿园一日生活中,师幼互动贯穿于幼儿一日生活的各个环节。它的重要性以及对儿童发展的重要性值得我们研究和关注。

1. 互动对儿童很重要

在儿童发展领域心理学史上有一个非常著名的静面实验,它是由美国哈佛大学著名心理学教授爱德华·特罗尼克(Edward Tronick)提出并执行:实验对象是一位年轻美丽的女士和她可爱的刚满1周岁的女儿,刚开始时女士坐在地上和女儿进行互动玩耍,回应着女儿的每一个动作,互动画面和谐又温馨;后来母亲突然转过脸,再转回来时,变得面无表情,对孩子做出任何的举动,妈妈都不给他任何的回应;小宝宝吓了一跳并开始手舞足蹈,想尽办法唤回母亲的注意力,可是持续了半分钟,宝宝的所有努力都宣告失败;宝宝瞬间情绪崩溃,嚎啕大哭,当妈妈变回正常状态后,孩子一瞬间就破涕为笑,又高兴地和母亲互动起来。

由实验我们可以看到,母亲仅仅维持了数十秒的"静面",就给孩子的精神带来了巨大的压力,如果一个家庭,父母经常对孩子冷面以待,又会给孩子带来多大的创伤?对于孩子来讲,会受到非常大的负面影响,甚至会影响到未来的人格发展和性格等等。随着脑科学技术的发展,证实了爱德华教授的猜想。

还有一则非常令人感动的视频《躲猫猫真的能改变世界》:一位7岁的澳大利亚小女孩,用脑科学的知识以真人秀的方式来试图说服大人们放下手中的电子产品,来跟孩子进行有意义的互动,告诉成人需要和孩子建立情感上的连接,通过交谈和游戏,拥有健康的家庭与和谐的社区。

因此,幼儿的身心健康和身心想要变得健康取决于两个条件,一是儿童需要和少数成人建立稳定的以爱为纽带的关系,进行积极的敏感的互动,保护他们免受伤害,鼓励他们进行探索和学习,并向他们传递文化价值观。另外是需要有一个安全的并且可以预期的环境,提供大量成长经验,促进认知、语言、社会性、情绪和道德的发展。

幼儿对于世界的认识是通过与不同人建立不同关系,这些关系既会影响到幼儿发展的各个方面,同时也是后期发展的基础。这种方式和关系同是后期发展的基础。因此,没有什么比停下来倾听和积极回应儿童更重要的,我们可以跟孩子去互动,能够去倾听,能够去积极回应。

比如在沙盘游戏时,J小朋友把手伸进沙盘,抓起一把沙子,往沙盘外面撒……老师看了几秒,再过去对他说"我看到你正在很用心的把沙子撒到地上……",孩子继续说"是啊,沙子是直直落下去的,不会像雪花飘啊飘的"。由此可见教师已经进入孩子的世界当中了,就会感到一种震撼,一种文化震撼,是来自儿童世界的文化震撼。

2. 互动对教师很重要

上述的沙盘游戏中,教师与孩子建立了温暖的关系,同时教师向幼儿进行了示范语言表达和思考过程,并确认和巩固了孩子对于沙子实验性的探索行为,拓展儿童的知识和理解,成为一个建立良好师幼互动关系的老师。

同样教师只有通过岗位上不懈的学习,通过实践中不断的尝试反思调整积累经验,才能在各种各样不同的实践情境当中,能够灵活自如地运用实践智慧。

二、有效师幼互动的特质

1. 帮助儿童从互动中获得积极经验

李季湄教授曾分享过幼儿园非常常见的一个场景:幼儿不小心把一杯水碰翻了,水洒在教室地板上……

A老师：看见之后就走过去，一边带抱怨的口气对幼儿说："怎么这么不小心啊，你看，搞得一地都是！"一边他拿来抹布，三下两下就擦干净了地板，然后对呆呆站在一边的幼儿说："好了，以后要当心一点"。幼儿点点头，之后一个上午他就闷闷不乐。

B老师：看见之后，他就立刻拿上应急角的工具——一个小桶走过去，小桶里有毛巾、刷子、海绵吸等等，和蔼地对孩子说："啊，没关系，你看看这里哪一样工具能够帮助你？"于是这个孩子就尝试了用毛巾、刷子，最后选择了海绵吸，把水擦干了，幼儿高兴地告诉老师和小朋友，海绵吸最好用，老师也表扬孩子很能干，自己洒的水能够自己擦干净，也告诉了孩子以后要当心。

两位老师在同样的情境当中选择了不同的处理方式。A老师跟孩子的互动，会使幼儿的自尊、自信会受挫，教师没有给他获得有益的经验和思考的机会。B老师将幼儿的"犯错"变成学习应变思考、探究工具以及动手动脑做事情的好机会，通过探索各种工具，通过实验发现最好用的工具。幼儿一旦习得这样的心智习惯，对他未来的发展是极有帮助的。因此有效的师幼互动能够帮助幼儿获得其他方式没有办法获得的积极经验。

2. 帮助师幼从互动中建立主动意识

师幼互动应是主动的。主动意识是教师和幼儿都应是主动的，如教师主动跟幼儿互动，而幼儿没有任何反应，就不是互动；相反如果幼儿主动跟教师互动，而教师处于敷衍的状态，忽略了幼儿，也是没有质量的互动。

师幼互动应是有价值的。教师和幼儿双方根据活动的需要和实际，向对方主动发起有价值的互动，这种互动是双向的、链状的。如在互动中无意间谈到的东西，其引发幼儿的其他思考；或是幼儿无意间的回应，教师敏锐捕捉到其教育价值，生成其他的活动，这样的互动是链状的、辐射的、循环的。

师幼互动应是连续的。高质量的互动需要师幼之间来回碰撞、争论，不断抛出新的观点，才能形成连续的交互作用，在这样的过程中，教师和幼儿才会不断地成长。

3. 有效师幼互动的特质

有效的师幼互动具有双主体性。单方面的互动不算有效互动，互动的发起者不完全是教师，也有可能是幼儿，教师不是权威、居高临下的，而是当幼儿对某个内容感兴趣的时候，教师去回应幼儿。幼儿和教师是平等的，教师相信幼儿是有能力有自信的学习者和沟通者。同时教师更应该发挥专业的引领作用，把幼儿的自发活动拓展为有目标、有目的性的活动，保持教师应有的决策地位，是引领者、支持者、合作者，同时也要承认，幼儿是主动的学习者、沟通者，这两种身份都需要去认同。

有效的师幼互动具有对话性。没有对话就称不上互动，只有知道幼儿在想什么，让幼儿表达出来，教师才能从获取幼儿需求中发挥帮助指导的作用；同样幼儿与教师对话，是在帮助教师去理解、指导、教育、读懂、分析幼儿。想要畅所欲言，需要教师真诚的对待幼儿，与幼儿之间的关系是宽松和谐的。因此，真诚面对幼儿，是教师与幼儿实现良好互动的基础。如教师真诚地对待幼儿的告状，去听听幼儿为什么告状，告状背后的原因，有没有一些价值的问题可去挖掘，最后教师需要真诚地对待幼儿的情绪、感情，当幼儿渴望教师接纳自己的情绪，教师就要认真地安抚幼儿，让其感受到教师的重视。

有效的师幼互动具有高频率性。不是一两次简单的互动，就能将所产生的问题解决并达成共识，需要有一定时间的积淀，甚至持续长时间解决，而这其中最重要的是教师与幼儿在解决问题的过程中，教师和幼儿不断地寻找方法，去实践验证，最终形成一种经验，这才是最重要的，所以我们要和幼儿保持高频率的对话。

有效的师幼互动具有有效性。教师与幼儿之间互相有对话，必然是一种接纳的态度，大家互相敞开心扉，共同分享，在彼此互动中对活动内容的产生新理解和认识，使彼此双方都是积极、愉悦、尊重、宽松、自主、和谐的。

三、把握有效互动的时机

1. 了解儿童在想什么比看他们在做什么更有价值

有效互动依赖教师的敏感性即教师在任何时候都能及时地关注到孩子的需要，知道孩子在想什么、他们感觉如何、在寻求什么样的帮助，这些都会影响教师选择说什么，以及他们所说的内容对孩子是否有帮助。有效互动过程当中，老师有的时候是跟孩子同频的，但是当孩子回应了之后，老师不能够从孩子给他的回应当中去捕捉到有益的信息，不能够很好的去识别孩子给他的这些信号。

2. 了解教师主动与儿童同频，而不是期望儿童与他们同频

近期在做一对一倾听的过程中，老师们有很多惊奇的发现，这些都需要老师主动去和儿童同频，而不是期望儿童和他们去同频。教师跟孩子能够在一个频道里面，共享着对同一个事情的思考。因此，教师与儿童同频时的互动，能够温柔而专注地观察和倾听，并且停下脚步，决定如何、何时以及是否进行干预，发起的对话是基于儿童的想法，而不(一定)是他们的动作，若是儿童的思维转向了不可预知的方向，教师也会追随儿童的想法，双方都从互动中获得积极经验。

3. 了解师幼互动三问，有效提示教师与儿童同频

一问儿童是否需要帮助？这个孩子目前是不是需要我的帮助？这一问促使教师思考，是否需要介入进去并且做些什么，问个问题，或评论几句，但有的时候最好的选择

就是什么也不做，什么也不说。也许对于"是否"的回答是……"还不需要"。

二问儿童何时需要帮助？到底什么时候需要我们老师的帮助？这一问促使教师思考，儿童是不是在努力，但还不至于觉得沮丧？努力是好的，尽力去理解或做到某件事是好的，但若是变得沮丧以至于放弃就不好了。如果教师现在介入，是会起到支持作用还是会让孩子觉得自身能力不够，教师需要等一等，观察儿童是否会因为不能解决问题而逐渐感到沮丧，同时要准备好一些办法来帮助儿童克服学习困难。什么样的时机是最好的进入时机，需要教师去观察，当孩子通过努力，觉得没有办法解决问题，并开始沮丧和要放弃时，就需要教师去介入，思考孩子到底需要什么样的帮助？

三问儿童需要何种帮助？需要什么样的帮助？这一问促使教师思考：儿童自己能处理吗？如果能，我不会干预；如果儿童不能处理，我说什么或者做什么会有帮助？应该说什么，做什么？因此这时关键需要教师在情境中，去识别、去理解、看到的东西，并需要去抉择，说什么，判断它的发展需要是什么，应该要做一些什么？

四、保障有效互动的策略

通常情况下，学习有三种情境：即教师发起的情境、儿童主导的情境和教师主导的情境。

教师发起的情境——教师需要揣摩儿童的想法。教师发起的时候，可能有自己的目的和意图，但是孩子不一定会按照教师的目的和意图去玩，因此需要揣摩儿童的想法，需要搁置原来的目的，用开放的心态去揣摩孩子的想法，通过有效的策略去达成跟孩子的同频，进入孩子的思维情境中、孩子的世界中。

儿童主导的情境——教师应该追随儿童的想法。如果教师的目标在主导过程当中跟孩子表现出来的兴趣和发展需求不一致，不要挖空心思把孩子引导到目标上来，不要去生拉硬拽。如果追随孩子的想法，发现必要的主导契机，如需不需要在他开展一些游戏活动的时候，同时也要考虑到其他人可能会因为他的这样的一个活动遇到一些什么样的危险，这是能够与人共同生活的极其重要的社会性方面的知识技能，就需要老师引导孩子的想法。

教师主导的情境——教师聚焦儿童的想法。聚焦是要把孩子的想法聚拢，引导和提炼孩子的想法。

教师主导的学习和儿童主导的学习都是很重要的，对孩子培养的能力是不一样的，儿童主导的学习，我们要尊重他是主动的有能力的学习者。但是老师主导的学习需要一定的社会性责任，比如说社会价值观传递、优秀文化价值观的传递，这是两方面都要兼顾。

1. 尊重民主，建设和谐师幼关系

尊重民主，建立和谐师幼关系是实现有效互动的前提。只有在充满着平等、尊重、关爱、民主的环境中才会有和谐的师幼关系，才会有良好的情感互动氛围和信息交流状态。"尊重"要发自内心，要落到行为，要成为习惯，"尊重"意味着要有坚定的幼儿立场，有自然而然的幼儿视角，能遵循幼儿的身心发展规律、把握幼儿的学习特点，关注幼儿的兴趣需要；"民主"意味着要将幼儿视为独立的个体，赋予幼儿主体地位，一日生活中与幼儿有关的决策均应听取幼儿的意见，让幼儿享有在生活、学习、游戏中的自主权、选择权和决策权。

2. 倾听回应，搭建师幼互动桥梁

《评估指南》重视幼儿通过给画、讲述等方式对自己经历过的游戏、阅读图画书、观察等活动进行表达表征，教师能一对一倾听并真实记录幼儿的想法和体验。教师需要敏锐地察觉幼儿不同的心理需求，以积极的、有效的方式回应幼儿；有意识的观察幼儿的情绪变化，主动去接纳幼儿情绪，与幼儿共情；采用多种方式倾听幼儿的想法和问题，鼓励幼儿表达表征；平等地与每一名幼儿对话交流、有效回应……这些都当成为幼儿教师工作的日常，渗透到到每一个寻常时刻。

3. 信任支持，实现师幼共生共长

信任支持，实现师幼共生共长是高质量师幼互动的保障。《指南评估》中提到"相信每一个幼儿都是积极主动、有能力的学习者"这便是对信任价值的强调。信任之于幼儿的成长是无穷的动力，基于信任之下的支持，更是幼儿成长的助推剂。在信任支持的氛围中，教师以"支持者、合作者、引导者"的身份与幼儿共同生活，共构课程，共同成长。

高质量的师幼互动不是单方的行动，是教师和幼儿双向积极的奔赴，是教师和幼儿以平等的关系围绕一些事物、现象、问题或疑问等高频率地相互阐明自身观点与想法，并寻求一个相互认可的平衡点，以达成情感态度与价值观、过程与方法、知识与技能目标的过程。

对师幼互动质量的追求将是当下及未来我们每一个人努力的方向，提升师幼互动质量既需要对《评估指南》反复研读、学深悟透，更需要我们坚持不懈、深耕细作的贯彻落实。保持一颗童心，和幼儿共同生活，做到尊重民主、倾听回应、信任支持定会在高质量师幼互动中实现师幼共同成长。

第三辑
案例集锦

活动方案

大班美术活动：祖国的山

（启东市实验幼儿园　董　娟）

◎ 设计意图

随着三年新冠疫情的结束，全国上下进入了旅游高峰期。孩子们跟随着父母游历祖国的大好河山，他们喜欢相互交流自己的见闻。《3～6岁儿童学习与发展指南》《幼儿园保育教育质量评估指南》中均指出，要培育幼儿爱集体、爱家乡、爱党爱国的情感。启东地处平原，所在的地级市南通有五山，其中以狼山最为有名。因此，家乡和祖国各地的山川风景成为激发孩子热爱家乡、热爱祖国情感的学习资源之一。

◎ 活动目标

1. 通过互相谈话、画面欣赏，了解祖国山川的造型特点。
2. 通过撕纸、涂色、组合、身体造型等多样化的艺术表现方式，创作祖国的山。
3. 感受祖国的山川之美，表达对祖国的热爱之情。

◎ 活动准备

PPT、空白纸、胶水、油画棒、空白卷轴、抹布、名画、背景音乐等。

◎ 活动过程

一、互动谈话，欣赏各地山川的独特造型

1. 师：你见过山吗？见过哪里的山？是什么样的？
2. 师：欣赏祖国各地不同的山。

认识山头、山腰、山脚。

比较各地山川造型的不同、布局的不同，并说说感受。

小结：我们的祖国很大，各地的山都有自己不同的山峰和造型，有的高耸入云，有的低矮柔和；有的山头尖尖的，有的山头圆圆的；有的连绵起伏，有的高峰层叠。

二、山形创作，表现各种山川的造型特征

1. 介绍材料，你觉得你可以怎样变成一座山？

2. 思考交流，你想创作一座怎样的山？山头是怎样的？

3. 幼儿第一次操作，将空白纸撕出各种山形。

观察幼儿操作，鼓励幼儿撕出不同的山的形状。

幼儿相互欣赏。

三、名画欣赏，感受长卷作品的恢宏壮观

1. 欣赏《千里江山图》

宋朝的时候，有一位画家叫王希孟，他在18岁的时候，创作了一幅长卷画《千里江山图》，我们一起欣赏一下。

2. 王希孟的画给了你什么样的感觉？

师：他的画中最多的画了什么？有些什么颜色？（介绍中国画中的石青色）

师：观察顺着山形从石青色—绿色—黄色的渐变。

师：你还看到了什么？给了你什么感受？

3. 局部重点欣赏，这里的山给你什么感觉？看看它们是怎么组合的？怎样表现出重重叠叠的感觉？

四、合作创作，表现山川组合的构图变化

1. 身体动作创作

师：如果把你变成一座山，你想变成一座怎样的山？

师：你们怎样表现出层层叠叠的感觉？

2. 绘画表现创作

师：学着画家的方法先帮山形涂上颜色，慢慢从山头的石青色，渐渐渐变到山腰的绿色，然后再渐变到山脚的黄色。

师：四人一组将山形在长卷上摆一摆、贴一贴，思考如何表现出连绵起伏、层层叠叠的感觉。

师：山里还有一些什么景色，添画时需要注意什么？

五、作品欣赏，拓展艺术作品的多样表达

1. 幼儿相互欣赏作品，同伴间讲述作品中的故事。

2. 画家把祖国的山留在了画卷上，舞蹈家们把祖国的山编成了美丽的舞蹈。

3. 舞蹈欣赏，结束活动。

活动方案

大班美术活动：秋天的树林

（启东市实验幼儿园　董　娟）

◎ 活动背景

树木是幼儿生活中常见的植物。随着四季的变化，树木的枝叶重复着从生发到枯萎的轮回，尤其到了秋季，树叶更是呈现出丰富的色彩。这样的变化，无论在颜色还是形态的审美感知，都具有观察和欣赏的价值。

◎ 设计意图

通过感知自然的美而全面丰富幼儿的生命，通过感受、观察、比较，使幼儿在自然中提升感觉、知觉和思维的全面能力，引领幼儿走进自然，培养对美的感受力、想象力和创造力。

◎ 活动目标

1. 学习揉色混合搭配，感受并表现自然界中秋天树林的丰富色彩。
2. 发挥想象，学用身体动作表现树干和树杈的形态，发现自然之美。
3. 感受彩色背景与深色树木、树林反衬的视觉效果，激发对自然界的美的热爱。

◎ 活动准备

秋天的树林视频、图片，固体水粉棒，抹布，喷壶，水粉纸，展示底板

◎ 活动过程

一、谈话：秋天的树

师：幼儿园门口的银杏树有了什么变化？为什么？

师：还有什么树的树叶也有了变化？

二、欣赏：秋天树林的色彩

（欣赏秋天的树林远景小视频）

师：山上的树林怎样了？

师：你看到了什么？有怎样的感受？

小结：秋天来了，树木渐渐变了颜色，枫树叶变红了、银杏树叶变黄了，还有的树叶变成橙黄的、紫红的、褐色的、深绿的……

三、第一次操作：揉色搭配树林的底色

师：你的小树林里，秋天有哪些颜色？

师：在画纸上涂一涂，用水壶喷一喷，在接色的地方抹一抹。

幼儿操作涂色—喷水—揉色

四、欣赏：秋天树林的造型

（欣赏秋天的近景树林图片）

一起走进小树林的里面去看一看

1. 师：这是一片什么树林？这些树长得一样吗？哪里不同？

树干不同（粗、细、高、矮、直、弯、分叉不同……）

树枝不同：树权长在树干的什么地方？（顶上、旁边……）

2. 师：如果请你把自己变成一棵树，你会怎么变呢？（引导幼儿个人用身体表现一棵树的样态）

3. 师：如果要变一片高矮错落的树林，我们怎么变呢？（引导幼儿合作用身体表现）

小结：讨论树的结构，用身体动作表现树的造型，有助于投入审美情感，为画面细节表现奠定基础。

五、第二次操作：表现树木的造型

师：用深色水粉绘画树的造型，表现不同造型、高矮错落的树木。

六、展示欣赏，分享和交流

师：为自己的作品取个好听的名字，说说画面里的故事。

师：说说你最喜欢哪幅作品？为什么？

七、延伸活动

回归日常生活，欣赏其余秋日的自然美景。

活动方案

大班美术活动：太空之旅

（启东市实验幼儿园 董 娟）

◎ 活动背景

神舟十三号载人飞船的成功发射、航天员成功出舱活动、太空课堂的精彩呈现，又一次引发孩子们对神秘太空的关注。梳理世界名画中适合幼儿欣赏和理解的关于太空主题的作品，米罗的《星座》系列作品尤为突出，栩栩如生的线条在自由行走间彰显出强大的创造力和生命力，洋溢着纯真的童趣。

◎ 活动目标

1. 欣赏《星座》作品，感受画面中的景象、线条和色彩带来的视觉效果。
2. 借鉴米罗作品的表现方式，发挥想象，表达对神秘太空的向往与感受。
3. 感受揉擦混色背景与深色主体、对比色反衬的视觉效果，激发对美的热爱。

◎ 活动准备

1. PPT、水粉棒、喷壶、揉擦棉、水粉纸等。
2. 太空旅行谈话、欣赏太空美景。

◎ 活动过程

一、回忆太空美景

师：你能介绍一下太空的美景吗？

师：看到这样的美景，你有什么感受？

二、第一次操作：揉擦混色搭配表现太空背景

幼儿操作涂色—喷水—揉擦混色。

相互欣赏，介绍渐变混色方法。

三、欣赏:《星座》

师:看到了什么?

1. 图案美。(不同的点、组合、构图)

2. 线条美。(不同的线、米字图案等)

体验:大星球、小星球、线的串连。

3. 色彩美。(了解对比色)

四、第二次操作:学用画家的方式表现太空

师:有些怎样的星球?

师:怎么组合?

师:用什么对比色?

师:会发生怎样的故事?

学着画家的方式画出心中的太空。

五、展示和欣赏,分享和交流

六、延伸拓展:欣赏米罗《星座》系列作品,了解创作背景。

活动方案

大班美术活动：快乐"波普"

（启东市实验幼儿园　董　娟）

◎ 活动目标

1. 感受"波普"艺术风格的剪贴、复制等艺术表现特点。
2. 尝试找出物体之间的联系，进行"波普"艺术风格的学习和运用。
3. 大胆想象，快乐创造。

◎ 活动准备

PPT课件（"波普"风格作品欣赏）。

绘画勾线笔、油画棒、画纸、彩色画报、胶水、剪刀等作画材料。

◎ 活动过程

一、欣赏"波普"风格作品

1. 师：老师今天给你们带来了许多大画家们的作品，我们一起来欣赏一下吧！
2. 欣赏"波普"艺术作品图片。

二、感受"波普"艺术风格

1. 师：在这些大画家的作品中，你看到了什么？
2. 师：猜猜画家们是用什么方法创作出这些作品的？（剪贴、复制的特点）剪贴出来的作品和我们平时画出来的作品有什么不一样？

关注剪贴创作；关注图中嘴唇、可乐；关注黑色剪影部分，丰富画面表现效果。

3. 小结：画家们追求新颖和独特的表达方式，把自己喜欢的人或物品放在作品里，有的是把喜欢的东西直接从画报上剪下来粘贴在自己的作品中，有的是把喜欢的东西进行重复和组合或是用添画等方法创作

出与平时不一样的作品。

4. 欣赏一组小朋友的"波普"作品。

三、幼儿操作

1. 师：老师在每张桌上都准备了许多的彩色画报和一些作画用的工具，学着像画家们一样创作出一幅与平时不一样的作品来。

2. 思考：你想表现什么动物，它在做什么，有怎样的动作？想用剪贴的方法来表现还是用画的方法？画报上的哪些内容剪贴下来可以作为装饰或是用来做丰富画面的背景？

3. 幼儿绘画创作。鼓励幼儿进行"波普"艺术风格的学习和运用，大胆想象，使画报上的人物形象与动物形象之间产生某种画面和情节的趣味关系，增强画面效果。

四、展示评价

展示幼儿作品，相互欣赏，请个别幼儿讲述作品故事，肯定和欣赏每一位孩子的探索与表现。

◎ 评课

感受现代艺术　让美炫趣绽放

启东市长江幼儿园　浦新梅

"波普"艺术代表着一种世界性流行文化，起源于50年代的英国，50年代中期鼎盛于美国，多以社会上流的形象或戏剧中的偶然事件作为表现内容。作品中大量运用废弃物、商品招贴、电影广告、各种报刊图片作拼帖组合。

本次活动是个既美炫又有趣的活动，选取的是孩子们生活中所熟悉的多种自然材料：彩色画报、纸，融多元化与趣味化于一体，通过感受、体验、操作等多途径、多通道激发幼儿参与美工活动的热情。

富"美感"

1. 教态美：老师淡定从容，自然、亲切、富有感染力，能与孩子情感交融。

2. 语言美：老师的语言准确清楚，精当简练，有启发性。经过放材料的桌子时，让孩子们"看一下桌上的材料"。进入活动时："喜欢画画吗？""用哪些工具和材料？""印象中大画家的作品是什么样的？""在这幅作品里看到了什么？""猜猜是用什么方法创作出来的？""和我们平时画出来的有什么不同？""哪些是剪贴的？""哪些是画的"……老师的语调高低适宜，快慢适度，富于变化，听着很舒服。

3. 活动美：美工活动的根本价值是审美价值，要把丰富幼儿的情感体验、培养幼儿的审美情趣放在首位，达到"以美感人、以美育人"的目的。老师以自己对美术、对美术教育、对幼儿的真情来感染幼儿，以自己对"波普"艺术作品的深入理解来点拨、激发幼儿的情感共鸣，体验波普艺术的美感，其教育效应主要体现在熏陶、感染、创造等层面上。最后呈现的效果为灰底、黑影、白边、彩色画报等，形成了强烈的视觉冲击，给人以美的享受。

有"活力"

1. 设计思路活

教学思路是教师上课的脉络和主线，是根据教学内容和幼儿水平两个方面的实际情况设计出来的。一是教学思路设计符合教学内容实际，符合幼儿实际；二是教学思路的设计有一定的独创性，给幼儿以新鲜的感受；三是教学思路的层次、脉络清晰；四是老师在课堂上的教学思路实际运作效果好。

2. 教学方法活

遵循"幼儿为主体，教师为主导"的教育理念，充分感受欣赏不同风格的"波普"艺术作品，突破重难点。

一是经验回顾："喜欢画画吗？""用哪些工具和材料？""印象中大画家的作品是什么样的？"留下悬念，引发探究欲望。

二是不同类型作品赏析，关注不同的作画方式。关注剪贴创作：欣赏理查德·汉密尔顿的《到底是什么使今日的家庭如此非凡迷人》，"你看到了什么？""猜猜画家们是用什么方法创作出这些作品的？""剪贴出来的作品和我们平时画出来的作品有什么不一样？"关注图中的嘴唇、可乐：欣赏安迪·沃霍尔的《金汤宝罐头》系列作品，"有一样的什么东西？"画家把一些很相像的东西剪下来贴在同一幅作品中进行重复表现。关注黑色剪影部分，丰富画面表现效果。最后，欣赏一组小朋友的"波普"作品，其更贴近小朋友的欣赏水平和特点。关注人物、嘴唇和背景，关注花朵装饰等细节，让孩子对波普的认识更直观。

三是关注到孩子的不同需要并给予个性化的帮助和建议。如幼儿操作活动时，问一句，"你想要什么？没有的可以自己画"，激发孩子的创造；对不会用剪刀的孩子，亲切地问，"会吗？不会我来帮你，回家要自己练习一下，剩下一点自己试试看"，兼顾到孩子的能力发展；看到某个孩子的作品画面单一，就用协商的口吻说，"能给你的画面上增加一些彩色的东西吗"，给出专业化的建议。

享"创意"

我们看到本次活动是材料有创意、内容有创意、幼儿作品有创意。

"波普"艺术是个成人的艺术活动，老师能够提炼出幼儿可操作、符合幼儿年龄特点和欣赏水平的部分，设计这个美工活动。这个美工活动有一定的独创性，给幼儿以新鲜的感受。

通过这次活动的尝试，我们能发现，孩子们对创意性的美术活动还是非常感兴趣的。在兴趣的激发下，孩子们的制作热情和创造性倍增。他们能在活动中发挥自己的创造性，创造自己喜欢的作品，每一幅作品都那么富有个性。

与其说这是一个成功的美工创意活动，不如说这是一个快乐的美工游戏，留给大家很多启示。我们可以挖掘生活中常见的各种废旧材料，比如瓶盖、树叶等，将其投入美工区域，从平面到立体，让孩子探索、创造，不断深入，相信会有意想不到的收获。

活动方案

大班美术活动：夜晚的房子

（启东市实验幼儿园　董　娟）

◎ 活动目标

1. 通过绘画、剪贴等多种美术形式和材料，表现夜晚房屋的美。
2. 通过观察和想象，对屋顶、墙体、门窗等进行局部装饰。
3. 尝试从另一种角度欣赏房屋，感受和表达生活中的美。

◎ 活动准备

1. 经验准备：欣赏过白天各种造型的房子，对建筑的造型美有一定认识，并尝试设计自己喜欢的房子，房子剪影。
2. 材料准备：PPT课件、黑色卡纸、各色珠光笔、彩纸、剪刀、胶水、夜晚背景图等。

◎ 活动过程

一、回忆分享

回忆前一日欣赏的各地建筑，幼儿相互分享介绍自己设计的房子。

二、欣赏夜晚的房子

1. 展示幼儿设计的房子的剪影

师：天慢慢变黑了，我们设计的房子变成了什么样子？你还能认出自己设计的房子吗？

2. 对比欣赏各地建筑的夜晚照片

师：看看老师带来的房子照片，是什么时候拍的？这些房子在夜晚有了什么变化？

师：你最喜欢哪一幢房子的夜景？为什么？

重点引导幼儿观察房子夜景的灯光。

灯光的位置。（屋子里面的灯：映衬出门和窗户的形状；屋顶上的灯：用灯光勾勒

出屋顶的造型；墙体上的灯：房子更明亮）

灯光的颜色。（暖色、冷色）

3. 感受夜晚的房子带来的感觉

闭上眼睛想象一下：漆黑的夜里，只有你一个人，看到前方有一幢这样亮着灯光的房子，你想要干什么？会有怎样的感受？

三、操作设计夜晚的房子

1. 介绍提供的材料。彩笔绘画、彩纸剪贴装饰……

2. 请小朋友担任房子的夜景设计师，为自己的房子设计出最漂亮的夜景。

思考：我最喜欢的房子，到了夜晚，它的屋顶、墙壁、屋子里亮起了灯会是什么样的？有些什么样的灯光？

3. 幼儿操作并设计装饰夜晚的房子，教师巡回指导，倾听幼儿的想法。

四、展示分享幼儿作品

幼儿与客人、老师分享设计想法，将夜色中的房子展示在背景板上。粘贴时，注意提醒幼儿近大远小、近下远上构图。

五、延伸活动

欣赏建筑灯光秀视频。

活动方案

大班美术活动：小脚丫

（启东市实验幼儿园　董　娟）

◎ 活动目标

1. 学习按小脚丫十个脚趾头的形象特征进行借形想象添画创作。
2. 发展发散思维，体验想象绘画的乐趣。

◎ 活动准备

绘本《小脚丫》PPT、白纸、油性笔、蜡笔、刮画纸、刮画工具等。

◎ 活动过程

一、兴趣导入，引出绘本

教师出示图片1，提出问题，引出小脚丫。

提问：你看到了什么？猜猜它是由什么变来的？

引导幼儿思考猜测。

二、观察了解形象特征

1. 那么它到底是由什么变来的呢？教师出示绘本封面《小脚丫》。
2. 我们一起来看看这本有趣的书《小脚丫》，幼儿随PPT翻页阅读绘本。
3. 刚才你在书里看到了什么？

图1：摆放整齐的柜子，这些柜子是什么变来的？你是从哪里看出来的？幼儿找出与小脚丫相同的排列规律（从矮到高，从高到矮）。

图2：山坡上漂亮的城堡，也是小脚丫变来的。这些城堡一样吗？哪里不同？引导幼儿欣赏城堡的不同特点，从色彩、形状和图案方面观察。

图3：好看又整齐的食物，也是小脚丫变的，不同类的食物也是按规律变化而来的（从矮到高，从高到矮）。

4. 小脚丫还变成了企鹅、台阶、铅笔等各种有趣的东西，但是不管它怎么变，都是按照"从矮到高，从高到矮"的规律。

三、借形想象绘画，鼓励大胆想象

1. 走走走，你的小脚丫会变成什么，又会来到哪里呢？
2. 幼儿思考讨论，分享自己的想象。
3. 鼓励幼儿大胆想象，用添画、刮画等方式，借助小脚丫的"形"进行想象绘画创作。

四、欣赏和评价

1. 展示幼儿作品，与同伴相互欣赏，相互介绍自己把小脚丫变成了什么？
2. 鼓励幼儿尝试像故事一样讲出来，创编进绘本中集体分享。

活动方案

大班美术活动：创意环保时装秀

（启东市实验幼儿园 樊海娟）

◎ 设计意图

环保是当今全球关注的一个问题，而且环保必须从幼儿抓起。我准备各种废旧材料来进行此活动，让幼儿通过对材料的动手操作真正感受到废旧物品再利用的重要性，提高幼儿的环保意识。同时，幼儿还能通过本活动发散性思维，锻炼幼儿的动手操作及创新能力。

◎ 活动目标

1. 根据废旧材料的特点，运用剪、粘、拼接方法设计、制作服装。
2. 学习与同伴合作，体验模特走秀的乐趣。
3. 知道废物利用，培养保护环境、爱护大自然的情感。

◎ 活动准备

1. 各种废旧材料，如：环保袋、包装袋、塑料袋、报纸、挂历纸等，剪刀，固体胶。
2. 请家长与幼儿一起观察生活中人们的服装，积累一定的生活经验。
3. 教师事先用废旧材料制作的服饰样品1件。
4. 时装表演的音乐U盘、录音机。
5. 时装表演的照片。

◎ 活动流程

1. 欣赏时装表演图片，激发幼儿兴趣

师：你们看过时装表演吗？在哪里看过？

师：谁参加过时装表演？什么时候？在哪里？

师：还记得你当时穿了什么服装吗？

（播放照片，幼儿欣赏）

2. 引导幼儿仔细观察回忆时装的样式、装饰方法

（1）师：上次我们设计的时装都是用什么做的？好看吗？好看，但材质太单一了。除了环保袋，还可以利用哪些废旧材料来制作时装呢？（挂历纸、报纸、扑克、光盘等）

像挂历纸、报纸、扑克、光盘等这些废旧材料每家都有，很多时候会被我们撕掉、扔掉，其实只要我们乐意去探索，就可以进行废物再利用。

师：你们看，这是我利用废旧报纸设计的时装。

（2）探索装饰方法

师：我是怎样装饰的？（留给幼儿一定的时间观察想象）

师：设计完服装，我们还可以制作一些小的配饰，把自己打扮得更漂亮。

3. 开拓幼儿思维，探索服装的制作方法

（1）以故事的情节引入主题

师：我们小朋友马上就要幼儿园毕业啦，樊老师想给大家开一个大 party——环保时装秀！谁想参加？今天，我们就来当回服装设计师，为自己设计一套服装。瞧，材料我都为你们准备好了。

（2）教师出示收集的废旧物品，幼儿讨论想象

师：看看都有些什么呢？有环保袋、塑料袋、报纸、光盘、纸盘……

4. 幼儿制作服装，教师适时指导

幼儿自由分组选择制作方法，教师鼓励幼儿大胆设计并动手制作。

师：接下来就请小朋友自己设计服装。先想好服装的款式，然后去找材料。这些原材料里有的是已经加工过的半成品，有的没有加工过，你们可以根据自己的需要选择。虽然都是废旧材料，但也要请大家节约使用哦！

5. 幼儿穿上服装，练习走台步，嘉宾老师表演

师：你们设计的服装真棒！环保时装秀预演马上开始啦！我就是时装秀的导演！你们都要听我指挥！告诉大家一个小秘密，今天樊老师还邀请了几位特约嘉宾，哇哦，你们一定都超喜欢，大家掌声欢迎！

6. 师幼共同进行时装表演

师：哇，好棒！接下来就是环保时装秀正式预演！大家找到自己的搭档，分两组面对面站好！

师：大家听我指挥！灯光！音乐！

活动方案

大班美术活动：打喷嚏

（启东市实验幼儿园　沈　霞）

◎ **教材分析**

当绘本被广泛地运用于幼儿园的教学活动时，我们发现，其实绘本中蕴藏着许多美术元素。这个活动素材就来源于绘本《阿嚏》，故事中蜘蛛被公鸡吃掉、公鸡被狐狸吃掉、狐狸又被狮子吃掉、狮子又被怪兽吃掉，结果怪兽一打喷嚏，动物们全都被喷了出来。不断循环往复的过程，幽默有趣，深得孩子的喜欢。于是，我将绘本和美术结合，使孩子既能理解故事，感受着故事不断循环往复的幽默情节，又能在游戏中学习绘画技能。

◎ **活动目标**

1. 通过听听、看看，理解故事情节，感受作品循环往复的幽默风格。
2. 运用不同的图形表现动物的基本特征，增强有意注意及短时记忆能力。
3. 在游戏中体验绘画的乐趣。

◎ **活动准备**

1. 两种不同颜色的纸（可折叠成正方体）、黑色记号笔。
2. 白色粉笔、黑板擦。

◎ **活动重点**

用不同图形表现蜘蛛、公鸡、狐狸、狮子、怪兽的基本特征。

◎ **活动难点**

通过美术活动，增强幼儿有意注意及短时记忆能力，增强幼儿绘画的能力。

◎ 活动过程

一、听故事，看画面

师：你们打过喷嚏吗？怎么打？今天让我们一起来听一听、看一看一个关于"打喷嚏"的故事。

1. 教师一边讲述故事，一边逐一在黑板上画出故事中先后出现的动物：蜘蛛、公鸡、狐狸和狮子。随着故事情节的展开，通过一个动物被另一个动物吃掉的方式，逐渐擦去一个个动物，让幼儿在听故事、看画画的过程中增强有意注意。

◆ 引导观察蜘蛛：蜘蛛有几条腿？有几个圆形组成？

师：有一只蜘蛛在树枝上荡秋千，它荡来荡去真高兴，这时候，谁来了？（公鸡）

◆ 引导观察公鸡：寻找公鸡组合中的半圆形。

师：仔细看一看，你们在它的身上能找到半圆形吗？这只公鸡说，"我和其他的公鸡还真不一样，我的全身都是由半圆形组成的"。这只公鸡走过来，一下子把蜘蛛吃掉了。大公鸡吃掉了蜘蛛真高兴，站在草堆上"喔喔喔"地唱起了歌，它的歌声引来了一位朋友。（狐狸）

◆ 引导观察狐狸：寻找狐狸组合中的三角形。

师：这只狐狸说，"我有一个尖尖的头，尖尖的身体，还有一个尖尖的尾巴"。这只狐狸走啊走，慢慢靠近公鸡，突然从草丛里窜出来，把公鸡吞到肚子里去了。这时，来了一只更大的动物。（狮子）

◆ 引导观察狮子：寻找狮子组合中的方形。

师：这只狮子说，"我的全身只有一种形状，有的是正方形，有的是小小的长方形"。狮子啊呜一口，把狐狸吃掉了。

怪兽来了，把狮子吃掉了：教师擦去狮子，表示被怪兽吃掉。

2. 教师继续讲故事：这只怪兽吃了狮子后，躺在山坡上睡觉，一条毛毛虫爬过来，钻到他的鼻孔里，突然——"阿嚏"怪兽打了一个大大的喷嚏。怪兽一打喷嚏，谁会从它的鼻孔里喷出来呢？

二、跟着故事画动物

跟着故事画动物：随着故事情节的展开，通过打喷嚏把动物喷出来的方式，让幼儿把动物救出来，以能够画到纸上为逃脱成功。

怪兽打了一个大大的喷嚏，把狮子喷了出来。（幼儿画记忆中的狮子）

师：这个纸和我们平时画的纸有些不一样，一面有双面胶，一面没有双面胶，请你找到没有双面胶的一面，在其中的一个格子上把救出来的大狮子画在上面。

提示：还记得狮子是什么形状的吗？

狮子打了一个大大的喷嚏，把狐狸喷了出来。（幼儿画记忆中的狐狸）

提示：想一想，狐狸是由什么形状组成的。

狐狸打了一个大大的喷嚏，把公鸡喷了出来。（幼儿画记忆中的公鸡）

提示：公鸡身上有许多半圆形，它的半圆形都一样吗？

公鸡打了一个大大的喷嚏，把蜘蛛喷了出来。（幼儿画记忆中的蜘蛛）

提示：蜘蛛有几个圆形组成，它高兴地在树枝上荡秋千。

三、丰富游戏情节

1. 情景延续：大家全都喷了出来，蜘蛛想，这真是一个有趣的现象。蜘蛛看看公鸡，公鸡看看狐狸，狐狸看看狮子，狮子又会想到谁呢？（怪兽）怪兽到底长什么样？这是一个不断循环的事情，我们把怪兽也请出来。

2. 请出怪兽有规则：选择半圆形、三角形、长方形的图形来表现怪兽。

观察：幼儿选择什么图形表现怪兽，是否突破原有的图像表现经验。

3. 制作：将已画好的正方体纸模图形折叠成正方体。

四、幼儿游戏

1. 幼儿两人一组，开展游戏。玩法：以面朝上的动物为比较面，比两个动物的大小。

师：找一个和自己颜色不一样的玩具朋友，两个人面对面，同时数一二三，把骰子扔下，看看谁赢？谁输？

2. 在游戏过程中发现什么问题？发现有一个面是空白的，蜘蛛永远战胜不了别的动物？

师：回教室后，想个办法让蜘蛛赢，或者让怪兽也能输。

附：故事"阿嚏"

蜘蛛正吊在树枝上荡秋千，突然，一只公鸡跳起来。"啊呜"一口吞下了蜘蛛。

公鸡正站在草堆上唱歌，突然，一只狐狸扑过来。"啊呜"一口吞下了公鸡。

一只狐狸正在湖边喝水，突然，一只狮子窜出来。"啊呜"一口吞下了狐狸。

一只狮子正在河边睡觉，突然，一只怪兽冲过来。"啊呜"一口吞下了狮子。

一只怪兽正在山坡上休息，突然，一条毛毛虫爬过来，钻进他的鼻孔，突然——"阿嚏！"怪兽打了一个大大的喷嚏，把蜘蛛、公鸡、狐狸、狮子全都喷了出来。

◎ 教学感悟

让绘画活动展现别样美

一、谈谈教材

1. 绘本故事与美术创作的融合

随着绘本被广泛地运用于幼儿园的教学活动，我们发现，其实绘本中蕴藏着许多美术元素。这个活动就来源于绘本故事《阿嚏》，故事中蜘蛛被公鸡吃掉、公鸡被狐狸吃掉、狐狸又被狮子吃掉、狮子又被怪兽吃掉，结果怪兽一打喷嚏，动物们全都被喷了出来。不断循环往复的过程，幽默有趣，深得孩子的喜欢。于是，我就开始尝试将这个故事与美术作品融合，这样孩子们既能了解故事，感受着故事情节的有趣循环，又能在游戏中学习绘画技能。知之不如乐之，乐之不如好之，作为教师，我们不仅要善于发现幼儿的喜好，而且要及时地抓住时机组织教学，把幼儿对绘本的阅读热情迁移为学习美术的动力。

2. 图形组合与美术创作的结合

大班的孩子对圆形、半圆形、三角形、方形已经能很清楚地辨别了。所以，我将这些数学元素引用到了美术活动中，让孩子们通过图形组合绘画来表现动物形象，有一定的挑战性，但孩子们也乐意在游戏中快乐绘画。兴趣是人的一种内驱力，这种内驱力就是学习的动力，是成功开展教学活动的基础。

二、讲讲目标

根据《幼儿园教育指导纲要（试行）》精神：提供自由表现的机会，并用鼓励表扬等方法来激发他们的情感和想象，我结合大班美术领域的目标以及幼儿的年龄特点等，把本次活动的目标定位于：

1. 通过听听、看看，理解故事情节，感受作品循环往复的幽默风格。
2. 运用不同的图形表现动物的基本特征，增强有意注意及短时记忆的能力。
3. 在游戏中体验绘画的乐趣。

三、说说重难点

根据目标定位，我把活动的教学重点定位在：用图形表现蜘蛛、公鸡、狐狸、狮子的基本特征，把教学难点定位在：通过美术活动，增强幼儿有意注意及短时记忆的能力，增强幼儿绘画的能力。

四、品品特色

1. 教具简单不花哨

时至今日，多媒体作为重要的直观教学手段，越来越普遍地被运用于我们的课堂教学之中，因为多媒体教学对孩子来讲有更强的吸引力。但是，在我今天的课堂中，所用的教具仅是一块黑板、一支粉笔、一块黑板擦，一是为故事情节的发展而设计；二是这样的设计简单却也很有效。俗话说：少了花哨的道具需要有真功夫的体现。于是，我精心对故事做了更多的口语化的改编、动物形象上的设计，让孩子对用粉笔描绘出来的画面，也能产生兴趣。

2. 延伸想象空间大

由于孩子的想象力很丰富，容易在成人对他们的引导下而进行想象。所以，在本次活动中，我通过问题的引导留给孩子许多的想象空间，提高了他们的兴趣、激发了孩子的创作热情。一方面，在学习过程中，孩子们渐渐发现了有趣的现象：公鸡吃掉了蜘蛛、狐狸吃掉了公鸡、狮子吃掉了狐狸，最后狮子却被怪兽吃掉了，那么怪兽长什么样呢？问题一出，孩子们的想象翅膀一下子展开，纷纷投入自主创作绘画中。另一方面，游戏活动再次打开幼儿的想象空间。在游戏的最后环节中，孩子们在玩中发现了问题，有一个空白的面，会是谁呢？我让孩子们课后自己思考，这样又给孩子留下了一个创造想象的空间。

3. 能力发展多元化

每一个教学活动，都应该隐藏着它对孩子在某些能力方面的提高与发展。这个活动也不例外。对于大班的孩子来讲，培养学习习惯尤为重要。所以在活动中，我将一些好习惯贯穿其中。比如，有认真倾听老师的要求、垃圾的整理等等。在绘画的过程中，我还使用了倒计时，从开始的十秒到最后的四秒，这样一个加快速度的过程，让绘画过程有了挑战性。

这个活动与其他绘画活动不同的地方是除了培养孩子绘画的技能技巧，还培养孩子的有意注意和短时记忆的能力。每次绘画示范后，我会赶快用黑板擦把它擦去，一是为了与故事情节相匹配；二是为了让孩子的有意注意和短时记忆能力得到很好的发展，因为在大班孩子学习的非智力因素中，有意注意和短时记忆能力也是一项非常重要的能力。所以，我从这个绘本中选择了这些可以发展大班孩子有意注意和短时记忆能力的图形组合等设计，让孩子的能力多元化地发展。

活动方案

大班美术活动：会变魔术的画

（启东市实验幼儿园　顾珈瑜）

◎ 活动目标

1. 通过观看魔术、探索画框，了解魔术画框的变化原理。
2. 借形想象，尝试用间隔绘画的方法创作会变的画。
3. 能积极参与并大胆创作，体验游戏的快乐和成功的喜悦。

◎ 活动重点、难点

1. 遇到画框遮挡时如何继续进行绘画。
2. 画第二幅画之前如何将第一幅画藏起来。
3. 画到最后一条画框时注意小标记的提醒。

◎ 活动准备

自制画框、记号笔、油画棒、素描纸

◎ 活动过程

一、魔术导入，引起兴趣

1. 出示第一幅画，体验色彩的变化

师：孩子们，今天顾老师要给你们变个魔术，不要眨眼哦，接下来就是见证奇迹的时刻——青苹果变成了红苹果。什么地方变了？（颜色变了）

2. 出示第二幅画，体验形象的变化1

师：瞧，多可爱的小雪花呀，它会变成什么呢？（发散性思维）

师：太阳出来了，雪花不见了。雪花变成了什么？（太阳）

3. 出示第三幅画，体验形象的变化2

师：再来变一个吧，一条美丽的五彩鱼，猜猜它会变成什么呢？（发散性思维）

师：请一个小朋友来帮我吹一口仙气吧，看看五彩鱼到底会变成什么？（喵，猫来了，鱼被吃掉了，变成了鱼骨头。）

二、出示画框，自由探索

1. 师：我的这些图画都会变，是不是很神奇呢，下面就请你们来玩一玩这个魔术画框，试试将画框里的太阳变成月亮吧！（幼儿探索）

2. 师：谁成功了？请你来说说你是怎么变的？

小结：原来只要轻轻地推拉画纸，画框里的图画就会交替变换。

3. 师：那画框里有几张画纸？

4. 师：想一想，两幅不一样的图画是怎样画在一张纸上的？

三、教师演示，解决重难点

师：小朋友想了很多好办法，其实秘密就藏在画框的黑白格里。

- 步骤1：先准备一个画框，里面放一张白色的画纸。
- 步骤2：思考后确定绘画内容。

师：想一想，我要画什么？我想把什么变成什么？（可以是颜色的变化，也可以是一种动物变成另一种动物，或者动物变成植物，人变动物）

- 步骤3：开始作画，画框可以横着，也可以竖着。

师：啊，想好了，我要画一条毛毛虫：圆圆的脑袋，圆圆的身体，碰到黑色小画框怎么办？

- 步骤4：遇到画框遮挡时跳过去接着画，小星星起到提示作用。

师：对了，跳过去接着画，又碰到了，跳过去接着画，好长的毛毛虫呀，这是最后一条画框了，还要跳过去吗？（是呀，不能再跳过去了，小星星会提醒你）

师：我们可以用简单的线条帮毛毛虫装饰一下，毛毛虫会变成什么呢？（一只美丽的蝴蝶）

- 步骤5：画第二幅画之前，抽拉画纸将第一幅画藏起来

师：画蝴蝶之前，先要把毛毛虫藏起来，怎么藏？（轻轻地抽拉画纸，直到把毛毛虫完全挡住）

师：现在我要画蝴蝶了，椭圆形的身体，一对弯弯的触角，一对大大的美丽的翅膀，啊，蝴蝶画好了，用简单的图案和线条帮蝴蝶装饰一下，一幅会变的画就制作完成了，让我们来试一试吧，毛毛虫变蝴蝶，成功了，是不是很神奇呢？

四、幼儿创作，体验乐趣

1. 师：孩子们，如果你是小魔术师，你想把什么变成什么呢？

2. 师：让我们一起来动手制作吧！

（1）幼儿创作，教师巡回指导。

（2）幼儿展现自己的作品，分享成功的快乐。

师：你变的是什么？

五、活动延伸

师：小朋友的魔术真精彩，老师这里还有一幅画，看看它有什么不同？（蝴蝶飞起来了）

小结：这个神奇的小画框不仅可以画一幅会变的画，还可以画一幅会动的画呢，让我们回教室试一试吧！

活动方案

大班陶艺活动：变脸

（启东市实验幼儿园　姚　舜）

◎ 活动目标

1. 探索使用泥拍子，尝试运用夸张和变形的手法，用紫砂泥创造性地表现出脸部五官的有趣造型。
2. 在活动中，乐意表达，想象创造，欣赏泥塑作品的美，体验泥塑创作的乐趣。

◎ 活动重点

探索使用泥拍子，会用正确的方式拍泥。

◎ 活动难点

观察人的脸型和五官结构，运用贴压、衔接和搓条的技能，塑造各种有趣的脸。

◎ 活动准备

1. 操作材料：紫砂泥、工具篮、泥拍子。
2. 课件。

◎ 活动过程

一、材料引入，引发创作欲望

1. 导入活动，迁移已有技能

师：老师给大家带来了好玩的东西，看看是什么？怎么玩呢？可以把紫砂泥变成什么？

2. 出示工具，尝试制作泥片

师：老师也用紫砂泥变出了一样好东西，这是什么？是什么样的？（扁扁的，很平整）猜猜我是怎么变的？（泥拍子）

3. 激起兴趣，引发创作欲望

（1）师：猜猜看这块泥片能变什么呢？

（2）师：我们今天就来玩一个变脸的游戏。

二、观察互动，激发创作灵感

1. 师：这是小朋友用画笔变成的脸，和我们平时画的脸有什么不同？你最喜欢哪一幅？为什么？

2. 师：还可以怎么变？

小结：把我们脸上的五官变一变，就会把我们的脸变得很有趣。

三、幼儿操作，提供创作平台

师：再来看看我们的泥片，平整的泥片就像我们的脸，如果我们用泥片来玩这个变脸游戏，你想怎么变？用什么方法？

师：老师在桌上还为你们准备了一些紫砂泥和工具，请你们用这些紫砂泥和工具变一变，变出一张有趣、好玩、不一样的脸。

师：（观察大部分幼儿完成变脸后）有趣的表情都变出来了，可是我们的头顶上还缺了什么？最后，再请你设计一个特别的发型，让它变得更有趣。

四、观赏交流，提升鉴赏能力

1. 师：看看别人变的脸和你的有什么不一样？和朋友介绍一下自己最特别的地方。

2. 师总结：今天我们变出了这么多有趣、夸张、好玩的脸，真是了不起！那我们一起和这些作品合一个影，然后把你们的作品带回去，请你们班上的好朋友、老师也一起看一看好不好？

活动方案

大班美术活动：玩墨

（启东市实验幼儿园　陈黎明）

◎ 活动目标

1. 感受国画的韵味和水墨的特性，让孩子发现水墨的奇妙与美。
2. 增加他们的审美体验，尝试用多种工具玩水墨，感受不同方式下水墨的美。
3. 敢于作画，敢于表现，培养创造力和团队合作能力。

◎ 活动重点

培养孩子对墨的感受，尝试利用多种工具玩水墨，感受不同方式下水墨的美。

◎ 活动难点

利用不同的工具合理玩水墨，并且达到各种想要的效果。

◎ 活动准备

墨、颜料、宣纸、大小的毛笔、滴管、一次性杯子、脸盆、PPT。

◎ 活动过程

一、认识水墨

1. 师：陈老师最近看到一张好看的图片，今天打算给你们也看看。（出示图片）你们觉得它像什么呢？它是什么颜色？你们说的这些其实是墨水变的。

2. 师：除了黑色，墨水还有其他颜色，我们看一看。（出示PPT第2张图片）红色和蓝色是不是也很漂亮？这么好看的图形，水墨是怎么变出来的？我们来看一看！

3. （看PPT）师：原来刚才看到的是墨水在水杯里变出来的。

二、初次玩墨

1. 师：陈老师先来玩一玩。（拿出滴管）这是什么？（老师讲台示范在透明的玻璃缸里慢慢地滴一滴墨汁进去，毛笔竖着）看看是不是和照片里的一样呢？

2. 师：陈老师给你们准备好了墨水，每个人挑一种颜色一起玩一玩，自己找个位置站好了。

老师发给学生每人一个装满水的透明一次性杯子，在调色盘里倒入墨汁，发给学生滴管让学生去尝试，注意让学生速度不要太快，否则清水很快就会变成均匀的黑色。（学生尝试1次）

三、手指玩墨

师：刚才我们用墨水在水里玩了玩，这次我们在纸上玩一玩。（出示图纸）看，上面是什么？好像缺了点什么？陈老师用墨水把它变出来。我怎么变出来的？有谁想来试试？我要增加难度，把你们的眼睛蒙上去。

四、玩墨创新

1. 认识各种材料

师：刚才我们用大拇指在纸上玩了玩，开心吗？还想不想继续玩？我还准备了其他工具，我们看一看。好！现在我们就用这些工具，用墨水在纸上玩一玩！

2. 幼儿进行分组创作，教师视情况进行指导。

五、结束

1. 欣赏部分幼儿的作品。

2. 教师：我们现在带着画回教室给其他小朋友欣赏。

活动方案

大班美术活动：舞动的线条

（启东市实验幼儿园　王美菊）

◎ 活动目标

1. 欣赏各种不同的线条，初步感知线条的情感渲染力与节奏感。
2. 尝试用线条表现对音乐的感受，提高幼儿的审美能力。
3. 能积极投入艺术活动，在活动过程中激起自由想象的热情。

◎ 活动准备

1. 电子白板、PPT课件、音乐。
2. 记号笔、白纸、炫彩刮画纸人手一份。

◎ 活动过程

一、玩游戏"线条跳舞"，导入课题

1. 师：小朋友们用笔画过线条吗？线条在图画纸上会跳舞呢，它最会跳的是直线舞。（教师边说"线条会跳直线舞"，边示范画直线）

2. 师：猜猜线条还会跳什么舞呢？（幼儿自由回答各种线条，教师边画边引导幼儿说出：线条会跳圆圈舞、线条会跳旋转舞、线条会跳折线舞……）

3. 师：小朋友跳舞需要音乐，线条跳舞也需要音乐，它们会需要什么样的音乐呢？（幼儿自由猜测线条所表示的音乐）

二、欣赏音乐，让线条随着音乐跳舞

（一）欣赏第一段音乐

1. 师：王老师这里有一段音乐，请你们来听一听，这段音乐感觉怎么样？线条好像在跳什么舞？（播放音乐第一遍）

2. 教师根据幼儿回答，引导幼儿用肢体动作表现线条跳舞。（播放音乐第二遍）

3. 师：嗯，真正的线条急着要上场了呢，请小朋友拿起纸和笔，准备让线条跟着

音乐跳舞吧！（幼儿随着音乐画线条，播放音乐第三遍）

（二）欣赏音乐第二段

1. 师：现在我们再来听一段音乐，听听这段音乐跟刚才的音乐有什么不一样？线条好像在跳什么舞呢？（播放音乐第一遍）

2. 师：请你也用身体动作表演一下吧！（播放音乐第二遍）

3. 师：好的，真正的线条再次登场了。（幼儿随着音乐画线条，播放音乐第三遍）

三、欣赏康定斯基名画作品

1. 师：今天，王老师还给你们带来了一幅大画家的线条画，小朋友看看这幅画上线条都在跳什么舞呢？（出示名画作品）

2. 师：大画家在画这幅画时，心里也想着音乐呢！我们一起来听一听，小朋友可以一边听一边用手指跟着大画家一起画一画。（引导幼儿边听音乐边比画）

四、创作线条组合画

1. 师：小朋友有没有看出来，大画家到底画的是什么东西呀？（没有）哦？原来这是一幅抽象画，你们想不想画一幅抽象画？

2. 师：好，我们就把刚才听的两段音乐完整地听一遍。你可以把眼睛闭起来，想一想，音乐和你的画里有什么样的线条。（播放完整音乐第一遍）

3. 师：王老师给你们准备了一种特别的笔和纸，现在就请小朋友听着音乐，让你的线条跳舞吧。（完整播放音乐1—2遍）

4. 展示幼儿作品

附PPT图片：

活动方案

大班美术：有趣的手印画

（启东市实验幼儿园 姚 舜）

◎ 活动目标

1. 学习在手印图案上添加简单的线条，使之成为有趣的形象。
2. 发挥幼儿想象力、创造力，体验创作的快乐。

◎ 活动准备

1. 白纸、记号笔、印泥、抹布。
2. 教师自制手印画范例。
3. 手印画 PPT 课件。
4. 学会手指游戏。

◎ 活动过程

一、游戏导入，引起幼儿兴趣

1. 师：还记得我们刚刚的手指游戏吗？我们一起来玩一玩！

咕噜咕噜一，毛毛虫；咕噜咕噜二，小蜗牛；咕噜咕噜三，小孔雀；

咕噜咕噜四，扇扇子；咕噜咕噜五，敲大鼓。

2. 师：真棒！我们的小手不仅仅能玩游戏，还可以印画。你们想用你们的小手印出什么样的图案呢？

二、了解手印的印制方法，幼儿动手印手印

师：我们去试一试？我们可以用整个手掌，也可以用我们手上的某一个部位去印一印。印的时候，请你们用手印"亲亲"印泥，再用我们的手印宝宝稳稳地"亲亲"白纸，不要摇晃也不要挪动。印完一种颜色要洗洗小手，擦干后再用另外一种颜色。

幼儿自主印手印，教师适当指导。（稳、稀疏、方向）

三、启发幼儿想象，将手印变成各种各样的东西。教师根据幼儿想象出的东西，当场在手印上进行创作

1. 师：刚刚我们印制了很多手印宝宝，开心吗？可是，老师觉得这些手印宝宝都是一个样子，不好玩。姚老师要变一个魔术，把它们变成各种各样好玩的东西，小眼睛看好了！

教师在其中一个手印上进行创作，可配上儿歌，如："小手印，变变变，变成毛毛虫，爬爬爬""小手印，变变变，变成大树站站好"等。

2. 师：你们看看，这棵大树老师是用手的哪个部位印的？

3. 幼儿自由创作，教师巡回指导。

师：我们小朋友也来做一次小魔法师，把你们的小手印也变一变，好不好？

师：好！我们一起去把我们刚刚印出来的手印宝宝变一变，看谁最厉害，能够变出与别人不一样的东西。

4. 展示作品，将作品以故事的形式讲述。

四、活动延伸

通过展示教师的范画，引导幼儿运用自己变出来的东西组成一幅完整的图画，并以讲故事的形式展示给大家。

活动方案

大班综合活动：会跳舞的影子

（启东市实验幼儿园　钱　磊）

◎ 活动目标

1. 利用已有材料进行探究活动，大胆讲述自己的方法和新发现，知道蜻蜓跳舞的原因，欣赏光影中蜻蜓跳舞的美。
2. 能通过动手操作发现光源位置变化时影子也随之变化的现象，获得有关光和影子的感性经验。
3. 愿意尝试在探究中寻找答案，发现科学之美，体验科学发现的乐趣。

◎ 活动准备

1. 卡纸剪成蜻蜓、风车、打鼓的小熊、猫、老鼠等各种形象。
2. 手电筒、胶棒、A4白纸、信封。
3. 影子表演音乐剪辑。

◎ 活动重点

利用已有材料进行探究活动，大胆讲述自己的方法和新发现，知道蜻蜓跳舞的原因。

◎ 活动难点

能通过动手操作发现光源位置变化时影子也随之变化的现象，获得有关光和影子的感性经验。

◎ 活动过程

一、聊一聊

师：今天钱老师带来了一只纸蜻蜓，想请聪明的小朋友帮个忙，让蜻蜓在这张立起来的白纸上跳舞，你觉得行不行？说说理由。

二、试一试

师：那我们一起来试一试，我给大家准备了两样工具（固体胶、手电筒），这两样工具还有纸、蜻蜓，我给你们每人准备了一份，等会儿到桌子上去玩一玩，看看这只蜻蜓会不会跳起舞来。

◆ 第一次尝试

1. 关灯，幼儿操作。

2. 交流讨论，鼓励幼儿把自己的探索结果告诉大家，并演示过程。

① 讨论：你是怎么让蜻蜓跳舞的？它的哪个部位在跳舞？为什么有的蜻蜓会跳舞，有的不会跳舞呢？

发现：想让"蜻蜓"跳舞，翅膀不能粘住，只要把它的身体粘在纸上就可以。

② 比较哪只蜻蜓飞得更明显。

猜测：他们的蜻蜓翅膀都没有粘住，哪个会跳得更明显呢？为什么？

发现：想让蜻蜓飞得更明显，翅膀要全部翘起来，翘得越高，它飞得越明显。

◆ 第二次尝试

师：现在我们再去玩一玩，想办法让你的蜻蜓飞得很明显，还可以试试，除了翅膀还有哪些部位也能跳舞？（引导幼儿自我观察、相互观察）

发现：刚才到底是谁在跳舞？蜻蜓的什么部位在跳舞？（蜻蜓的影子）

三、玩一玩

1. 师：看看这是什么？（风车、小熊）它们也想请小朋友帮忙。风车说"让我骨碌碌转起来"，小熊说"让我咚咚打鼓"。你们愿意帮忙吗？说说看有什么好的办法？

2. 幼儿自主探索把风车、小熊的哪个部分翘起来才会动？手电筒是怎么照的？

3. 交流与讨论

① 师：刚才你的风车有没有转起来？谁来展示一下？你是怎么让风车转起来的？手电筒又是怎么照的？

② 师：快把小熊请出来。你的小熊有没有打到鼓？手电筒怎么照的？

4. 随乐表演

师：有了你们的帮忙，蜻蜓、风车、小熊都实现了各自的愿望，它们可高兴了，说要为大家表演呢！我们一起听着音乐用手电筒让它们动起来，好吗？

四、想一想

师：你们这么聪明，整个森林都传遍了，看看谁来了？（猫和老鼠）小老鼠说："我总是受猫的欺负，想请小朋友用手电筒帮帮忙，把我变得大一点，不再受猫的欺负，好不好？"这个任务我们到教室里再去玩。

活动方案

大班打击乐：小鼓响咚咚

（启东经济开发区幼儿园　王美菊）

◎ 活动目标

1. 欣赏绘本《走开，大黑兔》，根据故事形象和情绪，尝试用小鼓投入地进行演奏。

2. 初步感受二拍子的各种节奏型：×—|，××|，× × × ×|，× × × × × × × ×|， 并积极探索通过鼓棒不同的敲击方式与音乐进行合理的匹配，培养音乐节奏感，提高音乐审美力。

3. 乐于与同伴进行集体演奏活动，享受成功的快乐。

◎ 活动准备

1. 活动PPT、音乐。

2. 幼儿人手一个小鼓。

◎ 活动过程

一、出示小鼓，引导幼儿探索鼓棒不同的敲击方式

1. 幼儿自由玩小鼓。

2. 分享鼓棒不同的敲击方式，并引导幼儿发现敲鼓面和鼓边时发出大小不同的声音。

二、欣赏绘本《走开，大黑兔》，根据故事形象和情绪，引导幼儿分段进行打击乐活动

1. 听第一段音乐，用双手同时敲鼓面来演奏小白兔蹦蹦跳跳出门。（感受二拍子节奏××|）

2. 听第二段音乐，用双手轮换快速敲鼓面来演奏小白兔快速奔跑。（感受二拍子节奏× × × × × × × ×|）

3. 听第三段音乐，用双手同时敲鼓面和鼓边来演奏小白兔游泳。（感受二拍子节奏××|）

4. 听第四段音乐，用双手轮换敲鼓面来演奏大灰狼走路。（感受二拍子节奏×—|）

5. 听第五段音乐，引导幼儿创造性地用多种方法演奏小白兔和大黑兔手拉手跳舞。（感受二拍子节奏× × × ×|）

三、出示完整图谱，引导幼儿进行打击乐活动

1. 引导幼儿观察图谱，及时解答幼儿对于图谱的疑问。

2. 幼儿看完整图谱，听完整音乐，进行打击乐活动一遍。

3. 幼儿退出看图谱，听完整音乐，进行打击乐活动一遍。

活动方案

大班音乐欣赏：牧童短笛

（启东经济开发区幼儿园　王美菊）

◎ 活动目标

1. 感知乐曲，能分辨乐曲中快慢不同的两种速度，以及优美宁静和欢快热烈的两种不同意境。
2. 在欣赏音乐的过程中，借助语言和肢体动作创造性地表达自己对音乐的理解，激发对民族音乐作品的喜爱之情。
3. 乐于参与音乐活动，提高对音乐的感受力、表现力和审美能力。

◎ 活动准备

1. 经验准备：幼儿对小牧童的田园生活有初步了解。
2. 多媒体课件、人手一根短笛、用于表演的头饰等。

◎ 活动过程

一、出示《牧童短笛》封面图片，导入

师：今天，王老师给你们带来了一张图片，看看图片上有谁？这个小牧童在干什么？

二、欣赏乐曲《牧童短笛》第一段

师：小牧童在吹笛子，他吹了一段好听的音乐，我们一起来听一听，待会儿请你告诉大家，这段音乐听上去感觉怎么样？

1. 欣赏音乐第一遍，启发幼儿说说感觉怎么样？
2. 请幼儿当小牧童，欣赏音乐第二遍，启发幼儿说说小牧童看到了什么美丽的风景？
3. 幼儿边看课件边听，欣赏音乐第三遍，通过画面与音乐的结合，感知音乐。
4. 幼儿创编各种合适的动作，表现对音乐的感受。

三、欣赏乐曲《牧童短笛》第二段

1. 欣赏音乐第一遍,启发幼儿说说和第一段音乐有什么不一样?小牧童和水牛在干什么?

2. 幼儿带上各种头饰,创编合适的动作,表现对音乐的感受。

3. 教师带幼儿集体玩"斗牛"游戏,表现对音乐的感受。

4. 幼儿边看课件边听,欣赏音乐第四遍,通过画面与音乐的结合,感知音乐。

四、完整欣赏乐曲《牧童短笛》

1. 教师简单介绍音乐名称和音乐家名字。

2. 感受第三段音乐,引导幼儿发现全曲的 A-B-A 结构。

3. 完整欣赏音乐《牧童短笛》。

活动方案

中班美术活动：有趣的脸

（启东市实验幼儿园 董 娟）

◎ 活动目标

1. 尝试用夸张、变形的手法，粘贴表现脸部的五官及表情。
2. 玩变脸游戏，充分发展想象力和表现力。
3. 感受脸型、五官变化带来的乐趣。

◎ 活动准备

1. 变脸课件、电脑。
2. 可粘贴的变形五官、勾线笔、油画棒，每人一份，分放在桌上的篮子中。
3. 彩色板做成画框，框内粘贴好各种脸型，展示底版一幅。

◎ 活动过程

一、猜表情

1. 魔术师要给小朋友变很多有趣的魔术，第一个魔术就是猜表情。
2. 幼儿看照片，猜表情，说说是从哪里看出来的？并学一学。

小结：只要把眼睛、鼻子、嘴巴的形状变一变，就会变出不同的表情。

二、操作游戏：贴五官

1. 魔术师带来了第二个有趣的魔术，听听他说了什么？
2. 幼儿选择脸型、头发、眼睛、鼻子、嘴巴，操作游戏。（提醒幼儿搭配合适的五官）
3. 幼儿操作，通过五官的选择与不同方位的粘贴，尝试、探索变化出不同的表情。
4. 幼儿互赏作品，交流哪张脸最有趣？什么地方最有趣？

三、绘画创作：变五官

1. 继续欣赏作品，魔术师把娃娃脸的哪里变得最特别？

2. 引导幼儿想象创作，你图画上的眼睛、鼻子、嘴巴可以变成什么呢？幼儿大胆想象，请个别幼儿说一说自己的设想。

3. 继续欣赏作品，感受五官变形的作品带来的视觉冲击。

4. 幼儿继续操作、探索，通过借形想象，添画出各种有趣的物体。教师鼓励幼儿大胆创作，并提醒幼儿涂色。

四、作品展示

1. 请完成作品的幼儿向客人、老师介绍作品，并将作品粘贴到大展示板上。

2. 集体欣赏作品，个别幼儿评价自己或同伴的作品。

◎ 活动延伸

以后，可以继续开展变脸的美术活动，如欣赏川剧：变脸，或在此基础上增加脸型和发型的创造变化等。

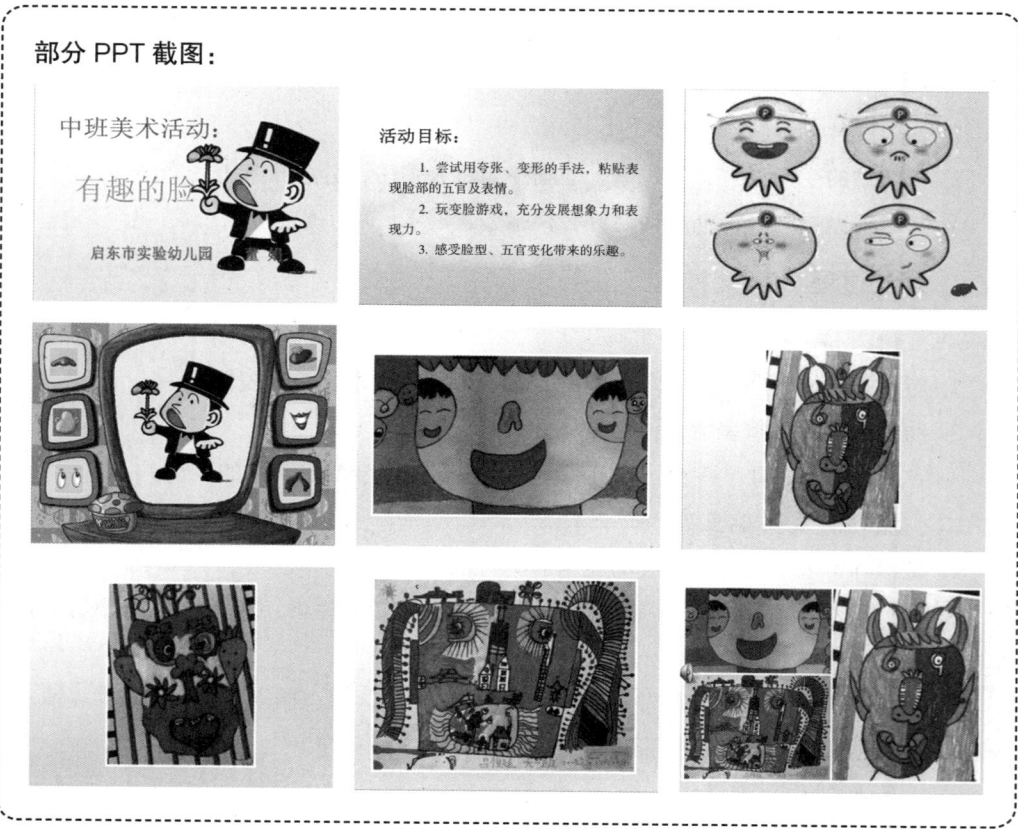

部分 PPT 截图：

活动方案

中班美术活动：百变大怪物

（启东市实验幼儿园　董　娟）

◎ 活动目标

1. 借助绘本形象，进行借形想象创作。
2. 丰富创作材料和方法，感受并体验艺术创作表现方式的多样性。

◎ 活动准备

1. 经验准备：阅读过绘本《挠挠大怪物》。
2. 环境准备：美术区域材料架、幼儿操作台、展示架。
3. 材料准备：底板纸、操作底板若干，由幼儿自主收集准备的美术材料盒。

◎ 活动过程

一、回忆故事导入

（出示大怪物）它是谁？谁记得故事里发生了什么事？

二、运用已有经验和方式借形想象创作

1. 你想挠挠大怪物的哪里？正着放、倒着放、竖着放，看看像什么？
2. 可以怎么变？给它添上什么？

请个别小朋友到前面来示范操作借形想象创作。

3. 你想挠挠大怪物的什么部位？横着看、竖着看、倒着看，像什么？跟旁边的小朋友说一说。
4. 能去变一变吗？可以变什么？怎么变？
5. 幼儿第一次借形想象创作（时间约5分钟），重点指导幼儿联想创作。

三、第一次分享作品，了解创作方式的多样性

1. 请个别幼儿介绍自己的作品。
2. 鉴赏并比较不同的创作方式。

（1）比较幼儿作品中不同的变形作品及表现方式。

（2）展示教师提供的作品，了解不同的创作方式。

小结：可以用油画棒或者颜料添画，可以剪贴、撕贴、折纸粘贴，可以用黏土造型，还可以使用美术区域的其他材料来进行变形装饰。

四、第二次使用多种材料和方式想象创作

1. 用其他好玩的方法再来变一变大怪物，你还想变变大怪物的哪些部位？变成什么？用什么材料？怎么变？

2. 幼儿自由使用多种材料和方式想象创作。（时间10～15分钟）

3. 教师巡回指导，重点指导幼儿在借形想象的基础上，使用多种材料和方式组合创作表现。

五、第二次分享作品，结束活动

1. 幼儿将作品展示给老师和同伴看，并主动介绍自己的作品。

2. 将作品在班级环境中展示。

活动方案

中班艺术活动：木棒造型

（启东市实验幼儿园　董　娟）

◎ 活动目标

1. 尝试用固定数量的木棒造型，能创造性地进行平面、立体的造型。
2. 感受空间造型的美，体验空间造型的乐趣。

◎ 活动准备

1. PPT 课件（含音乐背景）。
2. 每两人一筐长条形积木（16 块）、辅助装饰材料。

◎ 活动过程

一、创设情境，激发造型兴趣

1. 播放 PPT，创设情景

师：小白兔和小黑兔是一对好朋友，它们俩一起来到一片大森林里，远远地看见前面有一些东西，走过去一看……

2. 激发幼儿兴趣

师：有 8 根细细长长的小木棒。小木棒可以做什么呢？（幼儿猜测）

3. 继续播放，引导幼儿欣赏木棒平面造型

师：小黑兔用小木棒变出了什么？（一朵漂亮的花！）

师：用了几根小木棒变的花？是怎么变的？（以一根小木棒为起点，向四周发散变花朵，下面有花茎和花叶。）

师：小白兔变出了什么？是怎么变的？

师：同样用 8 根小木棒却能变出不一样的造型。你能用 8 根小木棒，变出和小白兔、小黑兔不一样的东西来吗？

二、第一次平面造型，初次尝试和探索

1. 幼儿平面造型

每个幼儿手持8根小木棒，自主探索，变出各种图案。教师巡视，鼓励幼儿变出与别人不一样的造型，并随时拍照记录。

2. 平面作品展示

（1）共同欣赏几个有代表性的作品，请幼儿介绍作品。

师：这是谁的作品？变了什么？是怎么变的？（2～3位幼儿介绍）

（2）欣赏立体造型作品，并与之前的作品进行观察比较。

对比同一物体，不同造型（平面、立体）

师：同样变的是×××，有什么不同？你是怎样变的？（这件是站着的，其他是躺着的。）

师：小木棒不仅可以躺着变，还可以让它站起来变。

3. 播放PPT，总结和提升造型技能

播放PPT，欣赏不同空间造型技能。

（1）小木棒可以平躺着变，一个接着一个可以变成……小木棒从中间向四周发射出去……小木棒头尾相接围成圈……还可以横着竖着斜着变出各种图形。

（2）我们也可以让小木棒站起来变，变化出更多的造型，可以是一层一层往上叠，变得高高的……可以中间间隔着叠起来……两根木棒竖起来，上面平铺一根，留出一个大门洞……小木棒可以从洞中穿过去……几个架空的大门洞可以连接起来，可以转向，还能够交叉……

三、第二次立体造型，感知形体与空间的关系

1. 鼓励和启发

师：你能用新的方法变出与众不同的造型吗？

要求：立体造型要变得又美又稳，别让它倒下来。

2. 幼儿立体造型

每个幼儿手持8根小木棒，自主创作各种立体造型。教师巡视，鼓励幼儿变出与别人不一样的造型，并随时拍照记录。

3. 感知和提炼

展示部分幼儿的立体作品，请幼儿介绍。

师：你变的是什么？是怎么变的？用到了什么新方法？（2～3位幼儿介绍）

师：把小木棒站起来可以向上变，可以垒高、架空、穿越、塔式、盖顶、联接、转

向……可以变出更多有趣的造型。（边说边指出有相应技能的幼儿作品）

四、两两合作创作立体造型

1. 鼓励合作

师：有什么办法能让我们的作品变得更高更美呢？（请幼儿想办法）

师：和你旁边的小朋友合作，把两人的小木棒合在一起。两个人可以先商量一下要变什么造型，用些什么好方法，再一起动手合作变出更高、更稳、更美的作品来。

2. 幼儿合作并创意制作

两个幼儿一组，共用16根小木棒，进行大胆的设计，合作用多种方法完成立体造型。

师：老师还准备了一些小物品，如果有需要可以装饰在你的作品旁边，让它变得更美。

五、作品展播，活动结束

幼儿一起围在桌旁相互欣赏和介绍，邀请客人老师欣赏并介绍。

1. 师：今天的小木棒太神奇了，变出了各种各样的造型。如果我们有更多的小木棒来变一变，还能变出更多、更美的作品呢！

2. 欣赏大型木棒建筑（2~3幅）

师：我们可以把今天的好方法介绍给你的朋友，和更多的朋友一起变一变，变出更多、更美的作品来！

活动方案

中班创意美术：美丽的星球

（启东市实验幼儿园　王美菊）

◎ 活动目标

1. 在看看、说说、玩玩中欣赏不同星球和轨道大小、色彩、花纹的美，感受模仿星球转动的乐趣。

2. 尝试运用混色、团圆等技能制作星球并大胆画出各种光环，体验创美的快乐与成功。

◎ 活动准备

宇宙底板、彩泥、颜料、毛笔等。

◎ 活动过程

一、导入活动

观看视频，引导幼儿欣赏不同星球和轨道大小、色彩、花纹的美。

师：小朋友，今天王老师带来了一段小视频，我们一起来看看，看完了说说你看到了什么？这些星球美吗？你觉得美在哪里呢？

小结：在浩瀚无际的宇宙中有千千万万颗星球，这些美丽的星球，有的很大，有的很小。每颗星球都有独一无二的颜色和花纹，围在星球周围的轨道也是五颜六色的，星球绕着轨道转动的时候就像在跳圆圈舞。

二、模仿星球跳圆圈舞

师：小朋友，你们想玩星球跳圆圈舞的游戏吗？

1. 模仿星球自转跳圆圈舞。

2. 两两合作，模仿星球跳圆圈舞。

三、学习制作各种各样的星球

师：你们想不想用黏土来做美丽的星球呀？你想做一个什么颜色的星球呢？那星球

上的花纹怎么做出来呢?

1. 引导幼儿自由说一说。

2. 观看制作小视频和步骤图，了解制作星球的方法。

3. 提出要求，幼儿制作星球。

（提示：一个人可以多做几颗星球，如果你想做大大的星球要多用一些黏土，如果你想做小的星球就少用一些黏土。）

4. 互相欣赏，评价交流

四、创作宇宙星球作品

师：接下来，我们就要把星球送到宇宙中去啦！

1. 教师引导幼儿看步骤图：胶水涂一涂，星球粘一粘，颜料蘸一蘸，轨道画一画。

2. 幼儿操作，教师巡回指导，鼓励幼儿大胆创作。

3. 展示作品。

活动方案

中班美术活动：五颜六色运动会

（启东市实验幼儿园 姚 舜）

◎ 活动目标

1. 学习淌、拉的方法，进行流体画创作。
2. 感受创作流体画的乐趣，体验成功的喜悦。

◎ 活动准备

材料准备：画板、白色物品（纸筒、纸巾、吸管、纸杯等）、纯色流体颜料（红、橘红、黄、绿、群青、紫、黑、白）。

◎ 活动过程

一、谈话导入，引发创作欲望

1. 前几天刚刚参加了运动会，喜欢吗？最喜欢哪一项运动？
2. 如果请你来设计一个运动会项目，你会设计哪些项目呢？
3. 这个项目需要哪些器材？
4. 老师这边有一些材料，能不能用撕一撕、揉一揉、剪一剪的办法制作出你们需要的运动器材呢？（出示运动板）

第一次操作：在运动板上设计器材。提示：每项运动之间要空开一点，留一点跑的位置。幼儿介绍自己设计的项目。

二、介绍颜料，激发创作灵感

1. 运动项目已经设计好了，就等运动员们入场了，看看今天的运动员是谁？
2. 这是一种特别的颜料，叫流体颜料。这种颜料和我们平时用的颜料相比，有一点不一样。它的流动性更强，附着力也更强。如果沾到我们的衣服、小手上，很难洗干净。所以呢，我为大家准备了小手套。大家待会儿带着颜料做运动的时候一定要小心，尽量不要弄到手上。

3. 颜料宝宝已经整齐地站好，就等着去参加运动会了。可是这么多的项目他不知道该怎么玩，谁来介绍一下运动路线呢？

引导幼儿说：直着走（直线）、跳一下（点点）、翻过去（圈）等。

三、幼儿操作，提供创作平台

1. 第二次操作：用颜料模仿运动时的轨迹，如转圈圈（画圈）、直着走（横线）、竖着走（竖线）、斜着走（斜线）、上坡下坡地走（波浪线）、蹦蹦跳跳（甩点点）。

2. 师：想不想看流体颜料来一次大奔跑？（把画板立起来）

3. 师：这么热闹的场面，大家一起来看看。（上展示板）

四、观赏交流，提升互动能力

1. 师：谁愿意来介绍一下颜料宝宝今天玩了什么运动呢？

2. 师：今天已经玩得很开心了，下次我们还可以设计哪些项目呢？

活动方案

小班美术活动：泡泡的舞会

（启东市实验幼儿园　董　娟）

◎ 活动目标

1. 通过探索和尝试，乐意用多种美术工具表现泡泡圆圆的形态。
2. 通过欣赏名画，以游戏的方式感受和表现圆形组合的色彩美、布局美。
3. 通过体验和创造，表达自身感受，享受合作创作和游戏的快乐。

◎ 活动重点和难点

感受和表现圆形组合的色彩和构图。

◎ 活动准备

1. 材料准备：黑色底板纸、各色画棒、印章、彩色圆形纸。
2. 经验准备：和孩子一起玩吹泡泡、抓泡泡等游戏。
3. 多媒体准备：PPT 课件、背景音乐。

◎ 活动过程

一、回忆导入，激发兴趣

谈话：玩过吹泡泡的游戏吗？还记得泡泡是什么样的吗？

（泡泡的形状、颜色，飞得高还是低……）

二、操作探索，表现泡泡的形态美

1. 能把泡泡变到画纸上吗？怎么变？
2. 思考怎么变出泡泡？

（画棒，画；印章，印；彩纸，贴……）

3. 幼儿第一次操作。鼓励幼儿自由选择多种工具，在画纸上探索表现泡泡的形态。
4. 展示幼儿作品。鼓励幼儿分享操作经验，学习多种工具组合的表现方式。

三、欣赏提升，感受体验泡泡的色彩美、布局美

1. 欣赏康定斯基作品《几个圆圈》

（1）整体欣赏感知

① 大画家画的泡泡有什么不一样？

② 猜猜泡泡可能在干什么？

（2）局部欣赏体验

① 泡泡聚在一起会跳什么舞？你还发现了什么？（色彩，组合……）

② 重点欣赏：截取4幅画面，供幼儿选择欣赏。与朋友一起体验组合游戏。

图一：圆形重叠组合（贴贴舞、捉迷藏……）

图二：圆形相切组合（碰碰舞、拼图……）

图三：圆形连接、交叉组合（拉拉手、抱一抱……）

图四：圆形重叠、相交组合（抱抱舞……）

2. 教师小结作品中圆形的色彩、组合、布局等特点。

四、自由创作，合作表达感受

1. 泡泡们穿上漂亮衣服，和朋友一起去跳舞！

2. 你想用哪些方法变出泡泡？它会和朋友一起跳什么舞？在哪里跳？

3. 幼儿第二次创作表达。鼓励幼儿自由选择表现工具，在底板纸上自由创作，合作表现泡泡的各种色彩组合、构图组合。教师鼓励并引导幼儿自由表达圆形组合的色彩和结构。

五、展示评价，分享创作快乐

向同伴和老师讲述并介绍自己的作品。

六、延伸活动，欣赏康定斯基的其他作品

感受圆形与其他图形和线条组合的美。

活动方案

小班美术活动：小蚂蚁的家

（启东市实验幼儿园　沈　霞）

◎ 活动目标

1. 在细致观察蚂蚁生活环境的基础上，尝试用画笔表现蚂蚁的家。
2. 通过设计各种样子的蚂蚁的家，发展手部的平移、转圈等玩色技能。
3. 体验大胆玩色、撕撕贴贴的乐趣，感受创作作品带来的美。

◎ 活动准备

1. 幼儿已认识直线、波浪线、锯齿线。地面上有直线、曲线的"小路"。
2. 蚂蚁、蚂蚁家的图片课件、视频展示仪、展板一块。
3. 卡纸、颜料、颜料盒、画笔均人手一份。
4. 小蚂蚁若干只、"食物"若干。
5. 背景音乐两段。

◎ 活动过程

1. 走走、说说、玩玩，巩固对直线、波浪线、锯齿线等的认识

跟着老师一起去小蚂蚁的家，走直直、弯弯的"小路"。

师：今天沈老师和你们做游戏，现在我们一起出发去小蚂蚁的家！路上我们会经过几条"小路"。（要求：紧紧跟上队伍，播放音乐）

2. 看看、说说、找找，了解蚂蚁的生活环境，感知蚂蚁洞的各种形状

（1）看一看：和蚂蚁相遇。（出示背景图：一群蚂蚁）

师：小蚂蚁来迎接我们啦，和它们打个招呼吧！（找一张椅子坐下来）

（2）说一说：了解蚂蚁的生活环境。（出示图片：蚂蚁的家）

师：你知道小蚂蚁的家会在哪里呢？（幼儿根据经验回答）

（3）找一找：感知蚂蚁洞的各种形状。

师：这群小蚂蚁的家在泥土里呀！它的家里都有些什么？（草莓、饼干、树叶……）原来这些都是小蚂蚁喜欢吃的食物，它们把这些食物藏在了一个个小房间里，这些小房间都是什么样子的？

师：那接下来，让沈老师带你们仔细地参观一下小蚂蚁的家。（重点引导幼儿观察圆圆的储存食物的"房间"，直直的、像波浪线一样的、像锯齿线一样的各种"小路"的特点，并随着观察的路线进行书空练习。）

3. 听听、想想、学学，蚂蚁挖地洞、造新家的方法

（1）听一听：一只小蚂蚁的家被洪水淹了，想造新家，需要小朋友们帮忙。

师：这只小蚂蚁怎么哭了，我们一起听听它在说些什么？

（2）想一想：回忆看到的蚂蚁的家、小路、房间的样子？

（3）学一学：蚂蚁挖地洞造家的方法。

教师根据幼儿的想法演示。小蚂蚁喝点水（蘸颜料），然后让小蚂蚁从洞口开始挖，"挖挖挖，挖挖挖，挖条直直的小路；挖挖挖，挖挖挖，挖个圆圆的房间放苹果；挖挖挖，挖挖挖，挖个圆圆的房间放树叶……"（幼儿说，教师操作）小蚂蚁的家造好后，把蚂蚁的"食物"（贴纸）搬到圆圆的"房间"里。

4. 听听、玩玩，动手帮小蚂蚁造新的家

（1）听一听：提醒幼儿绘画时，画笔平移和转圈的动作要慢，不要操之过急，以免颜料流出来出现不均匀的现象；提醒幼儿画笔颜色浅时，再蘸点颜料。

（2）玩一玩：幼儿自己动手绘制蚂蚁的家。

师：你们愿意帮助小蚂蚁造新的家吗？

幼儿动手创作。（播放背景音乐）

5. 展示、欣赏作品，体验成功感

展示作品，并与小蚂蚁的家合影留念。

活动方案

小班音乐游戏：普通的艾伯特

（启东市实验幼儿园　王美菊）

◎ 活动目标

1. 借助故事情节，感受音乐节奏的快和慢。
2. 尝试用动作有节奏地表现快慢不同的音乐，培养音乐节奏感。
3. 体验参与音乐活动的乐趣。

◎ 活动重点

借助故事情节，感受音乐节奏的快慢。

◎ 活动难点

尝试用动作有节奏地表现快慢不同的音乐。

◎ 活动准备

小鼓一个，PPT课件。

◎ 活动过程

一、导入，分辨节奏的快慢不同
1. 引导幼儿跟着教师拍手节奏的快和慢，向客人老师问好。
2. 教师出示小鼓，引导幼儿分辨敲小鼓时快慢节奏的不同并模仿。
二、教师讲述故事《普通的艾伯特》，熟悉音乐，初步感知音乐节奏的快慢
1. 引导幼儿用身上的"小乐器"（小手、小脚），为绘本中的人物艾伯特走路与跑步的快慢打节奏。

师：小朋友找一找，你们身上有什么"小乐器"能像王老师的小鼓一样发出声音呢？

师：下面，老师给你们讲个故事，待会儿就请你们用身上的"小乐器"为故事里的

主人打节奏，好不好？

2. 听音乐，分辨音乐节奏的快和慢，并为绘本中的人物艾伯特走路与跑步节奏的快慢打节奏。

师：王老师这里有两段艾伯特的音乐，请你们仔细听一听，两段音乐有什么不一样？（欣赏 A、B 段音乐第一遍）

师：我们用小手给这两段音乐打节奏吧。（欣赏 A、B 段音乐第二遍）

师：哪一段音乐是艾伯特在慢慢地走路？哪一段音乐是艾伯特在跑步呢？我们先来听第一段，就用小脚给他打节奏吧。（欣赏 A 段音乐第一遍）

师：这段音乐中，艾伯特在干什么？现在，我们站起来也学学艾伯特走路的节奏吧。（欣赏 A 段音乐第二遍，并与绘本中的人物艾伯特走路的画面匹配。）

师：那第二段音乐中，艾伯特在干什么？我们也用小脚给他打节奏吧。（欣赏 B 段音乐第一遍，并直接与绘本中的人物艾伯特跑步的画面匹配。）

师：我们站起来学学艾伯特跑步吧。（欣赏 B 段音乐第二遍）

三、玩游戏"大恐龙与艾伯特"，进一步感知音乐节奏的快慢

1. 听音乐 A、B 段，请陪班老师当大恐龙，玩游戏一次。

师：请你们的 × 老师装扮成大恐龙，我们装扮成艾伯特，我们来玩玩大恐龙和艾伯特的游戏，好不好？

2. 听完整音乐 ABA 段，教师装扮成大恐龙，玩游戏一次。

师：这次王老师装扮成大恐龙，你们装扮成艾伯特，来玩游戏啦！

3. 教师退出游戏，引导幼儿自主玩游戏。

师：你们还想玩这个游戏吗？这次请一个小朋友装扮成大恐龙，其余的小朋友装扮成艾伯特，你们要自己听着音乐玩游戏哦！

活动方案

小班综合美育活动：我来为你撑把伞

（江苏省启东市实验幼儿园　徐　晴）

◎ **活动目标**

1. 根据动物的大小和雨伞进行配对，会说故事中的语句"我来为你撑把伞"。

2. 通过故事和游戏来听辨音乐的快慢变化，感受音乐的活泼与抒情之美，并尝试用肢体动作来表现音乐，体验参与音乐表演活动的愉悦心情。

3. 愿意参与游戏，喜欢和同伴一起玩，感受帮助别人的快乐。

◎ **活动准备**

经验准备：能认识并说出常见的颜色、小动物的名称。

物质准备：PPT课件

◎ **活动过程**

一、倾听猜测，感受下雨的声音

1. 播放下雨的声音，引发孩子的兴趣。

2. 下雨带伞，故事引入。

小弟弟出门带一把雨伞就足够了，小弟弟带了几把雨伞呢？

小结：小男孩带了三把伞，一把是大大的绿色伞，一把是小小的黑色伞，还有一把是中等大小的黄色伞。

二、猜动物，听辨音乐的快慢

1. 大象：缓慢的音乐。（小手撑伞）

（出示音乐）猜猜这会是什么动物？大象是怎么走路的？（慢慢地走，听音乐学大象走路）

听下雨音乐、看图片，知道下雨了要撑伞。大象没带伞，想办法。

为大象选伞，选一把什么样的伞呢？（绿色的、大大的）

小弟弟对大象说："大象、大象，我来为你撑把伞。"
模仿大象撑伞。幼儿边听音乐边模仿大象走路和撑伞。（撑伞个性化）
2. 小蚂蚁：轻快的音乐。（创编伞的造型）
（出示音乐）小男孩又碰到了谁？你是怎么听出来的？
模仿小蚂蚁走路。（听音乐学小蚂蚁走路）
听音乐，熟悉下雨的信号，为小蚂蚁想办法。
模仿小蚂蚁撑伞。幼儿边听音乐边模仿小蚂蚁走路和撑伞。（撑伞个性化）
3. 男孩和熊：中等速度音乐。（合作撑伞）
小男孩又遇到了一个动物，听音乐感受动物走路和下雨的信号。
原来是熊，小男孩和熊只有一把伞。（想办法）
幼儿尝试和好朋友一起撑伞。（边听音乐边游戏）

三、游戏延续：我来为你撑把伞
知道我们听的故事和玩的游戏来源于一本故事书《我来为你撑把伞》。
一起听着音乐、欣赏着故事和好朋友玩撑伞的游戏。

主题材料探索与实践

主题活动：筷筷乐乐

● 活动起源

筷子是中国常用的饮食工具，是中华饮食文化的标志之一。幼儿升入大班后，面临着学习使用筷子用餐的问题。老师们调查发现：大多数幼儿在家中没有过多使用筷子的习惯和经验，餐具的变化直接引出一些问题。根据我们观察，孩子们在刚接触筷子时，因为不会使用，一方面感到很茫然，另一方面又对筷子这个生活物品感到很好奇。陈鹤琴先生说过："好奇心关于儿童之发展、文化之造就，具莫大势力的。"也就是说，幼儿对于一切新接触、新关注的事物都会生出好奇心。一好奇，就要与新事物相接近；一接近，那就会更真切地去关注、去探究。为了满足幼儿的好奇心，适应幼儿当下建立相关生活经验的需要，帮助孩子们更深入地了解筷子这种富有文化特色的餐具，学习正确使用筷子的方法，为孩子们提供更多练习使用筷子的机会等，我们研讨小组设计组织了"筷筷乐乐"的主题活动。

● 活动思路

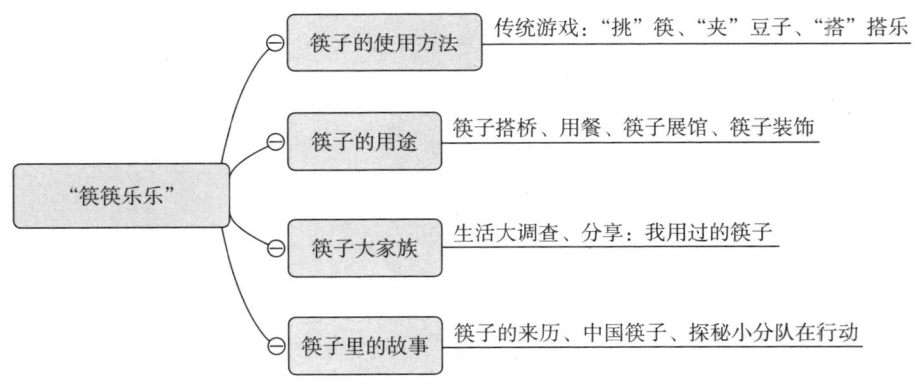

● 活动实施

大班社会活动：中国筷子

（启东市鹤城幼儿园　陈　洁）

◎ 活动目标

1. 了解筷子的由来、材质、用途及使用礼仪。知道筷子是中国人的发明创造。
2. 能正确使用筷子，尝试用筷子夹取食物。
3. 体验使用筷子的乐趣，进一步萌发环保意识。

◎ 活动准备

经验准备：（1）请家长协助幼儿收集筷子、筷子的图片及其相关信息。
　　　　　（2）幼儿提前了解筷子的颜色、形状及制作材料。
物品准备：（1）布置"筷子展馆"场景。
　　　　　（2）幼儿人手一双筷子、一只碟子、一只碗，内放蚕豆粒。
　　　　　（3）音乐及课件。

◎ 活动过程

一、猜谜导入，萌发了解筷子的兴趣

1. 谜语：姐妹双双一样长，一起工作一起忙。冷冷热热都经过，酸甜苦辣一起尝。（打一餐具）

2. 提问：你都见过些什么样的筷子？你知道筷子是谁发明的吗？

3. 提问：古代人使用的筷子又是什么样子的?

二、融入情境，了解筷子的由来、材质等，萌发民族自豪感

1. 幼儿参观"筷子展馆"，观察了解筷子的由来、材质等特点。
参观要求：
（1）按照箭头指示的路线游览，认真看、仔细听。

（2）在展馆内要保持安静，避免影响别人。

（3）参观结束，要从出口回到座位。

2. 交流分享自己的参观所得。

提问：在参观过程中你看到了什么？听到了什么？

（鼓励幼儿大胆、清晰地表达自己看到的、听到的内容。）

3. 小结：筷子的材质多种多样，有竹、木、牙、骨、金属等；外观也各不相同，或方或圆，或长或短，或粗或细，有的有图案，有的没图案。筷子是中国人发明的，早在几千年前，中国人已经开始使用筷子了。现在许多外国人也喜欢上了中国的筷子，在跟咱们中国人学习使用筷子。

4. 讨论一次性筷子的危害，萌发环保意识。

提问：一次性筷子是用什么材质做成的？砍伐大树有什么危害？我们应该怎么做？

（鼓励幼儿根据自己已有的经验完整表述自己的想法。）

小结：为了保护树木，从我们做起，尽量不使用一次性筷子。

三、操作游戏，体验掌握筷子的正确使用方法。

1. 第一次游戏"夹豆豆"，体验用筷子。

提问：你都用到了哪些手指拿筷子？

2. 观看视频《筷子的使用》，学习拿筷子的正确方法。

3. 第二次游戏"夹豆豆"，练习正确使用筷子。

（1）纠正幼儿使用筷子的方法。

（2）用正确的方法拿筷子夹取豆豆。

四、判断对错，了解用筷子的礼仪

1. 提问：图片上小朋友在干什么？这样做好不好？

2. 鼓励幼儿根据图片内容说一说使用筷子都有哪些礼仪。

五、经验拓展，变废为宝

1. 讨论：更换下来的筷子有什么用？

2. 听音乐，一起用旧筷子表演"筷子舞"。

3. 幼儿体验"变废为宝"的乐趣，进一步萌发环保意识。

◎ 活动反思

筷子是幼儿比较熟悉的一种餐具，他们基本上每天都能看到，用筷子进食也是我国的一大特点。社会活动"中国筷"能引导幼儿了解筷子的由来、材质、用途及使用礼仪，引导幼儿能正确使用筷子，并体验使用筷子的乐趣，进一步萌发环保意识和作为中国人的骄傲之情。

首先，猜谜导入，创设情境。"兴趣是最好的教师"，活动一开始我就通过谜语引起幼儿对筷子的兴趣。"姐妹双双一样长，一起工作一起忙。冷冷热热都经过，酸甜苦辣一起尝。"这个谜语形象地讲述了筷子的外形特点和用途。在孩子们兴致勃勃地猜出谜语后，我提出通过参观"筷子展馆"让幼儿了解更多筷子的知识，激发幼儿使用筷子的欲望，为下一环节打下基础，并落实第一个目标。

其次，实践操作，练习用筷。使用筷子有一定的标准，因此，在第一次练习时，我让幼儿自主尝试，我则在旁边观察并及时发现他们拿筷子时存在的问题。第二次的学习针对幼儿拿筷子时出现的问题。我先示范讲解使用筷子的动作要领，再让孩子在轻松快乐的氛围里练习掌握拿筷子的动作要领。学习使用筷子的目的在于在实践活动中的运用。在这一环节里，我为幼儿提供了豆类食品，让他们在夹豆子的过程中锻炼手部肌肉的灵活性和手指配合的协调性，落实了第二个目标。在音乐中，孩子们无拘无束地使用筷子。教师巡回指导，帮助有困难的幼儿。

再次，观察图片，学习礼仪。筷子最早起源于中国，是中国具有民族特色的餐具，用筷子进食也是我国的一大特点。我通过提供用餐图片，让幼儿看一看、评一评、说一说，把餐桌当成课堂，帮助孩子养成良好的用餐习惯，学会良好的进餐礼仪。

最后，游戏活动，知道环保。《幼儿园教育指导纲要（试行）》（以下简称《纲要》）指出"教育活动内容的组织应充分考虑幼儿的学习特点和认识规律，各领域的内容要有机联系、相互渗透，注重综合性、趣味性、活动性"。因此，在活动即将结束时，我出示筷子舞道具，吸引幼儿一起跳起来，这个游戏活动渗透了艺术活动。随后，我提问：

"筷子还可以怎么玩?"这个问题的设计为幼儿提供了创造发挥的空间。在这一环节中,幼儿可以充分发挥自己的创造能力,用自己喜欢的方式进行游戏活动,并萌发节约环保的意识。

纵观整个活动,所有环节都围绕"筷子"来进行,各环节紧密相连,相互渗透。本次活动在教学内容的组织上体现了"整合"的设计思想,有效贯彻了《纲要》的理念,真正做到了师生互动、生生互动。我相信,这个活动能让幼儿真正体验使用筷子的乐趣。

大班科学活动:筷子架桥

(启东市实验幼儿园 张荣华)

◎ 活动目标

1. 通过小组游戏,寻找架构的方法,感受架构的支撑平衡。
2. 探索筷子架构的交叉、穿插、别压的方法,发现筷子互锁的有趣现象。
3. 能积极参与实验,乐意说出自己的操作结果和感想。

◎ 活动准备

1. 筷子、桥墩、彩色积木若干。
2. 木拱廊桥PPT、视频。
3. 记录表、笔。

◎ 活动过程

一、出示筷子

师:看,张老师带来了什么?(筷子)筷子在我们生活中是一种饮食工具,发明于中国,后来传至韩国、日本等国家。今天,我们用筷子来玩架桥的游戏。

二、抛出问题,自主架构

1. 问题提出

师:刚刚我玩的时候,遇到了一个难题,想请大家来帮忙。(教师出示操作台)这里有三个固定的桥

墩，三根筷子来搭桥面。彩色积木想站到桥面的中间，行不行？那有什么好办法能让积木稳稳地站在筷子桥面上？我们可以利用篮子里的筷子来试一试。请你们两两合作，把好办法记录下来。（幼儿分组操作，记录操作方法和结果）

2. 幼儿展示记录单

幼儿介绍操作方法，发现交叉架构能帮助积木"站"稳。教师把交叉的地方圈起来。

总结：筷子交叉时，能形成架构的稳定。

三、移动桥墩，增加难度

1. 移动一个桥墩，请小朋友试一试

师：请把其中一个桥墩移动到箭头的右边。现在试一试，能不能架起桥面。

2. 移动三个桥墩，请小朋友试一试，发现问题

师：请把三个桥墩移到蓝色圈圈里，然后再试一试。你会发现什么新问题？能不能想出好办法？

四、学习穿插、别压的架构

1. 挑战架桥

师：大家有没有遇到问题？现在的桥墩往外移以后，你们能不能架构？（幼儿探索架构方法，根据幼儿的操作情况发现问题或困难）

2. 教师展示 PPT

教师总结：把筷子相互穿插、别压，第一根筷子压着第二根筷子，第二根筷子又被第三根筷子压着，这样形成互锁支撑，就能形成稳定的架构。

我们一起再用这种方法来试一试吧！（师幼用互锁的方法架构）

五、拓展：架构在生活中的运用

1. 观看中国的木拱廊桥的图片

师：架构在我们生活中的运用非常广泛。你们看，中国的木拱廊桥非常有名，是中国独有的。它不用一根钉子，就靠圆木的穿插、别压，架构了一座座桥，而且非常坚固，承受力很强。

2. 观看简易的筷子廊桥架构的视频

师：你们看，九根筷子能架起一座稳固的小桥。

3. 师生尝试一起用积木架构桥，并尝试走一走

教师小结：生活中的很多架构能方便我们的生活，我们可以不断去发现有趣的架构现象。现在我们去操场上，利用大的积木进行架构吧！

◎ 活动反思

科学是一种力量，指引探寻，不断攀登；科学活动是一种探究，了解自然，走向真相。

科学活动是开放的、动态的教育活动。我们敏感地捕捉幼儿的兴趣，继而提供贴近幼儿生活的材料，引导他们自主探究架构以及如何稳定架构的方法。苏霍姆林斯基曾说过：在人的心灵深处，都有一种根深蒂固的需要，这就是希望自己是一个发现者、研究者、探索者。而在儿童的精神世界中，这种需要特别强烈。幼儿处在这样一个生动、自由的学习环境中，能获得足够的科学探索与自主发现的机会和时间。

1. 思维碰撞

任何一堂活动都透露着教师团队的教学智慧和执教者的不断反思。教师团队的思维在一次次试课过程中获得升华。大家关注的不仅仅是活动本身的优化，也是对开展科学活动的深度研究。

让孩子们在问题的提出中得到思想交流、互相启发的机会。"如何让彩色积木稳稳地站到桥中间？"让孩子的思维从可能已经形成的定律中跳跃出来，让孩子的思维在相互的碰撞中得到活跃，让孩子的智慧得以升华，这往往就是"玩科学"的魅力所在。

2. 充分观察

著名俄国科学家巴甫洛夫的座右铭就是"观察、观察、再观察"，观察是一切科学成就的开端。桥墩之间的距离变化带来操作困难这件事，激起了孩子们观察现象、关注问题，积极探究、交流验证，并获得经验。观察过程是否充足有效，直接影响孩子们接下来的探究成果。

3. 问题探究

幼儿科学教育要注重探究性，亲身经历以探究为主的学习活动是孩子学习科学的主要途径。动手操作既能满足孩子动手的需要，又因充满新奇和刺激而深受孩子们的喜爱。第一次操作，让孩子带着问题通过亲自动手做来验证自己的想法；第二次操作，让

孩子通过桥墩的变化发现支持材料的改变所带来的新问题，探究新经验；第三次操作，增加了难度，一开始面临了失败的挑战，但是通过已有经验和新经验之间的架构，获得了能力和经验的提升，这是孩子们特别乐意去试一试的过程。

整个活动中，孩子们通过有目的的探究活动来解决架构问题，从而不断建构相关的知识经验体系，获得相关的探究技能，发展基本的科学素养。这也符合维果茨基的最近发展区理论，让幼儿在已有经验的基础上在最近发展区内进步并发展。

活动中，孩子们在积极主动的探究过程中学会观察、活跃思维、多角度分析、积极处理问题，这是探究意义之所在。

与"筷"相伴，快乐成长
——以中班班本课程《中国筷子》为例
（启东市实验幼儿园 姚 舜）

阅读区新投放了绘本《中国筷子》，这本具有浓浓中国风的绘本，在一众"卡通风"绘本里脱颖而出。对于生活中常见的筷子，孩子们既有亲切感，又有因不会使用而产生的茫然感。但对于教室里出现的筷子这一新生事物，孩子们更多的是感到很好奇。

陈鹤琴先生说过："好奇心关于儿童之发展、文化之造就，具莫大势力的。"也就是说，幼儿对于一切新的事物都会生出好奇心，一好奇，就要与新的东西相接近，一接近，那就会更真切地理解。为了满足幼儿的好奇心，适应幼儿当前的教育发展需要，我们同孩子一起走进筷子的世界。

一、调查先行，启发思考

为了更好地开启班本课程，我们设计了"筷子探索记"这样一个调查表，通过孩子和家长共同探讨，用图文结合的形式记录下孩子的已有经验和想探索的区域。晨间谈话时，孩子

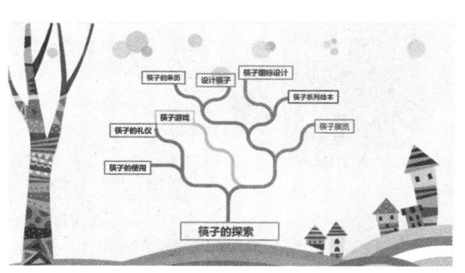

们互相分享着在家里和爸爸妈妈发现的关于筷子的事儿，比如"家里的筷子是什么样子的？""筷子的用途？""地球上所有的人都用筷子吗？""筷子的材料？"……有些问题在伙伴那里得到了答案，"筷子的礼仪和禁忌？""筷子的多种用途？"这些得不到答案的问题就成了我们探索的方向。

二、巧用游戏，玩中发现

通过调查分享，孩子们对筷子有了简单的了解。孩子们惊奇地发现，筷子除了吃饭，还可以是很好的游戏工具，这是他们最感兴趣的。把孩子想到的游戏做一个集合，有挑筷、夹豆子、投壶、筷子大力士等一系列好玩的游戏。每听一个介绍，孩子们都想去玩一玩。于是，我设计一张

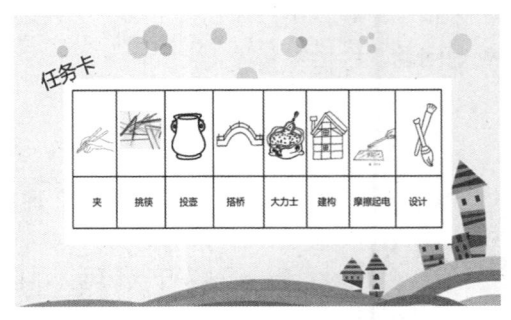

任务卡。任务卡上有8个关于筷子的游戏，在规定的时间内，成功完成任务的打钩，没有顺利完成的打叉，来不及完成的空着。游戏时间结束，大部分孩子都自主完成了这次的任务。

在任务卡中，我发现接近一半的孩子在搭桥这项活动下面都画了一个叉，说明这项游戏对他们来讲是有点困难的。

接下来就是我们的挑战阶段，先请挑战成功的孩子分享一下他们的经验。

萱萱说："我在家里和爸爸妈妈玩过的，我试了好久才成功的。"

溪溪说："每根筷子都要挑起来。"

糖果说："中间要有一个三角形。"

祝贺说："找个小伙伴合作会更容易一些。"

源源说："木头和竹子的筷子好搭，不锈钢的太滑了。"

……

听了"小专家们"的分享，不少孩子又去试了试，但成功率仍然不是很高。有一个孩子跑过来和我说："老师，他们说得太快了，做起来还是很难的。"

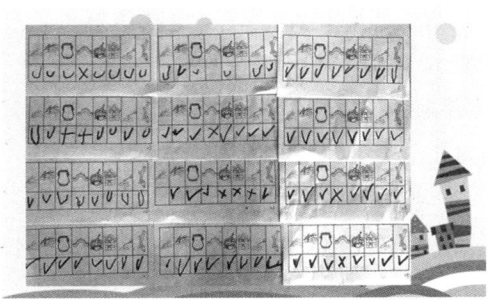

听了他的建议，得想办法让"快分享"慢下来。我把那些"小专家们"又召集了起来，把存在和希望解决的问题和他们又说了一下。"小专家们"很快提出了方案，把一些成功的秘密画下来，这样就能让其他小伙伴一直看得到了，还可以和他们合作多搭几次。实践证明，方案很成功。

这一次，"小专家们"提供的方案图纸不仅仅是视觉感官上的一幅美丽的图画，更是他们深度的语言表达，是他们在脑海中反复进行情境检查后梳理出来的宝贵经验。在自主的环境中，在探究式的问题下，幼儿将绘画表征的审美与智慧联系在了一起，创造出了一个属于他们的载体。

这时，祝贺"小专家"又提出了新的问题："老师，这桥能承重吗？"我很诚实地告诉他："我没有试过，我也不知道。""那我们试试吧？""可以呀！"

搭好桥，他把桌上的一本书放在了桥上，告诉我："这是桥面，现在可以放东西了。"

放第一瓶米的时候，他很小心，还有人提醒他"要放中间"，他是轻轻地放下、轻轻地拿开，原以为会塌掉的，没想到竟然成功了。于是，他又不可置信地放了第二瓶、第三瓶……一直放到第五瓶都没有塌掉。这时候，这场实验边上已经围了一圈"粉丝"，有人说"这才是真的筷子大力士"，有人出主意

"把那个花盆放上去""把一筐米都放上去""把椅子放上去"……一群出主意的人，把桥能否承重这个话题又升级成了桥承重的极限是多少。这时，这座桥上已经承重：三分之二框亿童盒子的米和一把椅子，于是，我索性又添了一把火"你们能搭一座能站人的桥吗？"。

"啊，这不可能，筷子太细了。""而且，你看杯子已经变形了。""其实，刚刚筷子已经有点歪了。"我再次问："你们有办法解决吗？"（大家安静了10秒）"我明天带个不锈钢的杯子来吧，结实一点。""我家有种火锅筷子，粗一点、长一点，明天我带来，试一试吧。""可是，我现在有点着急，你们能不能在教室里找找有什么东西可以代替你们刚刚说的那些东西""我们的碗也是不锈钢的。""老师，墙上的树枝能拿下来吗？"

调整实验用品,桥很快就搭好了。承重实验开始,"哪个小朋友愿意站上去?""让芸熙来吧,他瘦。""好!"挑战成功,只是树枝已被压到变形。

"老师,我们教室里还有更粗的棍子",小徐指着墙边的纸棍喊到。"你想换个材料,再试试?"一群娃很肯定的"嗯"了一声。

实验继续,他们再次迅速搭好一座更大的桥。芸熙很自信地跑来了,刚站上去,啪,棍子断了。这时候,我们全班都是"专家"了,给出了同样的检测结果"质量不行"。

在这个游戏中,我们可以看出,这群孩子敢于尝试,勇于探索。这个小实验是他们自己生成的一个活动,是兴趣点的扩张。从搭桥到能否承重,再到承重的极限,到能否撑起一个人,孩子的兴趣点被一步一步地激发。有的孩子运用了前面的实践方法,有的自己在不断创造,也有的在模仿同伴,全班幼儿都在积极思考操作、分享交流。而我只是在抛接问题中拓展孩子的思维,保证他们在探索的行动中不偏离方向,让他们在亲身体验中直接感知,在合作探究中不断生成问题,解决问题,获取知识。

任务卡的最后一项是设计一双筷子,虽然基本打钩了,但从他们的作品中,我只看到"敷衍"两个字,是时候来一场谈话了。

和他们一起分享他们的作品,顺便问一句"为什么你会这么设计呢?""我们家人多,每个人都应该有双自己的筷子,颜色不一样了,就分得清了。""这双棕色的是可以试毒的。""我这双是专门吃玉米的时候用的,可以插进去。""我的是自动筷,按一下,手按在上面,就可以自己夹了。"……原来每双其貌不扬的筷子后面都有自己的故事。于是,我也送了一个"筷子爱美丽"的故事给他们,还和他们分享了一番他们喜欢的花纹(点、线、面基本组合图)。

我们在评价幼儿作品的时候,总是忍不住从画面的构图、色彩、线条等方面进行。但是低下身子,从幼儿的视角去观察、倾听他们的内心表达,他们的表现力、想象力和创造力是会给你惊喜的。只有理解幼儿、接纳幼儿,并适时提供一些他们需要的支架,才能更好地促进他们的发展。

三、快乐延续，文明传承

《3~6岁儿童学习与发展指南》中指出：4~5岁幼儿会用筷子吃饭，5~6岁幼儿能熟练使用筷子。我们近期还尝试了用筷子吃饭，既然开始用筷子吃饭了，就不能不知道关于筷子的一些礼仪。

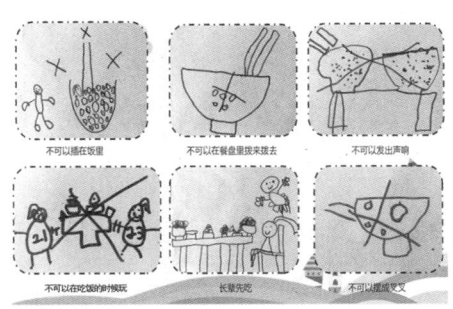

孩子们记录的筷子使用礼仪

在调查报告中，我们对已知经验进行了分享互动，让孩子们对获取的新知识与已有经验进行了融合梳理。对于礼仪，孩子有自己的认知、感受、想象、情感、行为，并选择他们感兴趣的情景进行表征、呈现、分享。这是孩子们记录的长辈先动筷、不可以插在米饭里、不可以挑来挑去……（左图）

活动提供给孩子们的是丰富的情境体验，让孩子在情境中形成多观察、多思考、多感受的意识。孩子的表征与活动主题的关联度很高，还表现出了一定的绘画技巧、审美能力和创造力。作为老师，要相信孩子是愿意且有能力的学习者，要在过程中高效观察、有效指导，成为幼儿学习真正的支持者、引导者、合作者。

在这次班本活动中，我们让幼儿较多地尝试使用绘画表征的形式来表达事情。在班本活动下的绘画表征，可以作为幼儿表达思想和情感的一种语言方式。怎样让表征与各领域活动相融合，成为幼儿学习的媒介，是接下来需要继续研究的小课题。

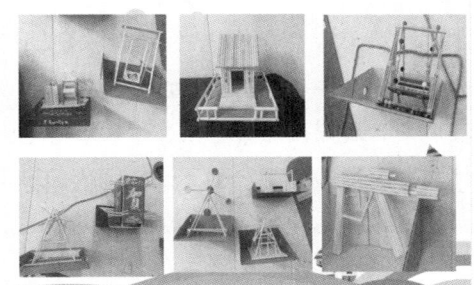

全方位地了解幼儿，再有针对性地给予指导，幼儿的表征水平、认知水平、交往水平都会发生惊人的变化，他们会更加热爱观察、热爱生活，也更加乐于表现。通过与"筷子"的亲密接触，孩子们知道了很多关于"筷子"的小秘密，掌握了筷子的使用方法，了解了筷子的历史文化，学习了筷子的使用礼仪，分享了筷子的游戏……

筷子，从来不是两根棍子那样简单。

向"筷"乐出发
——以大班班本课程"向'筷'乐出发"为例

（启东市滨海幼儿园　顾承言）

◎ **课程缘起**

"为我引杯添酒饮，与君把箸击盘歌。"筷子是我们再熟悉不过的东西，一日三餐都离不开它。升入大班，孩子们也开始摸索着"弃匙从筷"，加入用筷子吃饭的大军中。他们从笨手笨脚地使用筷子到运用自如，总觉得水到渠成，毫无波澜。忽然有一天，爱美的陈诺头上插着一根木质发簪来到班上。女孩们围了上来，惊羡不已。周圣博笑着说："你们看，这不是我们吃饭用的筷子嘛！"原来筷子可以做发簪！除了发簪，筷子还可以做些什么呢？可以用来玩吗？能怎么玩？孩子们对平时再熟悉不过的筷子产生了极大的兴趣，围绕筷子的讨论逐步升级。孩子们自发地展开了对"筷子"的探索，家长们也参与了进来。

《3~6儿童学习与发展指南》（以下简称《指南》）指出：幼儿的学习是以直接经验为基础，在游戏和日常生活中进行的。要珍视游戏和生活的独特价值，创设丰富的教育环境，合理安排一日生活，最大限度地支持和满足幼儿通过直接感知、实际操作和亲身体验获取经验的需要。于是，我班的班本课程"向'筷'乐出发"应运而生，孩子、家长、老师共同开始了一段筷子的探索之旅。

◎ **课程目标**

依托《指南》中大班幼儿各领域的发展目标，我将"向'筷'乐出发"的课程目标定为以下四点：

1. 知道筷子的由来，为筷子源于中国感到自豪。
2. 通过看、摸、比、玩筷子让幼儿了解筷子的特点、种类。
3. 通过多元活动途径，让幼儿掌握筷子的其他用途，发展幼儿的创造潜能。
4. 通过观察学习，引导幼儿掌握使用筷子的基本方法。

◎ 思维导图

根据孩子们的兴趣与需要,我预设了如下思维导图:

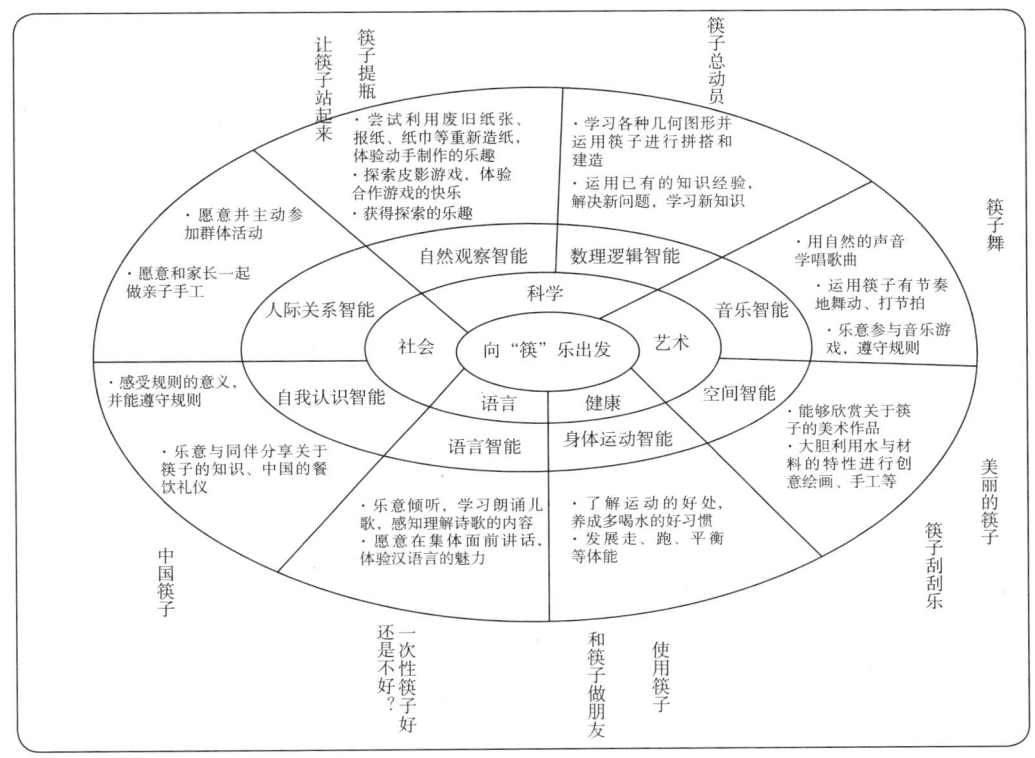

课程网络图

◎ 课程前调查

为了了解孩子们对于筷子的已有经验和兴趣点,我们利用晨间谈话时间展开了关于筷子的讨论。欧禹廷说:"筷子长长的,像机器人的腿。"鲁宇宸说:"我用的筷子和爸爸妈妈的不一样。"余果小朋友说:"我的筷子上有圆圈,可以把手指放进去。"孩子们和筷子的接触相对比较充分,有足够的已有经验。通过这次交流,孩子们对这个平时再熟悉不过的筷子产生了兴趣。

◎ 课程进行过程

这里,我通过"筷"思妙想、先睹为"筷"、"说时迟,那时'筷'"、畅"筷"淋漓、"筷"乐餐桌、"筷"来游戏六个环节,循序渐进,递增难度,追随孩子的兴趣展开探究。

一、"筷"思妙想，初始相见

筷子，源于中国，已有三千多年的历史。通过欣赏绘本《中国筷子》，小朋友们了解到，在远古时代，人们吃食物是用手抓。但在有了火、烹饪技术后，吃烫热的食物时，人们就用木棍来佐助。日久天长，人们便练就了用木棍取食物的本领，这就是筷子的雏形。大约到了原始社会末期，就有了用树枝、竹片或动物骨骼制成的筷子。

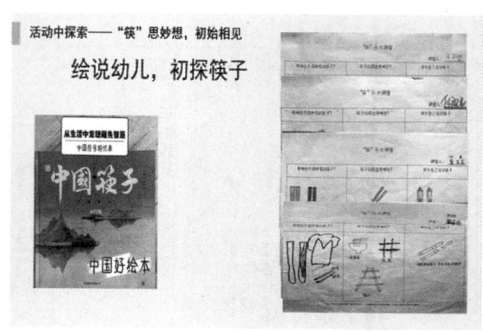

另外，以前的筷子还不叫筷子，那时候大家称之为"箸"。别看筷子只是两根简单的小木棍，但是却具有挑、拨、夹、拌、扒等功能，是用餐神器，而且是中华文化的一种象征。"古代的筷子好神奇啊，有树枝，有骨头。我提议如果把它们画下来，一定很好看！"孩子们都热闹了起来，那我们就画一画吧！孩子们画得可带劲儿了，不一会儿一幅幅生动的作品就呈现在眼前。

二、先睹为"筷"，再次相约

《指南》艺术领域指出：幼儿喜欢用自己独特的绘画语言表达自己的想法和感受。

孩子们热情高涨，想必是被筷子深深地吸引了。通过筷子调查表，越来越多的孩子产生了好奇心，开始寻找各种各样的筷子。孩子们仔细观察筷子，发现有的筷子上有好看的图案，有超级飞侠、小猪佩奇，还有灰太狼等卡通图案。于是，他们决定设计自己的筷子。到本阶段结束，孩子们已经可以称得上是筷子小专家了。

三、说时迟，那时"筷"

孩子们走进超市，找到了各种材质的筷子，看一看、摸一摸、问一问，了解了"小"筷子的"大"不同。

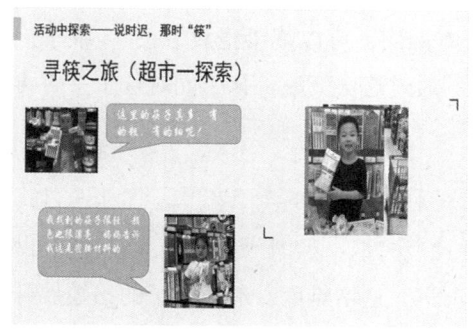

第二天，孩子们惊喜地发现教室里变成了筷子的海洋：木制筷子、竹制筷子、塑料筷子……孩子们自带筷子，在相互欣赏、辨别、交流中拓宽视野，认识各种各样不同颜色、形状、材质的筷子。而且，大家从多种感官的角度对筷子进行了描述：

孙训杰说："我找到了竹筷，包装上有竹

子的图案，闻起来还有淡淡的竹子香呢。"

李培俊说："我带来的是木筷，颜色比较深。"

陈伊威说："我找到了不锈钢筷，它很结实，永远不会变形。"

舒辰宣说："我找到的筷子很轻，颜色也很漂亮，妈妈告诉我这是用密胺材料制作的。"

我充分肯定每一个小朋友的想法，给孩子充分的时间去欣赏教室内的筷子。

四、畅"筷"淋漓，学有所成

经过对筷子进一步的了解以及平时一日三餐和筷子打交道，我和孩子们组织了一场速度与激情的较量：小朋友们比一比谁用筷子吃得最快。当然，激烈的比赛怎么能少得了战歌呢。为了给我们的比赛助兴，大家一起学习了一首儿歌《我会使用筷子》。幼儿园的饭菜真香！孩子们都非常出色地完成了比赛，不仅进餐效率增加，光盘意识也实践得更全面了。还有细心的小朋友发现了夹食物需要的力气和拿筷子的位置有一定的关系。老师们积极地引导孩子们对用筷技巧的掌握，家长们在家鼓励孩子使用筷子吃饭时，也积极地指导孩子夹筷子的正确姿势，和孩子一起体验使用筷子进食的乐趣，并且每周对孩子使用筷子的情况进行评价反馈。一个良好的行为习惯的养成，需要长期不懈的努力。在今后的活动中，我们也会和家长一起培养孩子节约粮食的习惯，把光盘行动渗透到生活的方方面面。

活动中探索——畅"筷"淋漓，学有所成

美食时光

五、"筷"乐餐桌，融入礼仪

筷子的使用是一种传统文化。在长期的生活实践中，人们对使用筷子也形成了一些礼仪上的忌讳，来看看有哪些不可以吧！通过一段筷子礼仪视频，孩子们对我们的传统文化有了更深的认知，了解了在餐桌上应该避免哪些行为，从而成为一名优雅的用餐者。"餐桌礼仪我知道"，在筷子课程进行时，我们延伸到了餐桌礼仪，比如：用餐时让长辈先入座，在家长把碗递给孩子时，孩子应用手把碗接过来，表示对长辈的尊敬，

活动中探索——畅"筷"淋漓，学有所成

餐桌礼仪

饭后对准备食物的人表示感谢等等，以帮助孩子们从小养成良好的用餐习惯。这时，孩子们有了新的问题：为什么视频里的筷子是一头圆一头方的呢？这是因为古代人们讲究"天圆地方"，圆是天，方是地，筷子一头圆一头方象征着天圆地方。

又有小朋友问了，那是不是世界上只有一种筷子呢？当然不是的，不同的国家有不同的筷子。有些西方国家使用的是刀叉，日本和韩国使用的是筷子。那日本的筷子和我们国家的筷子有什么不一样呢？日本的筷子要比中国的筷子头尖。日本筷子的头为什么会是尖的呢？这与日本的饮食有关。因为日本是一个岛国，主要的食物是鱼，日本人吃鱼时，要把鱼肉和鱼刺分开，需要有尖尖的东西。于是，日本人就把从中国传过来的圆头筷子削尖，这样吃起鱼来，就变得十分的方便。

韩国的筷子是什么样子呢？韩国人喜欢用金属筷，因为韩国人喜欢吃烤的东西，金属筷子更加耐用、环保，而且寿命比较长。

六、"筷"乐游戏，乐在其中

筷子除了可以用来吃饭，还可以干吗呢？关于这个问题，孩子们千奇百怪的想法如雨后春笋般冒了出来。我们一起来看看吧！

筷子夹物，谁更快？谁更稳？谁的姿势更标准？为了激发孩子们的积极性，"筷子小能手"大赛开始啦！经过激烈的海选、半决赛、总决赛，夹筷子小能手纷纷涌现。小选手们在一声"准备，开始"之后，拿着筷子，在此起彼伏的加油声中，你一颗，我一颗，快速地夹起盘子里的花生，放入面前的小碗中。激烈的角逐后，老师认真负责地完成了清点。猜猜我们最好的成绩是多少？"一分钟 32 颗哟。"

孩子们仔细观察筷子，发现有的筷子上有好看的图案，有的筷子上光秃秃的，一点儿也不好看，甚至有点旧。孩子们你一言我一语的，"有的筷子没图案，旧了，我们把它重新装饰漂亮吧！"细心的老师听到了孩子们的对话，给孩子们提出了很好的建议。可是筷子太细了，花纹画不上去，颜色也涂不了，怎么办呢？怎样才能让我们的筷子大变身呢?孩子们和"创意工坊"的老师讨论了一下:我们可以在纸上画上自己的图案,然后再贴在筷子上,不就成了我们自己有个性的筷子了吗?孩子们说干就干,俨然一个个小设计师,干起来有模有样的。

小家伙们纷纷给筷子设计了特别的花纹,剪一剪,卷一卷,粘一粘,筷子换新装啦!有些细心的孩子发现,两只筷子的花纹是一模一样的。在装饰时,还特意地设计了对称的图案。

挑筷子游戏使孩子们学会了细心,学会了小心翼翼地去做一件事,将数字融入游戏中,发展了孩子们的能力,让孩子们体验了筷子的神奇。

在筷子游戏中,我们训练了孩子的技能,培养了孩子的规则意识,提升了孩子的团队合作能力。大家在游戏中体验着快乐,在快乐中慢慢长大!

筷子在建构区中的出现,让幼儿对筷子有了新的认识。筷子的加入不仅锻炼了幼儿的手部精细动作,也激发了幼儿的探索欲望,使幼儿对低结构材料有了新的认识。

《指南》指出:尝试运用不同的材料进行建构,提升空间想象能力、创造力和合作能力。九根筷子就可以搭一个牢固的桥,古代的很多桥就是用这个方法建造的,九根筷子的小实验就能让孩子们领略古人的智慧。

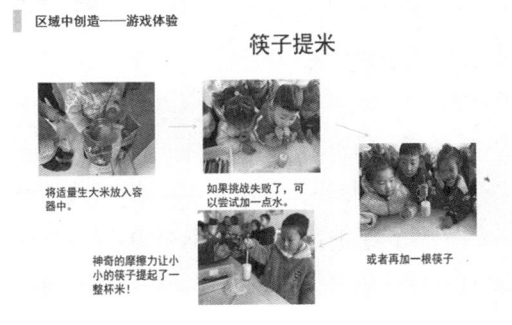

幼儿天生就是喜欢接触新事物、喜欢探究的。《指南》指出:幼儿在探索中有所发现时感到兴奋和满足。我们抓住孩子这一特点,开展科学小实验,在玩转筷子的同时,激发孩子的科学探究意识。(筷子提米)

绘本《用勺子还是筷子》对餐具进行了全面地解析,让幼儿对餐具有了更加全面的认识。

◎ 课程反思

陶行知先生提出"生活即教育"的理论,我们"筷乐起源,守望初心"活动正是遵循这一理论而开展的。

一件看似平常的餐具,千百年来,它陪伴着中国人的日常饮食。它代表一种功能,方便、朴实、有趣;它代表一种审美,质朴、温暖、静美;它更代表中国文化,方圆、阴阳、融合。它是世界上应用最广泛的餐具之一,是中国饮食文化的标志,发明于中国,后传入日本、朝鲜、越南等汉字文化圈。它,就是中国的筷子。

筷子作为引发思考的种子，让我们的孩子面对习以为常的生活方式以及日常器物时，能体会到其深厚的文化底蕴；在使用它的时候，能多一份思考。希望我们的孩子能凝视这些画面，体会以小见大、化繁为简的思考方式。这样，可能还会引发更多的独特诠释。

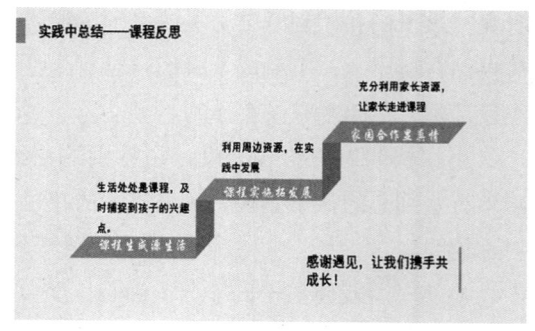

生活即课程：教师要鼓励孩子在生活中学会观察与探索，与人交流、合作、分享，让他们与生活中的人、事、物联系在一起，从而获得知识等等。我们的课程就是要这样，让师幼、家长回归生活，共同生长。

兴趣即动力：教师要为孩子创设一切有利的环境和材料，最大限度地支持和满足孩子获取经验的需要。

放手即获得：教师在活动中应给孩子提供更多的机会和空间去探索、操作、实践。

◎ 活动反思

有"研"有"料"一探究竟

《指南》指出：幼儿的学习是以直接经验为基础，在游戏和日常生活中进行的。要珍视游戏和生活的独特价值，创设丰富的教育环境，合理安排一日生活，最大限度地支持和满足幼儿通过直接感知、实际操作和亲身体验获取经验的需要。

筷子起源于中国，蕴含着丰富的文化，有着可挖掘的教育元素。因此，本次活动以"真'材'实'料'系列——'筷筷'乐乐"为主题展开。本组陈洁老师和张荣华老师分别执教了关于筷子的集体活动：大班社会活动"中国筷子"、大班科学活动"筷子架桥"，姚舜老师和顾承言老师分享了以筷子为主题所开展的班本课程，通过观摩学习和研讨思考，共同探究以"筷子"为主题的课程对幼儿学习与发展的重要意义。

研——"看得见儿童"的材料

幼儿是通过与人、环境及材料的相互作用而发展的。材料是连接幼儿和教师的重要媒介，不同的材料蕴含了不同的教育价值，不同的材料会让儿童萌发出不同的游戏兴趣和游戏行为。本次活动选择生活中常见的材料——"筷子"，通过观摩两位老师的活动展示，可以看到孩子们都表现出积极探索、认真思考的状态；透过儿童与筷子的互动，看见儿童的主动学习，真正感受到材料的选择对促进幼儿的发展也是非常重要的。皮亚杰认为，儿童的智慧起源于主客体之间的相互作用，而这种循环往复相互作用的动力来自儿童自身。我们要始终相信，幼儿是有能力的主动学习者。在陈洁老师执教的"中国筷子"活动中，幼儿在第一次自主尝试使用筷子时，陈老师在旁观察并及时发现他们拿筷子时存在的问题，引导幼儿掌握正确的握筷子方式。随后，教师准备了豆子材料，让幼儿通过夹豆子锻炼手部肌肉的灵活性和手指配合的协调性。

透过儿童与材料的互动看见儿童的"困境"。所谓"困境"，是指材料能引发幼儿的认知冲突，能支持新经验或新观念与已有经验或结论之间的碰撞。冲突能使幼儿产生探索问题的内在需求，产生解决问题的动机，促使幼儿寻找协调的途径，是幼儿主动参与学习、主动建构经验的有效途径。例如，在张荣华老师执教的"筷子架桥"活动中，第三次的操作难度加大，挑战穿插、别压的架构。一开始幼儿面临了失败的挑战，但是通过已有经验和新经验之间的架构，获得了能力和经验的提升，不断尝试解决架构问题，从而不断建构相关的知识经验体系，获得相关的探究技能。

探——"看得见儿童"的课程

陶行知先生说过"生活即课程"。在"中国筷子"的班本课程中，姚舜老师通过调查表和谈话活动了解幼儿的已有经验和想探索的区域。姚舜老师整合孩子们感兴趣的游戏并设计了任务卡，激发幼儿的挑战欲望，为孩子创设一切有利的环境，提供所需要的各种材料，最大限度地支持和满足孩子获取经验的需要，在挑筷、夹豆子、投壶、筷子大力士等一系列好玩的游戏中给孩子提供更多的机会和空间进行探索、操作、实践，适度"放手"。教师所提供的的材料不仅能支持幼儿呈现自己的原有经验，还能支持幼儿在原有经验的基础上不断形成新的经验。

还有顾承言老师分享的"向'筷'乐出发"班本课程分为六个环节，循序渐进，递增难度，追随孩子的兴趣展开探究。在欣赏绘本、寻找观察身边的筷子、正确使用筷子、筷子夹物游戏等等系列活动中，孩子们通过实际操作筷子，逐渐提高手的灵活性；通过猜想、表达，发展口语能力；通过游戏，体验合作的重要性；通过对成绩的统计，获得数学经验。

促——"看得见儿童"的发展

正如姚舜老师所说："筷子，从来不是两根棍子那样简单。"是啊，简简单单的材料能给孩子们带来如此有趣的游戏活动，我们要学会透过儿童与材料的互动看见儿童的发展。通过与"筷子"的亲密接触，孩子们掌握了筷子的使用方法、了解了筷子的历史文化、学习了筷子的使用礼仪、分享了筷子的游戏等等。我从孩子们身上看到了专注的神情、投入的状态、敢于挑战的精神……

不论是生活中还是游戏中，我们都要相信孩子，充分地放手，让孩子尽情地提出自己的想法并付诸实践。结果带来的就是他们自主性的发展。在每一次发挥自主性去提出问题、解决问题的过程中,他们自然而然地获得了更强的能力。心中有儿童,教育才有灵魂。"看见儿童"的教育,才是真实地懂得:儿童的教育,就是儿童本身!

主题材料探索与实践

主题活动：嗨！吸管

● **课程缘起**

一天下午，毛毛用完餐点——牛奶，一个人坐在位置上吹着已扁掉的牛奶袋子。他用力地吹了三下，牛奶袋子又回复到原来的样子。他觉得有趣，将袋子压扁后又将袋子吹了起来，反复了好几次。坐在他旁边的邓惜华发现毛毛的玩法后，也尝试了起来，而且还引来很多小朋友的围观。

这时大家也纷纷讨论起来：

毛毛：牛奶袋子可以鼓起来是我刚才在里面吹气啦！

轩轩：这个我知道，是因为吸管两头是空的，可以吹气，就像吹气球一样。

思思：这个吸管真好玩！

陈鹤琴先生说过："好奇心关于儿童之发展、文化之造就，具莫大势力的。"也就是说，幼儿对于一切新的事物都会生出好奇心，一好奇，就要与新的东西相接近，一接近，那就会更真切地理解。一根小小的吸管引起了孩子们极大的兴趣，我们就以孩子的兴趣点为切入点，进行一场与吸管有关的探索之旅。

● **课程审议**

一日生活皆课程，我们不必绞尽脑汁去找一些我们以为很适宜的内容，而是应该重视孩子的真实需要，发挥其独特的教育功能，从而引导和推动幼儿的成长。虞永平教授说"适宜性"是幼儿园课程建设过程中需要坚持的一个重要原则。这既需要符合幼儿的身心发展水平，又要具有挑战性并利于孩子整合经验。这个偶然的发现，让孩子们产生了极大的好奇心与求知欲望。以孩子的视角来发现、开展课程内容是非常合适的。

● **经验调查**

在课程开展之时，老师蹲下身来，先倾听孩子的声音，以他们的经验、需求来审视课程的目标。老师根据孩子"关于'吸管'我想知道"的问题，进行汇总，了解幼儿的实际想法。

"吸管小疑问"调查	
关于"吸管"我知道…… 吸管是用来喝东西（牛奶、果汁、水……）的 吸管是五颜六色的 有一种吸管很粗，是喝奶茶的，因为要吸出大大的珍珠或果粒 有的吸管长长的，有的短短的 喝粥时需要粗粗的吸管，要吸谷物食品	关于"吸管"我想知道…… 在我们的生活中，哪些地方用到了吸管 吸管有哪些神奇的地方 我们用吸管可以做什么有趣的事呢 吸管力气大不大 吸管可以帮助我们做什么 吸管可以做哪些手工作品

● 课程脉络图

● 课程导航

序号	活动名称	活动目标	实施途径			
			集体探究	区域探究	游戏活动	亲子探究
1	寻找吸管	通过寻找，了解各种吸管的种类及作用				√
2	科学：开心到冒泡	在猜想、思考、尝试的过程中，探索泡泡的奥秘，相互分享自己的发现，体验成功的喜悦	√			
3	手工：创意吸管	通过折、剪、贴、画等方法，制作吸管作品，体验成功				√
4	科学：吸管大力士	对科学现象充满好奇和探索欲望，体验科学活动的乐趣	√			
5	科学：吸管抽水机	能动手操作实验，并大胆表达自己的想法			√	
6	科学：吸管运水	通过观察、比较、操作，发现吸管和气压之间的秘密		√		
7	美术：疯狂的头发	探索用吹画的方式大胆的表现颜色、造型夸张的发型。 感受颜料自由流动所产生的乐趣与美感	√			
8	益智区：吸管排排队	比较长短差别的吸管，按从长到短或从短到长的顺序排列 愿意大胆描述自己的排列顺序		√		
9	风吹草动	通过游戏感知气流的大小，体验游戏带来的快乐			√	
10	建构区：自由拼搭	观察、发现松果放入水中会发生什么变化，并用符号等方法把它记录下来，培养幼儿的观察能力		√		

● 集体活动

中班美术《疯狂的头发》

（启东市龚家镇幼儿园　徐　英）

◎ 设计意图

吹画是幼儿并不陌生的一种作画方式。吹画看似简单，但对于幼儿来说，实际操作起来有一定的难度。尤其是吹画的姿势、用力的角度、吹气时的力度等，都需要幼儿通过自己的实践积累经验。本次活动，我借助吸管，让幼儿自主探索吹画的方法，让幼儿在实践中探究发现、相互学习，自然而然地自我建构吹画的经验。

◎ 活动目标

1. 在游戏、欣赏的过程中，体验疯狂的头发带来的视觉冲击。
2. 探索用吹画的方式大胆地表现颜色、造型夸张的发型。
3. 感受颜料自由流动所产生的乐趣与美感。

◎ 活动准备

PPT课件、颜料（红、蓝、黄）3组、画纸、滴管、吸管（人手一个）、抹布、音乐等。

◎ 活动过程

一、谈话导入，激发幼儿兴趣

听说开发区幼儿园再过几天要举行六一狂欢会了，徐老师为每个小朋友准备了一个疯狂的发型，让我们拿出来戴一戴，看一看是什么样的，可以和旁边的小朋友说一说。（引导幼儿直观地感受、体验头发疯狂的样子）

二、出示PPT课件，引导幼儿欣赏图片，感受夸张的头发造型

师：我这里有几张疯狂的发型图片，我们

一起欣赏一下吧。这些发型哪里疯狂了？像什么？

小结：原来疯狂的头发不仅发型特别，颜色也很疯狂呢。

三、师生共同探讨吹画的方法

师：我也想要个疯狂的头发，你们愿意帮我吗？我这里有纸、颜料、滴管、吸管，怎样才能创作疯狂的头发？（教师演示）

小结：先画脑袋，但是不能画得太满，要给疯狂的头发留出一些地方。然后把吸管斜斜地靠近颜料，对准了用力向前吹，颜料就飞出去了。用的力气越大，头发就飞得越远，越疯狂。如果想要头发垂下来，就把纸转一转，倒过来吹，头发就向下飞了。

四、师交代吹画时的注意要求

1. 使用滴管换颜色时要记得先把滴管里面的颜色挤压干净后再去吸其他颜色。
2. 注意保持画纸的干净整洁，手上沾染了颜料要用桌面上的湿毛巾擦。
3. 注意不能用滴管吸太多的颜料，以免纸张被颜料浸透而破洞。

五、幼儿创作，教师巡回指导

师：看了这么多图片，小朋友们也掌握了吹画的方法，现在自己来试试吧。（播放背景音乐，重点指导吹画时幼儿的姿势）

六、欣赏讲评

师：你觉得谁画的头发最疯狂？哪里疯狂？（引导幼儿用自己的语言、动作等描述颜料自由流动时所产生的美感，以及疯狂头发的造型美）

七、拓展延伸

播放课件，让幼儿说一说吸管的用途。

反思：在幼儿的生活环境中，时尚搞怪的发型并不少见，这些发型往往色彩鲜艳、造型奇特，特别符合幼儿不拘一格、求新求异的心理。吹画操作起来虽有一定的难度，需要选择好方向，还需要一定的力度，但是可以满足幼儿随心所欲地制作疯狂的头发的愿望，不失为一个好的创作形式。

在幼儿进行吹画时，教师要提醒幼儿把吸管斜斜地靠近颜料，对准了用力向前吹，颜料就飞出去了。调制颜料时，要注意浓薄适度，过稀则色彩太淡，过浓则不容易吹出去。

中班科学活动：吸管大力士

（启东市实验幼儿园　顾蕾丹）

◎ 活动目标

1. 通过对吸管的探索与发现，初步了解三角形结构的稳定性。
2. 学习记录自己的探索发现并大胆讲述，体验与同伴合作的乐趣。
3. 结合生活经验，了解三角结构在生活中的运用。

◎ 活动准备

1. 塑料瓶、各种吸管人手一份。
2. 操作记录表、便签、记录笔。
3. 盛水的塑料大盒子。
4. 课件、视频"三角结构的运用"。

◎ 活动过程

一、游戏导入，激发兴趣

出示游戏材料：吸管

师：最近，我们班上开展了"吸管"的建构游戏，顾老师也带来了一些吸管。这些吸管可以用来干什么？

小结：吸管可以吸果汁、吸水、吸牛奶……还可以吹泡泡、吹画等，用处真多。

二、探索游戏，初步体验

第一次实验：瓶子拎起来

师：那吸管能不能变成大力士呢？用你手中的吸管，把桌上的一只空瓶拎起来？试试看！（教师发瓶子）

1. 实验要求

（1）用一根吸管拎起瓶子

（2）把你的方法记录在操作卡上

2. 幼儿操作、实验

3. 分享交流，提问

（1）你的瓶子拎起来了吗？

（2）你用了什么办法？把你的方法记录下来，贴在第一块展板上。

师幼共同小结：幼儿边探索边记录，分享记录和游戏发现。

师：用吸管向上顶瓶子、把吸管横过来挑瓶子，这些都不是拎。这个动作才是拎（放第二张PPT），用吸管把瓶子拎起来。

第二次实验：吸管弯折拎瓶子

师：试试把吸管弯折一次，再插入瓶中，看看能不能拎起空瓶呢？

1. 实验要求

（1）吸管弯折一下，放进瓶子

（2）把瓶子拎起来

2. 幼儿操作、实验

3. 分享交流，提问

师：请操作成功的孩子坐一排，还没有操作成功的也不要着急，先坐下来。（调整座位）

（1）这排的孩子都成功了。来，我们大家观察一下他们是怎么成功的，你发现了什么？（吸管折一下放进瓶子，吸管想要恢复原状，就卡在瓶子里面了，吸管变得尖尖的）

（2）为什么这些小朋友没有拎起来？你猜猜看可能是什么原因？其他小朋友能帮助他发现问题吗？（弯头太软）

（3）为什么他的吸管折了以后，没有卡在里面？怎么样做就卡在里面了？（折长一点）

小结：播放PPT课件

师：弯折后的吸管伸入瓶中，吸管想要恢复原状，被弯折部分与瓶子就形成了一个稳定的三角形，因而能轻松提起瓶子。如果插入的可弯折吸管的弯头部分过于柔软，不能在瓶中打开形成三角形，那就不能拎起瓶子；如果吸管的折叠部分过短，短于瓶子的直径，被折叠部分在瓶中轻松还原，没有形成三角形，也不能拎起瓶子。

三、进一步自由探索，再次体验成功

师：那既然是吸管大力士，我们再加入半瓶水，看看吸管能否拎起来？成功的孩子在第三块记录表上帖上自己的笑脸。

四、利用三角形原理，寻找在生活中的运用

师：在我们生活中，哪些是运用了三角形的稳固性原理呢？小朋友们可以继续找一找哦，找到了一起来分享。

师总结：其实在我们的周围还有很多是利用了三角形稳固的原理，我们再到班级里、我们的幼儿园里找一找吧!

◎ **活动延伸**

科学区探索游戏"吸管抽水机"

● **区域活动**

中班建构：吸管搭搭乐

执教：袁李莉

◎ **活动背景**

《3~6岁儿童学习与发展指南》（以下简称《指南》）中指出，教育者要重视幼儿的学习品质。幼儿在活动过程中表现出的积极态度和良好行为倾向是终身学习与发展所必需的宝贵品质。在课程游戏化背景下，教育者应更加关注对幼儿自主学习兴趣、自主探究能力和学习态度等核心素养的培养。

因此，在本次建构游戏中，幼儿利用低结构材料——吸管，进行自主拼搭。刚开始，幼儿在没有预设目标的前提下，通过自主探索，生成新目标。接着，幼儿在主题建构的过程中，通过与其他辅助材料（纸筒、纸板、积木）组合，进行自主建构，并将生活经验与游戏密切联系，在不断发现问题、解决问题的过程中进行创造性搭建。当幼儿遇到困难不能解决时，老师进行适时地引导，帮助幼儿提升经验。整个活动，幼儿兴趣浓厚，在主动学习、有效学习中体验游戏、操作、交往、表现所带来的建构快乐，达到了老师预期的目标。

◎ **活动内容与过程实录**

第一阶段：材料初探——感知吸管特性，自由拼搭，从平面到立体

案例1：

大多数幼儿刚接触吸管时，第一反应就是放到嘴里吹、吸。大家还发现盒子里除了有吸管，还有一个个小的接口。于是，幼儿开始初步尝试简单的拼接。

"老师，这个接口太松了，吸管总是弹出来！"庆庆问道。

"老师，你看我搭了一个正方形，像相框一样！"童童迫不及待地将自己的作品展示给我看。

"老师，我想搭一把小的剑，可是吸管都太长了！"凯伦疑惑地问道。

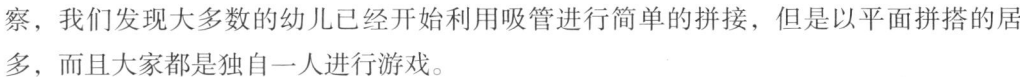

分析与评价

《指南》指出：4～5岁幼儿喜欢接触新鲜事物，经常问一些与新鲜事物有关的问题。通过观察，我们发现大多数的幼儿已经开始利用吸管进行简单的拼接，但是以平面拼搭的居多，而且大家都是独自一人进行游戏。

支持与回应

为了让幼儿拼搭时更有层次、更立体，我组织幼儿进行了一次交流，让他们互相分享拼搭时的经验，互相学习拼搭技巧。同时，我提供给幼儿剪刀，让他们根据自己的需求进行裁剪。通过改变吸管的长度，激发幼儿更多的想象力。

第二阶段：主题建构之铺路环节

案例2：

在铺路这个环节中，幼儿刚开始用长短不一、高矮不一的木头积木铺了一条没有方向的路。而且，幼儿都挤进小区内铺路，经常把旁边的建筑物碰倒，导致幼儿不得不一边铺路一边还要不停地搀扶倒下的建筑物。

分析与评价

中班的幼儿，其抽象思维基本形成并得到发展，但其对于所搭建的物体还缺乏细致形象的表现。作为教师，应适时地介入进行引导，打开幼儿的思路，提升幼儿操作、想象的空间，丰富幼儿的建构技能。

支持与回应

问题1："孩子们，刚刚我发现好几个小朋友在铺路的时候不小心把旁边的房子给撞倒了，你们有没有什么好办法保护好旁边的建筑物吗？"

琪琪说:"我们走的时候慢一点、轻一点!"

轩轩说:"要不我们就让一个小朋友进去铺路,其他人帮忙递积木!"

这个办法好,大家都点头同意了!

问题2:"你见过的小区里的路都是什么样的?走在上面舒服吗?"

晨晨马上回答道:"我们小区里的路是水泥路,有点窄!"

沐沐说:"我们小区的路是弯弯的、平平的!"

庆庆补充道:"我家小区有很多条路,可以通往各幢房子。我还经常去10号楼的乐乐家玩,因为他们家就住在我家前面,中间隔了一幢楼,我一直走就到了!"

教师总结道:"看来,我们小区里不止有一条路,而是有多条路,可以通向各个地方!而且,现在的路都很平坦,小朋友走在上面很安全!"

于是,幼儿开始调整铺路方案。大家分工合作,选取了大小相近的积木,有的搬运积木,有的传递积木,有的铺路。琪琪将大家运来的积木进行平铺,有主路,也有分路,这样的路可以通往各个地方,既整齐美观,功能又齐全,幼儿看了很满意!

第三阶段:作品分享与评价

案例3:

活动的最后一个环节是作品分享与评价,建构的幼儿化身为"小导游"详细介绍了整个建构活动使用的材料和布局,"小游客们"也看得津津有味,称赞不已!

分析与评价

《指南》指出:4~5岁幼儿能基本完整地讲述自己的所见所闻和经历的事情。活动中的"小导游"语言能力发展较好,能清晰、完整地表述一件事情,很棒!

支持与回应

活动中,游客评价这一块是缺失的。因此,教师可以将整个建构作品拍下来,投屏到电视机,引导幼儿一起去欣赏、评价,说说作品好的地方和需要改进的地方,使整个作品变得更有层次、更丰富。

◎ 活动反思

在本次建构游戏中，从材料的探索到主题的设定，主动权完全交给了幼儿。刚开始，幼儿在没有预设目标的前提下，通过探索，生成目标。在搭建的过程中，幼儿对自己的建构物进行分析，并将生活经验与游戏密切联系，在不断发现问题、解决问题的过程中进行创造性搭建。游戏中，幼儿与材料产生积极的互动，在游戏中真正做到自由、自发、自主。

作为教师，当幼儿已有经验得不到提升时，我提供适宜的游戏材料和语言引导，让幼儿探索性地发现问题、解决问题；关注的是幼儿有什么、能做什么，然后把主动权还给幼儿，提供适宜的环境，支持幼儿主动学习、有效学习，体验游戏、操作、交往、表现所带来的建构快乐。

● 课程故事

在孩子们对吸管有初步了解后，问题的产生引起了小朋友们积极探索的欲望。于是，孩子们自行分为四组进行了初步探索与记录。师幼一起合作给自己的探索小组起了小组名称：百变高手、风吹草动、吸力无穷、以柔克刚。经过一次次的讨论设计，孩子们把吸管进行了分类整理，投入区域中，进行吸管这个材料的单项深入式的探究游戏、创作总结。孩子们的创作层出不穷。

探索1　变——"百变高手"

吸管花样多

吸管真是各种各样呢，用自己的方法记录下来吧。再来把各种各样的吸管都记录在总记录表上。

自由拼搭

手链：吸管在卷笔刀的帮助下，变成了一根根漂亮的手链。

吸管创意

小小的吸管可以变出许多有趣的造型。在孩子们想象、计划、操作之后，好玩的秋千、牢固的房子、好玩的滑滑梯、温馨的小花、吹泡器……一个个吸管造型在孩子们与爸爸妈妈的合作下诞生啦！

吸管测量

用吸管量量我们的身体（手臂、腿的长度）。

吸管大力士

师：怎样用一根吸管提起手中的瓶子？

毛毛用吸管在瓶底吸一口气，要像吸纸片一样把瓶子吸上来。几次尝试后，都失败了。

丁祥用吸管把瓶子横着挑了起来，老师提高难度，要往里面加水，顺顺说这个有点难。

师：看我变魔术。（尝试把吸管折了一下，形成了一个小三角形，能让瓶子稍微提起来一点，但很快就掉下来了）

提起瓶子的最佳方法是佳齐折三角形的方法。三角形的三条边要和瓶底差不多长，甚至更长一点，利用吸管可以折叠的特性，把吸管伸进瓶内，进入瓶内的吸管自动打开，形成了一个三角形，能顺利勾住瓶口。

师：不同吸管，不同瓶子都能实现吗？（实验）

不同粗细的吸管，不同大小的瓶子，吸管都能轻松提起瓶子。

师：加重瓶子的重量，吸管还能提起瓶子吗？

孩子们拿不同的瓶子和吸管，进行"吸管大力士"的科探游戏。从空瓶子到加到半瓶水，再到加满整瓶水，一根细细的吸管能勾起这么重的一瓶水，孩子们都高兴地拍手叫好！

探索2 吹——"风吹草动"

1. 手部感知

认识了这么多吸管，小朋友们拿各种吸管玩了起来。阳阳："老师，他用吸管吹我的耳朵，我觉得好痒。"

由于用吸管吹耳朵的行为比较危险，我们专门进行了一次"安全使用吸管"的集体教育活动。于是，田欣怡提议："我们可以用吸管吹手试一试。"那好，我们就用吸管吹手，在用不同力气吹手的过程中，让手部感受到气流大小的变化，并做记录。

优儿惊喜的说道："老师，轻轻吹的时候，手上能感觉到很温柔的风，使劲儿吹的时候感受到一股很有力量的风。"

思思说："可是我们看不到风呀？"

师：怎样才能感觉不同大小的气流呢？

2. 吸管吹墨

于是吸管吹墨的活动开启了，在一张纸上滴两滴墨汁，一滴用吸管轻轻吹，一滴用吸管使劲吹。优儿一边吹一遍大叫："你看我轻轻吹的这边，墨汁就不动，另外一边墨汁都跑到桌子上了。"我们发现，轻轻吹的墨汁流动很慢，而使劲吹的墨汁流动很快，还变成了漂亮的树枝。在吹的同时，小朋友们看到了从吸管里流出的风推着墨汁向前走。"老师，我知道了，我知道了……"，眨着一双大眼睛对着老师说："我们使劲吹吸管能把墨汁吹跑。"说的没错，就是这样。

师：谁的小球跑得快？

通过吸管吹墨，孩子们知道使劲吹气流就大。我们一起玩了一个"小球跑得快"的游戏，让孩子在愉快的游戏中，再次感受气流的变化。气足、气大，小球会滚得快而且又远；气小，小球会滚得慢且近。

小结

在"风吹草动"的探索中，幼儿用吸管吹耳朵的行为引发了大家通过手部感知吸管吹出的气流（触觉）和用吸管吹墨汁观察由于气流大小墨汁变化（视觉）的活动，小组在合作观察、对比中发现，使劲吹吸管时，手部感觉风很大，墨汁也会跑得很快；轻轻吹时，风很小，墨汁也不怎么动；用力吹小球，小球跑得快又远。

探索3　吸——"吸力无穷"

1. 吸管运小球

尝试过吹，接下来我们开始了"吸"的探索。这次我们增加了探索难度——吸管运小球，将撒在桌子上的彩色泡沫小球用吸管运到盘子里。

孩子们很喜欢这个游戏，玩得不亦乐乎，在游戏的过程中，产生了新的问题。

王晨宇："老师，我感觉我的这个吸管吸小球好费劲呀！"

大家仔细观察了王晨宇小朋友吸小球，发现他的吸管可以折弯，而他把吸管拉直后，吸管变得很长。

贾轶越提出："可以把吸管还原，让它变短一点，像我这样就好了。"

王晨宇按照贾轶越说的，把吸管缩短再次吸小球："咦，好像比之前轻松了许多。"那这是为什么呢？贾轶越说："因为吸管短一点，空气就少，这样轻轻吸一下就可以吸住小球了。"

2. 吸管"吸"水

吸管除了用嘴巴可以把水吸上来，还能怎样吸上水呢？孩子们开始了自主探索，在把吸管插入水中之后，千方百计地尝试不用嘴巴把水"吸"出来——用手捏住吸管、把吸管折弯、用吸管"舀"水……我们在观察中发现，有许多幼儿向同伴展示自己用手捏住吸管或把吸管折弯都可以把水"吸"出来。但是孩子们在兴奋自己挑战成功的同时也发现，不论是哪种方式都会有水滴出来。孩子们充满疑惑，向老师求助到底是哪里出了问题。

我们让孩子先了解用手捏住吸管或把吸管折弯时能把水吸出来的这种现象是由于吸管放入水中后，杯子中的水钻进吸管把吸管中的空气挤跑了。当我们用手捏住吸管或把吸管折弯时就把水的路堵住了，同时取出吸管发现把水"吸"出来了，这是因为吸管下面的空气很多、力量很大，也就是大气压强很大，所以把水挡在吸管里掉不出来，但是由于在捏吸管或折弯吸管的时候会有空隙，吸管上面的空气会挤压水导致水滴出来。那如何才能不让水滴出来呢？

大家展开了如何才能不让水滴出来的激烈讨论。

毛毛："我们可以用胶带把吸管上面的洞粘住。"

小菲："可以用手把吸管堵住。"

阳阳："我们试一下用两只手把吸管紧紧捏住。"

我们按照以上方法积极尝试，发现只有用手堵住吸管进行上面的试验，才没有水滴出来。

那在我们的生活中和吸管吸水原理相似的有哪些现象呢？例如"针管吸药液"——在吸取药液的过程中，当向外拉活塞时，针管内仅有的一小部分气体体积变大，大气压强减小，而外界大气压强不变，就会将药液压入针管内。

小结

通过"吸管吸小球"和"吸管吸水"的探索，孩子们初步了解了关于压强的概念，在对比、探究中发现了吸管运小球更快的方法，用手堵住吸管可以把水吸出来。操作过程中，孩子的动手能力越来越强，并且对于吸管和大气压强的关系产生了浓厚的兴趣，也激发了自身的求知欲和探索欲，迫不及待地想要进行下一步探索。

探索4　插——"以柔克刚"

1. 吸管插酸奶

在经过有关吸管"吹"与"吸"的探索之后，车欣怡说："老师，怎样才能很快插进酸奶呀？"是时候解决如何轻松用吸管插酸奶的问题了。

孩子们手拿吸管跃跃欲试，尝试如何用最小的力气插透酸奶盖——用手捏紧吸管、折弯吸管、用手堵住吸管。最后，大家讨论并发现用手堵住吸管时可以最轻松地插透酸奶盖。为什么呢？老师来答疑解惑啦！这是因为用手堵住吸管后插酸奶时，吸管里的空气体积变小，压强变大，会使吸管变得很坚硬，所以就能很轻松地插透酸奶盖。

2. 吸管插透土豆

既然用手堵住吸管时能够轻松地插透酸奶盖，那它到底能有多大的力量？我们又开展了"吸管大力士"的探索。

比酸奶盖坚硬的土豆成为实验对象。大家在敲、捶、砸、捏土豆的过程中感受到了土豆的坚硬，接着开始用不同的方式尝试插土豆。我们把是否用手堵住吸管插土豆的实验结果进行对比，发现在同等力度下，用手堵住吸管时能穿透土豆，而没有用手堵住吸管时则只能插破土豆的表皮，甚至吸管会因为无法承受如此大的压力而变弯曲。基于插酸奶探索的经验，这一次，王易晨抢着当解说员，为我们讲解了吸管插土豆的原理——这是因为插土豆的时候，用手堵住吸管的一端，吸管里的空气体积在插入土豆的瞬间变小，压强变大，会使吸管前端变得坚硬，所以就能穿透土豆了。

● 课程感悟

虞永平教授说，"适宜性"是幼儿园课程建设过程中需要坚持的一个重要原则，追求适宜性也是幼儿园课程建设的重要价值指向。从幼儿个体、经验、兴趣、班级情况出发，建构和实施科学、合理的课程显得尤为重要。《嗨！吸管》班本课程来自于孩子的生活，从孩子的一次喝完牛奶吹鼓袋子进入吹吸管、吸管的吸力、吸管的百变、吸管的以柔克刚。在吸管的一系列活动中，孩子们认识到吸管给人们的生活带来的方便与快捷，了解吸管在生活中的应用，能根据吸管的特点进行简单的分类。孩子们不断调查、实验、记录，感受到科学探索的乐趣，了解各种吸管的特征和作用，充分发挥想象力和创造力。在吹墨汁、吸水和插土豆等不同的实践探索中，通过观察、比较、分析，发现并大胆描述墨汁在不同气流下的变化、用不同方式吸管吸水和插土豆的结果，幼儿能在探究中与同伴合作交流用图表符号记录结果，能更为直观形象的认知了解和体验感受相对抽象的压强概念及其与吸管的关系，具备了初步的探究能力，同时联系生活应用感知了科学在生活中的广泛应用，在探究中认识周围事物和现象：针管吸药液，喝酸奶、奶茶或杯装稀饭等的插吸管方法……一次次的猜想、一遍遍的失败又成功，一张张笑脸乐在其中。当我们跟随孩子的问题、追随孩子的脚步、促进孩子主动学习时，课程就在孩子的生活中，在孩子的行动里，在孩子发现和解决问题的过程中。

主题材料探索与实践

主题活动："纸"趣

（董娟名师工作室第四组）

● 主题来源

我们每天都要用到纸。保育员老师擦窗子的纸是什么纸？餐巾纸和白纸是用同一种原料做的吗？为什么画上滴了水，颜料扩散了？小朋友一系列的问题引发了大家的思考……纸是我们生活中非常常见的一种物品，我们几乎每天都要用纸，它种类丰富、用途甚广。

基于"纸的作品随处可见，纸的种类丰富多样""挖掘地方资源，传承非遗文化""立足当前儿童本位，立足班级保教实际"等认识，经班级教师共同审议后，我们提出了"纸趣童心，快乐生长"的理念，选择以"纸"为媒，构建这一主线的班本课程，让幼儿通过欣赏、游戏、操作、展示等形式来促进自身的主动学习与发展，从而为幼儿良好学习习惯的养成、学习能力的提升、意志品质的发展奠定良好的基础。

● 课程思路

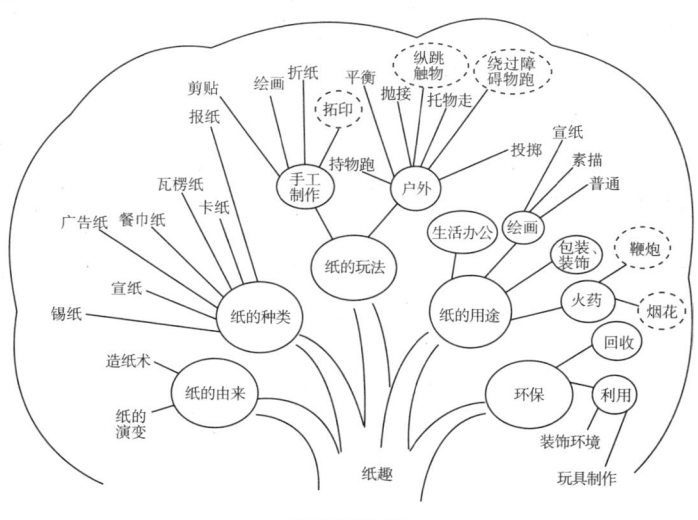

课程网络图

● 课程叙事

纸的种类繁多、用途广泛，幼儿在生活中使用纸，在游戏中也经常接触各种各样的纸，对纸有了一定的认识。"保育员老师擦窗子的纸是什么纸？"，从李恒宇小朋友的这个问题中，我们拉开了"纸趣"班本课程的序幕，一起真正走进了纸的世界。

班级从"实施《幼儿园教育指导纲要（试行）》《3~6岁儿童学习与发展指南》的需要，提升幼儿核心素养的需要，提高教师专业素养的需要"这三项实施价值考虑，把实施目标定位于"开发班本特色课程，培养创新善美儿童，提高教师教育观念，构建和谐育人文化"。因此，我们预设了以下课程目标：（1）多途径了解生活中常见纸的名称、用途及多样特性。（2）运用多感官探索纸的玩法，大胆与同伴交流自己的发现。（3）运用纸开展丰富的游戏活动，在游戏中提升自主探究、解决问题和乐学善思等能力。（4）了解纸的由来，知道纸最早是中国人发明的，激发幼儿的民族自豪感。（5）了解纸在生活中的作用，萌发爱惜纸张和环保的意识。

识　纸

一个天气晴朗的下午，正在游戏的李恒宇看到保育员老师正在走廊上擦窗子，手里拿的不是平时擦桌子的布，而是几张报纸。在迅速把这个发现分享给身边的小朋友后，他们开始讨论起来，"为什么拿报纸擦，报纸能擦干净吗？""我看见我奶奶也这样擦窗子。"……既然大家这么感兴趣，我们去问问保育老师吧！

我们的疑问很快就得到了解答：原来报纸有很好的吸水性，擦过的窗子没有水印，也不会像毛巾一样掉毛。同时，报纸上的油墨能吸走灰尘，让玻璃变得特别亮。没想到报纸还有这样的用处，孩子们纷纷和伙伴们交流起来。不一会儿，班上所有的小朋友都知道了报纸擦窗子的秘密。那其他纸能擦窗子吗？它们又有什么用处呢？

我们一起来找一找生活中各种各样的纸，幼儿园里有彩纸、餐巾纸、卡纸、包装纸、报纸、皱纹纸。正逢周末，我们还和爸爸妈妈一起寻找生活中的纸，有锡纸、牛皮纸等等好多品种。我们摸一摸、试一试、折一折，知道了许多纸的名称，感受到它们各不相同的触感，初步了解纸的用途。

小朋友们收集了很多纸，怎么把它们整理好呢？让我们一起来想想办法。教室里的东西都是分类摆放的，经过一番激烈的讨论，我们决定把收集来的纸分为生活用纸、美术用纸和游戏用纸。

随着对纸的种类、特征和用途的进一步认识，孩子们喜欢在活动区里摆弄、操作各种纸，同时也对"到底纸是怎么来的"表现出强烈的探索兴趣。我们通过多媒体课件了解纸的由来及现代造纸的便捷，和爸爸妈妈一起调查造纸的材料和工具，还亲手制作了再生纸。

区域里，折纸飞机是很多孩子最热衷的游戏。音乐活动《纸飞机》中，孩子们发现歌词内容描述了折纸飞机的方法以及游戏的过程。大家结合折纸飞机的经验学唱歌曲，同时玩纸飞机的游戏，在歌唱的同时体验与同伴一起游戏的快乐。

探 纸

正在大家乐此不疲地玩纸飞机时，新的问题出现了。一架纸飞机飞到了一个水洼中，一侧的翅膀很快就因为沾到了水而破破烂烂。"这个彩纸沾到水很容易湿的""卫生纸也是遇到水就化掉了""我们换种纸吧，用卡纸，厚一点"。

随着幼儿对纸的探究越来越深入，发生在他们身边的一些事情会吸引着他们：为什么有的纸很容易撕破，有的纸不容易撕破？为什么卫生纸洒上水以后会吸收水？……结合这些问题，孩子们通过有意思的小实验"纸船飘飘"，运用猜一猜、试一试等方法，自主探究、发现纸的特性。锡纸、牛皮纸、包装纸都不容易被水浸湿，餐巾纸、宣纸、彩纸特别容易被水浸湿。

实验中，宣纸和餐巾纸做的纸船都很快就沉了下去，不过装饰在上面的花纹却变得很好看，点点变成了一朵朵小花，线条像是一根根水草。于是，我们结合纸吸水性的特点，选用宣纸为印染载体，一起来绘制了色彩丰富的印染画。我们引导幼儿自主探索印染的方法，在印染中发现问题，然后带着问题看老师示范点、蘸等印染的方法。通过在印染过程中感受色彩和图案的变化，幼儿感受美、表现美、创造美。

有了宣纸印染画的基础，很快，孩子们开始利用起各种美术用纸进行绘画和创作，纸袋玩偶、纸盘画、报纸蜗牛等等都出现在了美工区。

阅读区里，孩子们一起认真阅读了故事《小老虎的名片》。小老虎因为名片认识了很多朋友。有了名片，我们可以很清楚地让别人知道我们的信息。让我们也来试试做一张属于自己的名片吧！

建构区的男孩子们发现了报纸的新玩法！他们把报纸变成了球和棍子，教室俨然成为一个简易球场。生活中随处可见的报纸，质地柔软，适合造型成多种花样。孩子们在活动中对纸的研究越来越深入，利用废旧报纸为游戏的载体，充分探究报纸的多种玩法，把报纸变成球、条等各种形状运用在游戏中，在玩中提高体育技能。

玩 纸

报纸还可以是拓印画的材料呢！我们和幼儿一起欣赏绣球花的图片，利用报纸大胆创作。

"我与大师对话"是班级特色创意美术课程的重要载体，孩子们欣赏、理解大师的作品，并进行创意美术制作。在美工区法国艺术大师马蒂斯的剪纸图片《克里奥尔的舞者》吸引了孩子们的目光，大家尝试运用自己能够理解的方式剪贴自己心中的舞者形象，体验剪贴画创作的乐趣。除此以外，我们还展开了新的创作，剪贴画《纸娃娃》《小船的旅行》等作品精彩纷呈。

剪贴画结束后，教室内多出了许多的碎纸。这些纸张还能干些什么呢？经过尝试，我们发现，这些碎纸还能拼成一本故事书！有了这个想法，我们便开始制订计划，做一本书需要以下步骤：整理材料、编故事、裁剪粘贴、装订成书。在一番讨论后，我们成立了图书制作组，明确了每个人的分工。一个星期的努力后，我们的自制图书终于诞生啦！

制作图书可真是不容易，我们平时要好好保护图书。音乐活动"小人书不哭"结束后，大家更明白了保护图书的重要性。瞧，我们一起学唱歌曲，也在生活中践行保护图书的意愿。

纸，平常而不平凡。"纸"趣课程依然在进行中，孩子自主大胆地探索、发现、创造，教师认真智慧地观察、思考、支持。活动中，我们听到孩子拔节成长的声音，也看到自己充满力量的脚步。

● 课程反思

一、目标定位——从"有"到"优"

基于"纸的作品随处可见，纸的种类丰富多样""挖掘地方资源，传承非遗文化""立足当前儿童本位，立足班级保教实际"等认识，经班级教师共同审议后，我们提出了"纸趣童心，快乐生长"的理念，选择以"纸"为媒，构建这一主线的班本课程，让幼儿通过欣赏、游戏、操作、展示等形式来促进自身的主动学习与发展，从而为幼儿良好学习习惯的养成、学习能力的提升、意志品质的发展奠定良好的基础。

二、亮点举措——从"思"到"行"

在课程建构中，我们采取"放权"策略，赋予幼儿自主选择课程内容和自行安排实施的时间、空间等权利，让幼儿与教师共同成为实际课程的开发者、研究者、设计者和评价者。

（1）给幼儿安排一日活动的权利

面对班级课程权的下移，我们坚持"眼中有幼儿，心中有目标，保教不偏废"的原则，调整弹性作息时间，有效激发了幼儿的积极性和主动性。

（2）给幼儿选择活动内容的权利

教师在关注本班幼儿兴趣需要的基础上，结合幼儿年龄特点和《3～6岁儿童学习与发展指南》精神，观察和解读幼儿并生成有趣、有益的活动。

（3）给幼儿创设教育环境的权利

我们追求"适当留白、师幼共商、逐个替换、过程翔实、人人知晓"的课程环境，以呈现师幼研究学习的过程轨迹，展示、提升、梳理幼儿的知识经验。

三、后续思考——从"优"到"精"

1. 把握课程价值，塑造共同愿景

在实施"纸趣童心"班本课程中，我们把握住了幼儿的年龄发展特点和实际水平，但如何在课程实施中融合预设和生成，是构建适宜性课程、促进幼儿发展的重要问题。后续，我们将对"纸趣童心"班本课程的目标和内容做进一步梳理，使课程建构有据可依，让"纸趣童心"课程真正促进每位幼儿整体、全面、和谐、富有个性的发展。

2. 整理课程策略，提炼有效经验

除了对现有课程内容进行反复推敲、研磨梳理外，我们要建立"纸趣童心"课程资源库，对其中的课程内容进行进一步优化与整合，并整理归档。

带着追求与思考，我们努力前行在班本课程建设与探索的道路上，我们始终相信，所有的梦想始于追求，而实现梦想一定要付诸行动。我们愿成为幼儿的追随者、陪伴者和同行者，和幼儿共同成长、进步。

● 课程实施

实施框架

课程缘起	在当前全面开展课程游戏化大背景下，将废旧材料应用于幼儿园课程游戏，能够积极引导幼儿参与到游戏中，同步开展环保教育、创新教育。为此，大班开学初，我们就让孩子们收集废旧物品，其中最多的就是纸盒、泡保等等。大1班的班本课程"纸趣童心 快乐生长"由此开启了神秘之旅。纸不仅成为孩子们生活中的伙伴，也成为孩子们游戏、创作的必备材料
课程目标	1. 多途径了解生活中常见纸的名称、用途及多样特性。 2. 运用多感官探索纸的玩法，大胆与同伴交流自己的发现。 3. 运用纸开展丰富的游戏活动，在游戏中提升自主探究、解决问题和乐学善思等能力。 4. 了解纸的由来，知道纸最早是中国人发明的，激发幼儿的民族自豪感。 5. 了解纸在生活中的作用，萌发爱惜纸张和环保的意识
实施周期	三周
集体活动菜单	活动一：各种各样的纸　　　活动二：纸从哪里来　　　活动三：纸飞机 活动四：花儿朵朵开　　　　活动五：纸的秘密　　　　活动六：小老虎的名片 活动七：好玩的纸球　　　　活动八：舞者　　　　　　活动九：小人书不哭

续表

游戏活动菜单	纸趣一——小猴玩纸棒　　纸趣二——送信 纸趣三——赶小猪　　　　纸趣四——风车转啊转 纸趣五——好玩的报纸　　纸趣六——抬花轿	
亲子活动菜单	亲子调查：纸的由来和制作　　亲子体验活动：好玩的纸 亲子艺术活动：剪纸　　　　　社会实践活动：参观纸艺展览	

● 区域活动

区域	游戏名称	材料准备	游戏玩法与建议	游戏图片
语言阅读区	1.纸的故事	投放绘本《大熊的纸飞机》《蔡伦造纸》《纸袋娃娃》	1. 幼儿自主阅读绘本，大胆向同伴讲述关于纸的故事。 2. 幼儿自选图书，认真观察画面，讲述自己感兴趣的图片内容，创编关于纸的故事。 3. 提醒幼儿安静地、一页一页地翻阅绘本，养成良好的阅读习惯	
	2.当我们成了纸娃娃	绘本《纸娃娃》和制作的娃娃、小草、恐龙、公交车、农场、老虎等指偶	1. 幼儿阅读绘本《纸娃娃》，并尝试讲述绘本内容。 2. 结合绘本内容，引导幼儿同伴之间互相配合，运用指偶讲述绘本故事中五个纸娃娃经历的事情。 3. 为幼儿提供指偶讲述的机会，在集体面前进行讲述	
	3.自制图书	各种挂历、广告纸、废旧图片、图书等、剪刀、胶水、画纸	1. 幼儿观察各种挂历、广告纸、废旧图片、图书里的内容，选择自己喜欢的图片剪下。 2. 幼儿根据图片的内容进行拼贴，并能与同伴进行讲述，教师提醒幼儿在讲述的过程中使每一幅图片之间有一定的联系性。 3. 幼儿为自己制作的图书起名字，并能用符号表示，教师鼓励幼儿运用绘画等方式为自己制作的图书设计封面和封底	
	4.纸奶奶过生日	《纸奶奶过生日》的绘本、图片及录音、纸奶奶故事角色小图片	1. 幼儿阅读《纸奶奶过生日》绘本，并看图片理解故事内容，讲述各种有特殊本领的纸来给纸奶奶过生日的过程。 2. 幼儿听录音操作故事角色小图片，重温故事过程。 3. 在故事欣赏中了解未来的纸，探知纸的更多用途，并产生进一步探究纸的兴趣	

续表

区域	游戏名称	材料准备	游戏玩法与建议	游戏图片
语言阅读区	5.修补图书	剪刀、纸、胶水、透明胶带等，破损的图书	1. 幼儿认识修补图书的工具、材料，学习修补破损图书的方法。 2. 幼儿共同讨论：图书破损了怎么办？可以用什么材料来修补？ 3. 幼儿将修补好的图书放到书架上，激发幼儿爱护图书及对自己的劳动成果感到自豪的情感。 4. 教师引导幼儿发现破损的图书及时地修改，懂得爱护图书、保护图书的重要性	
美工制作区	1.可爱的小蜗牛	蜗牛图片、大张报纸、彩色卡纸以及小树枝、背景树叶、油画棒、双面胶等装饰材料	1. 幼儿观察蜗牛，并根据蜗牛的特点运用报纸卷出蜗牛的身体，用彩色卡纸或小树枝做小蜗牛的触角。 2. 幼儿运用各种花纹装饰小蜗牛。 3. 幼儿将做好的小蜗牛放在大树叶载体中，感受创作的快乐	
	2.纸袋玩偶	大小及造型不同的纸袋子、各色水粉颜料、发光糖纸、各种形状的卡纸、纽扣、毛线、皱纹纸、胶水、棉签	1. 观察纸袋的形状，幼儿尝试根据纸袋的形状运用各种形状的卡纸、发光糖纸等设计纸袋玩偶的五官等。 2. 幼儿运用纽扣、毛线、皱纹纸等进行装饰，注意眼睛的对称性，体验纸袋变成玩偶的乐趣。 3. 将幼儿创作的纸袋娃娃进行展示，引导幼儿相互交流，大胆介绍自己的作品	
	3.纸面具	彩色的纸盘、羽毛、各种形状的彩卡、毛根、双面胶、画笔、水粉颜料、剪刀	1. 幼儿在纸盘上剪出眼睛的位置，并运用绘画、粘贴等形式，创作出不同造型的纸面具。 2. 幼儿迁移生活经验，大胆想象，使用各种材料创造性地制作纸面具的五官、发饰等。 3. 幼儿从纸面具的设计及材料的运用等方面向同伴介绍自己的作品	
	4.小船的旅行	绘本《小船的旅行》，瓦楞纸、卡纸、皱纹纸、包装纸等各种颜色和材质的纸，画有海底背景的大版纸，胶水	1. 幼儿观察绘本中小船在海中航行所经过的地方，并根据画面内容撕贴出小船和小鲸鱼等。 2. 幼儿把撕贴的内容粘贴到海底背景中，并创造性的撕贴出不同的白云、浪花等进行装饰。 3. 幼儿向同伴讲述自己撕贴的作品	

续表

区域	游戏名称	材料准备	游戏玩法与建议	游戏图片
美工制作区	5.剪纸娃娃	各色彩纸、画笔、剪刀	1. 幼儿通过图片观察，运用连续折叠的方法剪纸娃娃。 2. 幼儿画出人物的模样，运用折剪法表现人物，运用各种装饰花纹进行装饰，线条粗细突出。 3. 能耐心、细致地参与到剪纸活动中，并讲述自己剪的纸娃娃	
	6.池塘里的小蝌蚪	小蝌蚪的实物或图片、宣纸、毛笔、国画颜料、调色盘、抹布	1. 幼儿观察小蝌蚪，了解小蝌蚪的外形特征，画出小蝌蚪的主要特征。 2. 幼儿尝试用毛笔勾一圈画出小蝌蚪的脑袋，竖笔仔细蘸墨，画出小蝌蚪的尾巴。 3. 幼儿与同伴交流、分享自己的作品	
益智游戏区	1.纸宝宝捉迷藏	卫生纸、复印纸、邮票、牛皮纸、瓦楞纸等各种各样、不同形状的纸，装饰好的纸箱	1. 出示卫生纸、牛皮纸等各种各样、不同形状的纸，指导幼儿说出不同纸的名称，并摸一摸感受纸的不同特点，巩固对纸的认识。 2. 玩游戏"纸宝宝捉迷藏"：将各种纸放入装饰好的纸箱，幼儿从纸箱中摸一张纸，并根据纸的特点猜一猜是什么纸，然后拿出纸进行验证。 3. 幼儿与同伴合作玩游戏，并互相记录猜对的结果，比一比谁猜对的多，在游戏中进一步了解纸的特征	
	2.纸杯碰碰乐	底部带有数字和与数字相一致的图案的纸杯20个	1. 引导幼儿观察纸杯底部的数字和图案，学习根据数字找到相对应的图案。 2. 鼓励幼儿发现规律进行配对游戏，游戏开始：幼儿仔细观察倒扣的纸杯上的数字或图案，找到相对应的两个纸杯叠放在一起。 3. 两名幼儿进行比赛：幼儿每人一套纸杯玩具，比赛铃铛响起，两名幼儿同时开始寻找相对应的纸杯叠放好。在铃铛再次响起时，谁的配对多，谁就获胜。 4. 提示幼儿遵守游戏规则，鼓励快速、准确地进行配对，体验游戏的乐趣	

续表

区域	游戏名称	材料准备	游戏玩法与建议	游戏图片
益智游戏区	3. 青蛙跳跳跳	折纸青蛙，皱纹纸、蜡光纸、瓦楞纸等不同的纸制作的赛道	1. 幼儿制作折纸青蛙，尝试让青蛙在不同的纸质赛道上跳起来。 2. 比一比在哪一个赛道上跳得远？感受不同赛道的特点。 3. 两名幼儿进行比赛，看一看在同一个赛道上谁的青蛙跳得远？ 4. 幼儿尝试多种方法让青蛙跳得快、跳得远	
科学发现区	1. 蚕宝宝喝水了	卫生纸若干、铅笔	1. 引导幼儿将大小合适的卫生纸卷在铅笔上，然后从两边用力往中间挤，纸皱在一起后，再把铅笔从中间抽出，用水彩笔点上眼睛，蚕宝宝就做好了。 2. 幼儿把水滴在蚕宝宝的身上，并观察蚕宝宝的变化。幼儿观察、思考蚕宝宝身体发生变化的原因，进一步感受纸的吸水性	
	2. 制作再生纸	再生纸制作的步骤图、过滤网、干毛巾、纸浆	1. 结合幼儿的已有经验，引导幼儿根据制作再生纸的步骤图合作制作再生纸。（制作再生纸的步骤：把纸浆倒在过滤网上——用干毛巾盖住过滤网压出水分——把过滤网倒扣在报纸上吸干水分——把挤干水分的纸浆夹在宣纸里压在书下面，过一会——取出来放在阳台上晒干，一张再生纸就做好了。） 2. 幼儿根据制作的过程总结出方法，如：纸浆要薄薄的一层、一定要压干水分、纸要晾干才能用等。 3. 幼儿用晾干的再生纸进行绘画，感受制作再生纸的成就感	
	3. 纸花开放了	彩色画纸、手工制作花苞图示一张、水盆、抹布	1. 幼儿用彩色纸剪出各种小花，将小花的花瓣进行折叠，放进水盆中进行观察。 2. 幼儿观察水中小花由闭合到开放的变化，记录实验结果，交流、讨论实验过程等，相互介绍各自的发现。 3. 幼儿通过游戏观察不同纸花开放的特点，进一步了解纸的特性	

续表

区域	游戏名称	材料准备	游戏玩法与建议	游戏图片
科学发现区	4.好玩的纸桥	纸杯、彩纸、积木若干	1.将两个纸杯并排放在桌上，留一定间距，并在纸杯上方平放一张彩纸。 2.将积木放到纸上，观察结果。 3.将彩纸折成波浪状：从纸的一端开始折，每次折一小段（1 cm宽），然后将纸翻过来折，直到将纸折完。 4.将折好的纸再次放到纸杯上，再次观察纸能承受的积木的重量	
音乐表现区	1.彩条舞	节奏感强的音乐，各色剪成条状的皱纹纸、电光纸等	1.幼儿自主选择各种彩纸条，放到身体的各个位置，根据音乐节奏大胆地创编动作表演，创造性地使用各色彩条。 2.提醒幼儿与同伴协商，创编动作、队形进行表演，体验表演的快乐。 3.鼓励幼儿在集体面前大胆地表现自己	未开展
音乐表现区	2.纸面具舞会	幼儿自制的纸面具、舞会音乐	1.幼儿把在美工区制作的纸面具戴在脸上开展纸面具舞会。 2.幼儿随音乐大胆地创编舞会动作，尝试合作进行表演。 3.交换舞伴继续舞蹈，体验与同伴合作舞蹈的快乐	
音乐表现区	3.纸的时装秀	纸的创意服装、动感音乐、眼镜、围巾等装饰材料	1.幼儿穿好自制的服装后，同伴间互相装扮，并能随音乐设计相应的动作。 2.幼儿在音乐的伴奏下，能够根据自身的装扮做出动作，大胆展示自己的时装，并到各个区域去进行演出。 3.演出后相互交流，体验与同伴合作表演的快乐	待开展
拼搭建构区	1.纸王国的城堡	纸箱、纸筒、积木	1.运用绘本《纸袋公主》创设"纸袋公主要建造新的家，请小朋友帮助设计城堡"的情景，幼儿动脑筋用积木、各种纸箱、纸筒等辅助材料，合作设计城堡。 2.幼儿运用塔式垒高、平式链接等方法进行组合表征，教师提醒幼儿注重房门窗口等位置的搭建。 3.幼儿在搭建过程中尝试与同伴协商、合作完成对城堡结构的安排	

续表

区域	游戏名称	材料准备	游戏玩法与建议	游戏图片
拼搭建构区	2.纸牌变变变	纸牌	1.幼儿用垒高、链接的方法及竖立纸牌的技巧，拼摆出不同的图案。 2.幼儿探索用不同的方法将纸牌进行连接。 3.幼儿与同伴一起商量搭建的主题，合作进行搭建	

● 课程回顾

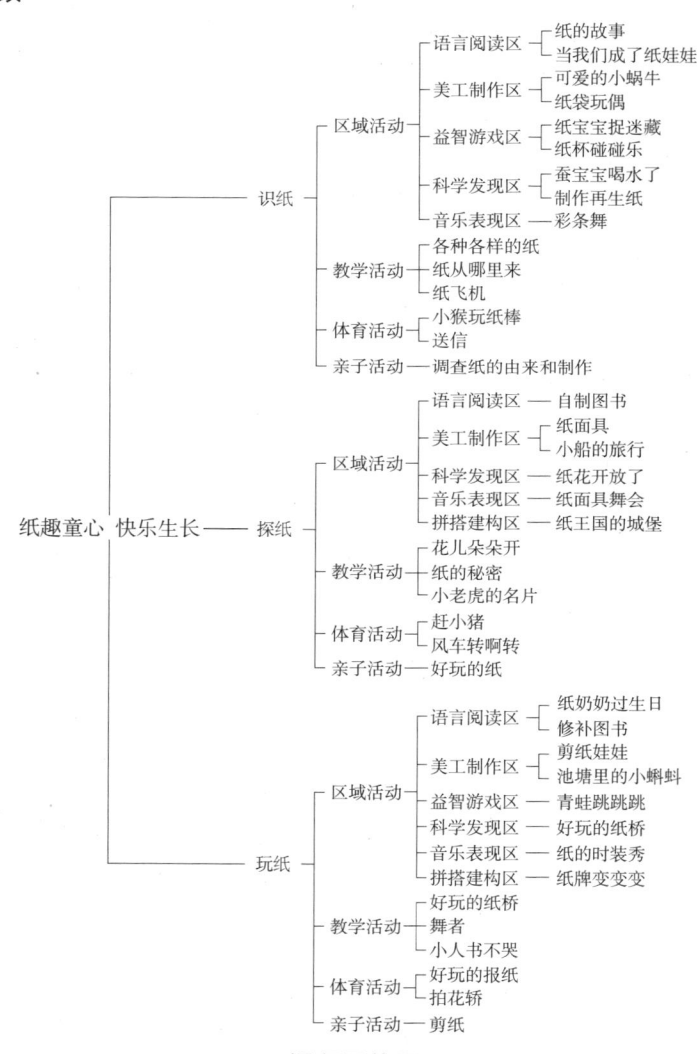

课程网络图

● 可视化学习环境

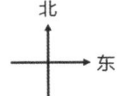

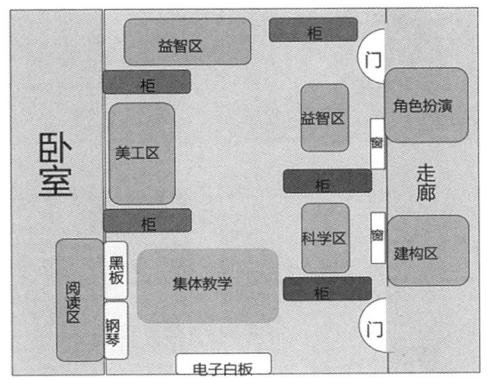

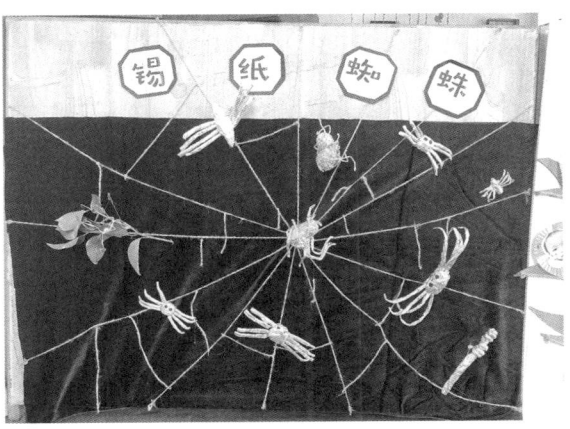

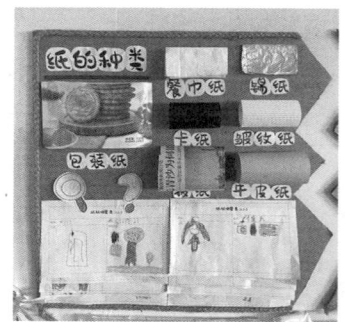

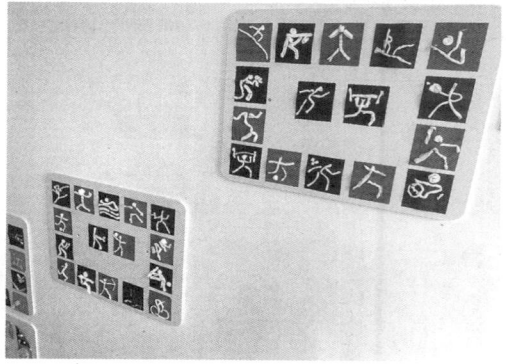

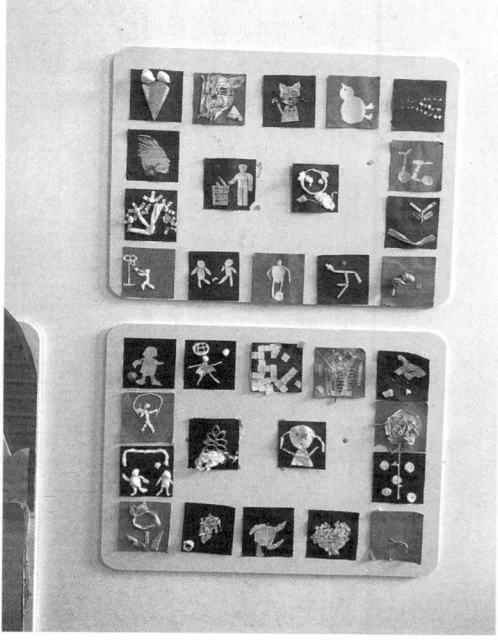

● 多样性学习资源

资源类别	资源目录
社区资源	家长和教师共同带领幼儿找生活中各个地方、各种用处的纸
家长资源	家长和幼儿完成"纸从哪里来"的亲子调查
	亲子剪贴画：纸娃娃
书籍资源	绘本《大熊的纸飞机》
	绘本《蔡伦造纸》
	绘本《纸娃娃》
	绘本《小船的旅行》
	绘本《纸奶奶过生日》

主题材料探索与实践

主题活动:"牌"来排趣

(董娟名师工作室第一小组)

● **主题起源**

开放性材料是一种使用方便、玩法开放、有吸引力的游戏材料,它更具有包容性,能引发孩子多种创意。孩子总能和开放性材料碰撞出各种火花,简单的小石子,他们会用来铺路、堆小山、假装成食材;一根根小木棍,他们会拿来拼摆小人、层层叠高、做蜗牛触角。那孩子们还会和什么开放性材料展开有趣的游戏之旅呢?

带着这个疑问,我们组的老师进行了思考、预设、探讨,回到班级中去挖掘身边的资源,寻找孩子们感兴趣的话题,在区域中投放各种开放性材料,去发现孩子们的内心视角。经过一段时间的观察,老师们发现,投放的纸牌激发了孩子们的探究欲望,孩子们都非常感兴趣。小小纸牌,可以激发幼儿对数字、颜色的兴趣,培养幼儿的逻辑能力,锻炼幼儿运用策略解决问题的能力,帮助幼儿培养专注力,还可以培养幼儿的合作创造能力,帮助幼儿进行创意搭建等等。

一场纸牌之旅即将开始……

● **主题活动目标**

1. 认识纸牌的种类、初步了解纸牌的发展历史。
2. 在游戏中,培养幼儿的合作意识,提高幼儿协作完成搭建的能力。
3. 积极探究,发展幼儿的思维能力。
4. 感受游戏带来的快乐,体验游戏的乐趣。

● 活动思路

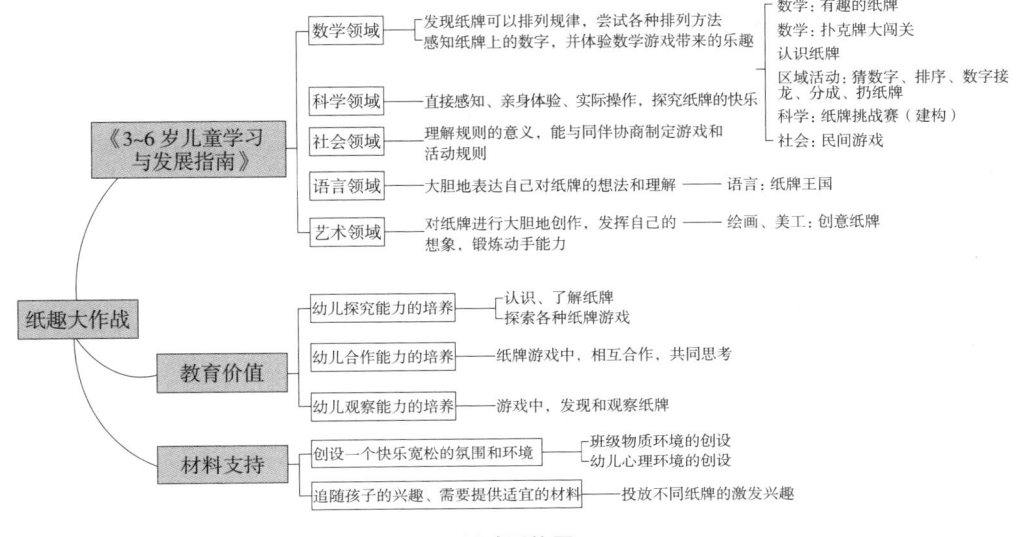

活动网络图

● 活动实施

班本活动：纸牌大挑战

（和睦幼儿园　陆云凤）

◎ 课程起源

一开始，区角中是没有纸牌的。上学期，陈菊主任在给我们班的小朋友上课时提起了纸牌。小朋友对此很感兴趣，一回到教室就吵着问纸牌是什么？怎么玩？但是那一次，我忽略了孩子的需求，正好又借助这次的活动，我就把纸带到了孩子的身边！感觉是一种机缘巧合，也是一种明明之中的注定！就这样纸牌之路开始了！

分别从四个顺序进行纸牌活动：

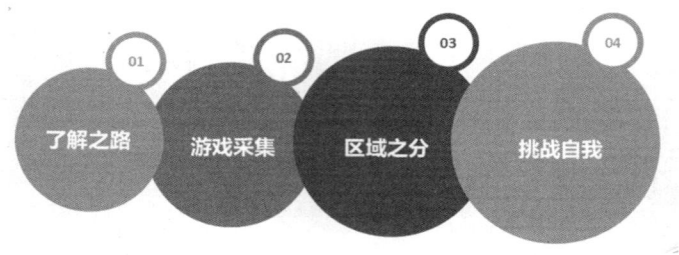

一、了解之路

疑问：小朋友对于纸牌的了解到底有多少呢？玩过吗？

于是我们进行了一次调查。

第一次调查，发现有将近29%的小朋友从来没有玩过纸牌，不了解纸牌；有71%的小朋友玩过或者看大人玩过，对纸牌的认识度不高。

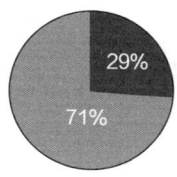

总计：35人
玩过：25人
没有玩过：10人

于是第二张调查表再次出现，我们和爸爸妈妈一起调查。你对于纸牌的了解有多少？你会玩哪些呢？这两个问题，既是对纸牌的深入了解，也是为后面设计游戏做铺垫。认识纸牌的第一步，我们从家园共同合作开始！

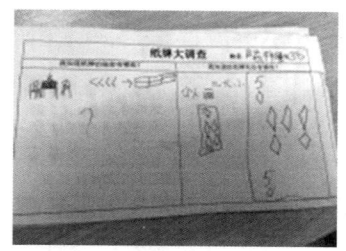 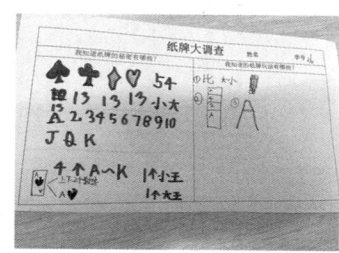 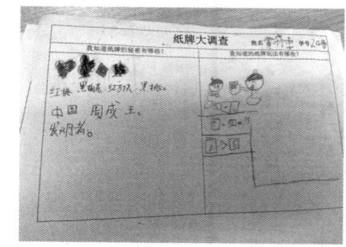

1. 观察：认识纸牌

对于纸牌，孩子们的观察非常仔细。我们成人一看就是四种花色、大王小王，还有那些数字等等。孩子们观察得很仔细，他们能发现每个人物的特色，他们发现人物分男女，发现人物拿着剑，拿着花，拿着"棒棒糖"。

最后，我们借助网络的力量更加详细地知道，纸牌还有其他的秘密在里面，这也是我作为共同参与者的第一次发现。

通过观察、搜集，孩子们了解到 54 张纸牌代表着 52 个星期。其中，两张副牌中的大王代表太阳，小王代表月亮；纸牌上的桃、心、方、梅，表示春、夏、秋、冬四季；红色牌代表白昼，黑色牌代表黑夜；纸牌上的 J、Q、K 分别是 11、12、13，共有 12 张，即表示一年有 12 个月。

54 张纸牌代表着 52 个星期，
其中两张副牌：大王代表太阳，
小王代表月亮；
桃、心、方、梅，表示春、夏、秋、冬四季；
红色牌代表白昼，
黑色牌代表黑夜；
纸牌上的 J、Q、K 代表 11.12.13，
共有 12 张，即表示一年有 12 个月。

2. 分一分：初次玩纸牌

接下来，为了更加清晰地感受和了解纸牌，我们对纸牌进行了分类，我们这次是以小组为单位进行的。

分类的时候，其实最难的是合作。一组有 6 个左右孩子，每个孩子的个性都不一样。这项任务，不仅是会分类就能完成的，既要统筹者，也要配合者，还要积极响应者，具备这三个条件才能真正成功。在分类的时候，有一组孩子因为意见不一吵架，哭闹，造成了分类的失败！

最后，他们的分类结果有 4 种，分别是：颜色、排序、花色、排序+颜色。

有一组孩子进行了大小、大小、大小的分类，对于这一分类的出现，有的孩子说，

"我还可以小大、小大、小大地分,还可以用其他的排序啊!这不就是一种游戏的方式吗?"纸牌还可以怎么玩呢?于是,一场游戏的设计即将开始!

二、游戏采集

疑问:设计游戏前,我给了孩子一个提议:如果我把纸牌放进区域,你会做什么事情呢?

每个孩子通过自己的想象和生活经验设计游戏!最后,我们一起进行了整理和分类,总共有10项游戏被放进我们的区角里。

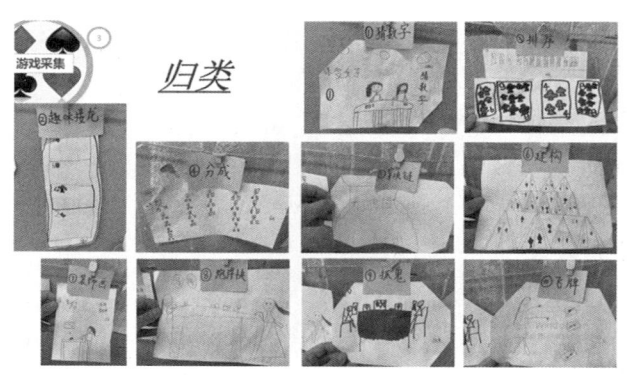

三、区域之分

如果是数学区,我可以进行排序、猜数字、分成的数字游戏,还可以进行趣味接龙、跑得快、抓鬼的民间游戏;如果是美工区,我可以进行穿项链、装饰画的游戏;如果是建构区,我们可以进行创意搭建,刚拿到纸牌了解的时候,有一个孩子的家长,就给我们建议,纸牌还可以建构;如果是科学区,我们可以扔飞牌。

这几项游戏就在班级中展开了!我们做了一个统计表,每次玩过之后,可以适当做一个标记,表示已经玩过这个游戏了。

自从放了纸牌在区角里,孩子每天早上来的第一件事情,就是摸纸牌玩一玩!

可以看到，孩子们整体围着纸牌在转，并且持续了一个月左右的时间，他们所有的关注点都在纸牌上。

四、挑战自我

疑问：在玩游戏的过程中，你会有什么发现呢？

◆ 案例分享1：猜数字

时间：2020-05-13

观察者：陆云凤

地点：教室区域

只见崔铭淏拿着一堆纸牌，拉着季彦辰跑到一个安静的角落，说："我们一起玩一玩纸牌游戏吧。"季彦辰答应了，说："好的，怎么玩？"崔铭淏说："我来拿着纸牌，你猜猜我拿的是哪张？猜对了得一分。"规则说完，两个人兴奋地玩了起来。

崔铭淏说："猜猜我拿的是几？"季彦辰猜测："5？""不对！""8？""不对！"季彦辰连续猜测了几个数字，崔铭淏都说不对。只见季彦辰侧着身子往前凑，想要看一看这个数字到底是几。崔铭淏反应也快，马上往后仰，不给季彦辰看。"不猜了！不好玩！"季彦辰噘着嘴巴说。见此情景，我马上加入游戏和他们一起玩。"2？"我问。"还是不对！"崔铭淏说。"这个数字是高了还是低了？"我追问道。"低了。"崔铭淏回答我。"我猜是3。""对了！"崔铭淏叫起来，季彦辰也笑了起来。接着游戏继续，季彦辰时不时地提问"高了？低了？"。

分析：用游戏的方式让孩子们进行数字感知，相对而言，孩子们的兴趣度是蛮高的。一开始的时候，季彦辰和崔铭淏的兴趣度都很高，但是在碰到问题的时候，因为没有找到解决的办法，所以失去兴趣，并且即将暂停游戏。如何让幼儿感受？怎样让幼儿体验数的感知？怎样激发幼儿对游戏的兴趣呢？

支持策略：老师的参与让孩子们有继续玩下去的欲望，但是真正地激发孩子对游戏的兴趣和积极性还需要更多层次的变化。

数字变化的多样性：可以是数字的外形猜测，可以是加减法的运算，可以是相邻数等等，引导幼儿通过各种形式进行猜测。

游戏的参与性：可以是小组形式的比赛，可以是奖励形式的参与等等，引导幼儿多种形式的游戏方式。

◆ 案例分享2：数字接龙

时间：2020-05-20

观察者：陆云凤

地点：教室区域

钱恩琪正在和几个小朋友一起玩数字接龙的游戏，一会儿欢声笑语，一会儿争论不断。我走过去一看，只见他们一个一个接着放纸牌，但是他们摆放的时候没有按照顺序，一会儿这个放，一会儿那个放。张雯予说："不对不对了。应该按照顺序来摆放。"几个孩子听了，接受了张雯予的建议，马上修改过来，一个一个摆放，并且相互提醒。接
着，钱恩琪说："我手里的牌怎么那么少？我想要多发点给我。"其他小朋友都不同意。继续玩，在可以吃掉牌的时候，季彦辰一动不动，当别人摆放上去时，季彦辰才发现自己可以吃掉前面的牌，说："等等，我还没有吃呢！"其他小朋友有的说可以，有的说不可以，在那里争论着。

分析：这是我们最熟悉的民间游戏，我们小时候非常喜欢玩，我们班的孩子们也非常喜欢。从最后统计的数字中可以看出，孩子们最喜欢玩的就是这一项。喜欢的原因有两点，一是简单，二是好玩。但是孩子们在玩的过程中，不按照顺序混乱摆放，不平均发牌随意拿取，就引发了吵架。

支持策略：共同商量规则，共同制定游戏规则。老师给予已有经验的支持，引导幼儿如何更好地进行游戏。

◆ 案例分享3：串项链

时间：2020-05-20——2020-05-25

观察者：陆云凤

地点：教室区域

教室里正好有打孔的工具。我随意在纸牌上进行了打孔，并把纸牌放在了美工区。几个孩子看见了，马上好奇地摆弄起来。黄莉雯拿起一根线，穿起来。不一会儿，几张纸牌被穿在了一起。其他小朋友看见了，跟着模仿起来。

一开始，一直有小朋友在这儿断断续续地进行游戏。没过几天，这里几乎无人问津了！我悄悄地在纸牌的不同地方打上孔，有的孔打在四边，有的孔打在中间，有的四个孔，有的两个孔。有时，我在那边穿线，穿好了，挂在一个人的脖子上。就这样玩穿线的孩子又变得多了。

只见倪堃博一个接着一个地把纸牌按照前后不同的方向进行串连，串好后，挂在自己的身上。其他小朋友看见了，有的挂在脖子上，有的戴在帽子上，还有的按照颜色、正反的顺序进行穿线，孩子们其乐无穷。更有孩子跟我提议，在纸牌的四周打上孔。

分析：穿线是一个很简单的游戏。孩子们一开始很有兴趣，尝试玩一玩，但是他们发现这个玩法简单，没有太多的可创造性、可变性。于是，孩子们的兴趣渐渐地变低了。于是，老师作为引导者，加入游戏并创造出新的玩法。孩子们的兴趣点被点燃，有更多的人参与进来，他们的想法和创意也变得更多了。

区域游戏：建构

建构这个游戏，是班上的一位家长提议的，一开始让孩子们玩牌的时候，他就说可以进行搭建。我把这个建议给了孩子们，孩子们的搭建游戏开始了。

1. 纸牌站起来

要求：多种方法站立。

2. 随意搭建

要求：小组合作寻找最易搭建的方式。

3. 共同搭高

要求：合作搭高。

4. 挑战搭高

要求：选择一种最稳定、最快的搭高方法。

每组推选一个参与者进行搭建。

通过4个不同的活动，孩子们感受纸牌搭建的乐趣。

纸牌趣

统筹结果

猜猜哪个纸牌游戏孩子们最喜欢？哪些类型是孩子们不怎么喜欢的呢？为什么呢？

为什么孩子那么喜欢这个趣味接龙的游戏呢?听听孩子的想法。

孩子们最爱的也是我们小时候最爱的。经典是一种永恒,童年是一种回忆。

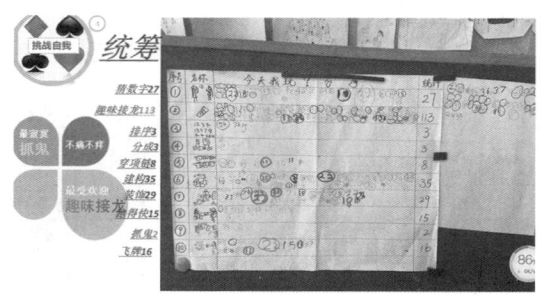

亲子手工

我找了一个和纸牌有关系的故事:《纸牌王国》。孩子们的兴趣点在图画上,他们发现里面的人物都是用纸牌做成的。于是,有的孩子也设想新的创意。孩子们有的把纸牌变成人,有的把纸牌变成房子,有的和爸爸妈妈一起制作纸牌手工。

纸牌王国

这就是我们最近一直在做的纸牌课程。纸牌里藏着很多的秘密、很多的游戏,孩子们在一个多月的时间里，反反复复、乐此不疲。

◎ 活动延伸

这是什么？你认识吗？你发现了什么秘密？你会怎么玩呢？请你想一想？

孩子们又开始设计游戏了，有的孩子说，可以玩拼图，拼自己的名字，拼成各种样子；有的孩子说，可以在一大堆里找相同，看谁找得又快又多；也有的孩子说，可以接龙；还有的孩子说，可以装饰！

还有什么呢？我们再去研究研究吧！

◎ 主题反思

一、关注孩子兴趣，挖掘有效资源

纸牌这一材料的提供是由教师主动发起的，但在教师先入为主提供材料后，幼儿仍然能够与材料发生深入、持续的互动，并且能够将材料为我所用，为我巧用，为我妙用。可以看出，能使幼儿深度学习的内容不仅可以来自幼儿，也可以来自教师。活动的发起者不论是教师还是幼儿，都可以引发幼儿的深度学习，但关键在于教师是否能在幼儿学习的过程中持续地跟踪、观察，及时地介入、支持，与幼儿共同推动活动的深入开展。

二、关注孩子经验，引发共生智慧

在活动的过程中，老师不是一味地教授幼儿各种玩法，而是让幼儿根据自己的创意创造新的游戏和方法。这样自由自主的方式，孩子们特别喜欢，对于自己创造的游戏也特别感兴趣。在整个课程实施的过程中，孩子们对于纸牌有了更多的认识和想法。

三、观察孩子行为，探究其乐无穷

在孩子们游戏的过程中，总是有很多的问题出现，老师不是一味地选择告知答案，而是观察和引导孩子发现问题、解决问题。孩子们共同参与，不仅成为主宰者，更是自我解决问题的主要参与者。在与纸牌互动的过程中，幼儿不断自主地解决游戏场地、材料摆放的问题，萌发出多种搭建想法，创造出多种纸牌搭建造型，不断深入、持续地探索。他们为自己的成果而感到喜悦开心甚至是骄傲自豪，这些无一不是开放性材料的包容性所赋予幼儿的。开放性材料更加能够赋权于幼儿，让幼儿充分地成为材料的主人，成为游戏的主人，成为学习的主人。

课程分享：大班建构游戏"蝶湖公园复刻行动"

（紫薇幼儿园　朱凌霄）

◎ 活动背景

自主区角游戏时间到了。建构区内，七七建构了一个高高的房子，夏夏则在房子边围起一片湖泊，又有孩子将弯弯曲曲的小路铺设了起来："这好像我和妈妈晚上散步的公园！"

"我去过蝶湖公园！爸爸带我去那里看过剧。"

"我知道我知道，那是保利大剧院。"……

孩子们对新建成的蝶湖公园有着说不完的话题。于是，我们就在大型积木建构区的"建筑欣赏"板块及时增加了保利大剧院这一建筑物的图片。果不其然，这一图片吸引了五六个幼儿围聚过来。"我们一起来搭这个大剧院吧！"一个提议，获得了建构区全体幼儿的赞同。大剧院是孩子们从未涉及的建构对象，孩子们对此是充满了兴趣的。

兴趣使然，建构剧院由此开始。

◎ 活动内容与过程实录

图片启发——初次尝试搭建保利大剧院

说干就干，孩子们搬出了一筐筐的清水积木。初次尝试，孩子们很快分散开来，各自为战，大家都忙着搭建自己的大剧院。此时，建构区中总共有6个小朋友，产生了6块施工地区。小小的地方散落着各种积木块和正在建构的作品，还有孩子们时不时挪动的身影。很快，问题出现了。由于材料的分散与作品的"遍地开花"，孩子在取积木和搭建的过程中，经常会发生"误伤"建筑的情况。这时，施炟廷提出："你们这里搭一点，那里搭一点，太乱了，我们要合作搭。"话音一落，大家就很快商量起来，他们打算每人找一个合作伙伴一起搭。6个幼儿两两分组，形成了3个小组，开始互不影响地"建设"了起来。

可以观察到，3组队伍对于保利大剧院的建设都有不同的想法。施炟廷和王艺程小组的进度最快，他们分工明确，由施炟廷来指挥分配。他们最先完成了大剧院建筑的雏形，它的整体是一个长方形的结构，通过长方形的木条与木板分割出多个房间，并用圆柱体围聚而成的立柱支撑三角形的屋顶。在后续的搭建过程中，两人一直就以这个雏形来完善改造，最后形成了一个十字结构的建筑群，与图片上的保利大剧院相差甚远。王艺程指着图片上的蝴蝶振翅状的大剧院，说："这个形状太难了，我不知道怎么搭。"随后，我发现他们小组遇到的问题是普遍的，其他两个小组虽然建构思路不同，建构进度也不一，但都遇到了类似的问题：不知道如何将感知到的复杂形状用积木呈现出来，只能改变其本身结构搭建"不同"的保利大剧院。

小结：孩子们受限于自身有限的空间感知与想象能力，基于已有的建构经验与技巧，无法通过单一的视觉感知来将平面的图片转化成具体的三维建构造型，更无法直接精准呈现保利大剧院特殊的螺旋扭曲的造型，所以初次尝试孩子们建构的是基于已有经验搭建的想象建筑物，而不是启东保利大剧院其本身。

春游写生——实地观察保利大剧院的构造

基于第一次建构失败的原因，孩子们讨论了解决的方法。大家一致认为，需要近距离地看一看保利大剧院的样子，才能在建构区呈现一个同样的"保利大剧院"。于是，我们决定乘着春游的机会，一起去实地考察保利大剧院。

启东市保利大剧院位于蝶湖公园的西侧，我们的下车地点是凌驾于蝶湖中央的大桥，孩子们一下车就被广阔的湖面吸引了。顺着湖面向西望去就是坐落在蝶湖岸边的保利大剧院。"看！那里就是我和妈妈去过的保利大剧院，我们还在里面看过奥特曼呢！"施炟廷一看到剧院就激动地喊起来，王艺程也跟着说："这个晚上会亮的，而且这个灯还会变色。""感觉有点歪。""这个上面是不是还有镜子？""不是，那个是玻璃。"……其他几个孩子也争先恐后地描述着自己看见的景象。

突然，有两个孩子对于"保利大剧院从外面看到底有几层"这个问题发生了争论，一个孩子说有三层，另一个孩子坚持认为有四层，周围其他孩子听见了也纷纷加入了讨论的行列。原来，是保利大剧院的特殊造型让孩子们对于层数有了分歧：认为有三层的孩子是数了房顶飞檐的层数，认为有四层的孩子则认为应该要加上建筑的玻璃幕墙部分。最后大家统一了认知：保利大剧院的飞檐有三层，而整体有四层。

孩子们环绕着保利大剧院进行了近距离的观察，通过现场写生的方式，将自己眼中的保利大剧院呈现在画纸上。

设计图纸——观看航拍视频，讨论地基、墙体、顶层形状

回到幼儿园后，大家聚在一起观看老师用无人机现场拍摄的视频。通过视频，孩子们看到了与平地观察截然不同的风景，从正上方、侧面、正前方等角度，360度直观领略了启东保利大剧院富有魅力的建筑艺术。

王艺程："我感觉它像一个滑滑梯。"

徐艺闻："像一条游来游去的小金鱼。"

陆芋橦："从上面看好像是两个蝴蝶的翅膀。"

吴宇成："这个角度好像贝壳打开了。"

张轩睿："我发现它的底部是圆的！"

孩子们在视频中有了更多的发现，能精准地捕捉到这个建筑的一些细节，他们就像一个个建筑设计师一样，用敏锐的目光、童真的语言来勾勒出一个形象的启东保利大剧院。根据所见所思，孩子们从剧院的地基、墙体、顶层形状等几个方面动手设计了自己的建构图纸。

第二次尝试——集体合作，分步骤依次建构地基、墙体、屋顶

借助精准的实地观察、生动的图纸呈现、多角度的航拍视频，孩子们干劲十足。因为经过实地考察后，孩子们发现大剧院是个很庞大的建筑物，所以他们的建构应该也要很大才对。于是，这一次，他们决定采用整体合作的方式共同来完成建构。

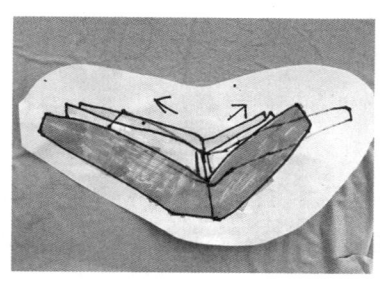 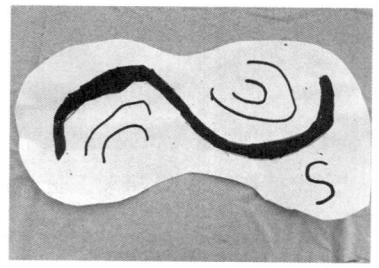

施烜廷又一次自发成为大家的"首席设计师"。他先向大家介绍了自己的想法："我

觉得我们应该先搭一个圆形的底座，因为那天我们绕着它走了一圈就是圆圆的。"豪豪和雯雯立马就去积木区寻找，但他们搜寻了好多个框子都没有找到所需要的、足够大的圆形积木。这可怎么办呢？这时王艺程好像有了想法，他一边说"我想到了，可以用一个比一个短的积木排在一起"，一边抱来了很多片形清水积

木。只见他按着中间长两边短的规律依次平铺不同长度的积木片，利用不同长度的长方形积木排列出类似椭圆的形状。于是，一个底座就完成了。

那么接下来的墙体部分该怎样完成呢？雯雯选择了圆柱体，她拿来了几根较细较高的圆柱，尝试将其放置在底座上。但施炟廷很快提出了意见："不对不对，我们要的是粗粗的柱子，这种细细的我们不要，这样子才能坚固。"很快，一个架空的建筑就初现雏形。

可是大剧院的屋顶该怎么办呢？大家碰到了新的问题。睿睿想到了用长方形的、扁扁的积木来做屋顶，屋顶平铺地盖上了三层。

建筑完成了，但孩子们好像都不是很满意。我们给每个孩子提供了白纸，让他们可以将这次搭建过程中发现的问题或者是不满意觉得需要继续改进的地方记录下来，并说一说自己的解决方法。

从记录的结果来看，孩子们主要碰到了这几个问题：

"这个墙壁应该是斜斜的，像一个鸟巢一样，而不是直直的柱子。"

"它的屋顶应该飞上去，要有三层。"

"屋顶从上面看应该像 S 形。"

"我们的积木不够用，有一些必须的太少了。"

"搭建好的东西总是被碰倒，太乱了。"

解决方法有：

1. 关于搭建"斜斜的墙壁""飞起来的屋顶"，可以从书里查找搭建的方法，也可以询问有经验的小朋友。

2. 寻找更多的建构素材，用来代替大块的清水积木。

3. 分工合作，有人负责搬运积木，有人指挥，有人搭建。

第三次尝试——墙体初具雏形，屋顶建构再"触礁"

孩子们根据之前的记录来重新调整方案，他们决定先构造圆形的底座和墙壁。进展到一半，我发现他们几个人围在圆柱体建筑的四周，好像在讨论什么。于是，我走近一看，原来是大家想要搭建一个像鸟巢一样的、斜斜的围墙，可是由于是一个接一个、一

层叠一层,他们很快又发现,这样子整齐排列的搭建,出来的效果是直上直下的圆柱体形状,不符合初始的设想。孩子们去翻阅了说明书,发现要想达到类似的效果,必须每搭建一层都要稍微向外扩大一些。他们很快就行动了起来,慢慢地,房顶的空间变得越来越大。大约过了 15 分钟,大剧院的主体

形状终于形成了,这是一个稳固的、具有美观性的鸟巢型结构。

那么它的房顶又该如何解决呢?孩子们先是尝试示范案例中的方法,选取长的积木片,以对称的形式排列。为了达到"像打开的贝壳"的效果,他们找到体积适当的小木棍将其垫在木片的一端,如是搭建了三层,但是很快遭到了"滑铁卢"。孩子们发现,清水积木表面太光滑,小木棍总是滑落,无法固定支撑房顶倾斜,继而导致三层飞檐并不稳定,无法达到理想状态。同时,按照这个方法搭建的屋顶只能达到单一角度的形似,而从上向下看以及侧面的形态并不相似。那该怎么办呢?

天天提出:"我们可以换一种材料。"听了他的话,施炟廷好像想到了什么,他向我求助,"老师,我们想借大 2 班的玩具用一用……"原来他在一次换班游戏中玩过大 2 班的软管建构,软管这一建构材料具有柔软度高、可塑性强的特点,适用于复杂的空间立体塑造,屋顶这种复杂弯曲的建构让孩子联想到了这一材料。他们派出了橦橦去向大 2 班的小朋友借材料。拿到材料后,他们先将其连接并弯曲成一个 8 字形,这就是第一层的屋檐了。"第二层要比第一层大一些","第三层更大一些",很快第二层、第三层相继完成。

小结:当出现底座材料不够这个问题时,我很欣慰孩子们并没有放弃,也没有急着求助老师,而是通过运用比较、使用多材料连接、两边对称建构等方法,逐渐缩小房顶面积,最终解决了盖顶的问题。通过对孩子在游戏中的观察,我们可以看出,这个阶段的孩子对于建筑物的搭建已经不再仅限于材料的堆积,而是有了初步的设计能力,如两边对称排列、组合排列等,与之前搭建的楼房相比,建筑物楼层的空间感有所加强。

在搭建完保利大剧院之后,孩子们又继续搭建起了剧院门前的大桥。可是,由于数量有限,在大桥竣工后,清水积木也用得差不多了。这个时候,孩子们注意到了蝶湖公园对面的大楼,"我知道,那是一个大酒店。我们把它也搭一搭吧!""可是材料不够了怎么办?"想来想去,多多想到了一个办法:建构区里还有很多纸牌,我们可以用纸牌来建造大楼。

说干就干,孩子们利用纸牌想出了各种各样的搭建方法(如图)。

孩子们利用纸牌搭建的建筑

"酒店是一个方形的建筑,高高的。"根据这一认知,他们选择了最合适的搭建方法:将两张纸牌对折进行围合,再在上面盖上一张纸牌。但是在建造过程中,他们很快发现了一个问题:搭得越高,房子越容易倒。

那么如何提高酒店的平衡性呢?经过不断地尝试,孩子们最终得出了一些小结论:(1)在搭建第一层的时候就要稳固;(2)折纸牌的时候一定要对整齐了折;(3)在用两张折好的纸牌进行围合时,围成方形的稳定性要比围成平行四边形的好。

在经过一系列的尝试探索后,孩子们终于建起了纸牌大楼。

◎ 主题反思

一、重组式策略,激发创意思维

幼儿的建构能力是在操作中逐渐形成的,因此,我们常常和幼儿一起探索,运用重组的方法进行创意构建。如构建大剧院的主体时,我们先用长方形的大积木进行建构,再引导幼儿运用片状小积木进行间隔排列,在此基础上,孩子们运用重组、替换等方法构建了不同效果的作品,并在其中体验创造,体验变化。

二、运用激励策略,促进学习品质发展

在快乐的建构活动中,我们尝试运用激励策略,在点滴中促进幼儿学习品质的发展。

1. 反反复复的失,始终如一的坚持

对于孩子:建构游戏,不仅仅是一种搭建的游戏,更使孩子们在搭建中获得一种探究的态度,获得了像"科学家"一样的坚持精神。有时,建筑物刚刚完成就倒了,孩子们总在反复地尝试着。

对于我们:孩子们常常会失败,但是他们在不断地尝试着、体验着。他们不怕失败、永不放弃的精神深深打动了我们,这是孩子的本真,我们要呵护这份珍贵的童心,支持这份执着。

2. 实际操作，亲身体验

对于孩子：《3～6岁儿童学习与发展指南》告诉我们，游戏为幼儿提供了"直接感知、实际操作和亲身体验"的机会。在游戏中，孩子不知不觉地锻炼了坚持性。

对于我们：教师是活动的组织者、引导者，更是活动的支持者、合作者。

因此，在活动中，我们要认真地倾听孩子的话语，努力去理解孩子的想法，鼓励他们大胆地去表达，尊重幼儿的个性，营造宽松的活动氛围，努力创造一个幼儿与幼儿、幼儿与教师交往互助的环境。

三、互动式策略，体现评价多元化

1. 幼儿参与活动评价

在评价幼儿的游戏时，我们常常通过录像回放、照片欣赏等方式，帮助孩子们去了解自己或同伴当时的建构。孩子们看见录像，会觉得很有趣，他们常常哈哈大笑，带着兴趣去观看，在观看中去反思、发现自己的问题。通过录像，孩子们开始能够理解他人的想法、意图、动机。

2. 利用展示栏，发挥榜样的示范作用

孩子们在玩时创意无限。可是建构材料的特点是不能保存多久，不然材料就不够用了。对此，我们可以用相机及时将孩子的优秀作品拍下来，并张贴于展示栏，这样孩子的杰作就保留了下来。有的孩子争相模仿，有的孩子不服气，要建构出更出彩的作品，建构游戏展示栏发挥了异乎寻常的作用。

建构游戏是孩子们的最爱。如何有效观察，适时指导，让建构游戏更精彩，我们还要继续摸索。

小班数学活动：纸牌大闯关

（实验幼儿园　徐　晴）

◎ 活动目标

1. 感知 5 以内的数，初步掌握 1～5 的排列规律。

2. 在观察操作的基础上尝试发现数字排列规律中的奥秘，理解"谁的后面排着谁"或者"谁排在谁的后面"。

3. 乐于参与活动，在操作中体验闯关游戏的快乐。

◎ 活动准备

1. 魔术盒

2. 纸牌

3. 操作材料

4. 白板课件

◎ 活动过程

一、魔术盒导入

1. 猜猜盒子里有什么

师：这里有一个神秘的魔法盒，想不想看看里面装了什么？

师：先来摇一摇，听听看，会发出什么声音？（听到了咚咚咚的声音）

师：再请小朋友摸一摸，不许偷看！摸起来是什么感觉？猜猜是什么？（像卡片一样）

师：给你们偷偷地看一眼，看看里面装着什么？（纸牌）

2. 认识纸牌 1～5

师：纸牌中来了五位新朋友，它们按照从小到大的顺序整齐地向我们走来，我们一起来认识一下吧。这个字母 A 在我们的纸牌中代表数字 1。

（1）它们中最小的是谁？排在最前面！

（2）1 的后面是 2，2 的后面是 3，3 的后面是 4。

（3）它们中最大的是谁？排在谁的后面？

（4）比 2 小的有谁？比 2 大的有谁？比 4 大的有谁？

师：在魔法世界里有一个特别有趣的神秘工厂，想不想去参观一下？

师：但是想要参观我的神秘工厂可不是一件容易的事情，需要你们参加游戏大闯关，通过了魔法师的考验才能和我一起去参观神秘工厂。在闯关之前，我们先来玩个小游戏，看看你们反应快不快。

（5）比拼小游戏

二、闯关游戏

1. 第一关：1~5排序

师：现在我们来进入第一关，这一关需要小朋友听清楚魔法师的魔法问题，小耳朵听仔细哦。

师：纸牌的顺序打乱了，请你从左往右、从小到大的顺序排一排。

师：看来你们都很棒，这第一关就被你们那么容易地闯过去了，那我们赶紧进入第二关吧。

2. 第二关：寻找藏起来的一张牌

师：在第二关中，魔法师偷偷地把其中的一些纸牌给藏起来了，请你们猜一猜哪张牌不见了。

"5"不见了，它排在"4"的后面；

"4"不见了，它排在"3"的后面；

"2"不见了，它们排在"1"的后面。

师：看来这一关也被你们闯过了，真厉害！现在我们要进入第三关，也是最难的一关。

3. 第三关：寻找藏起来的两张牌

师：在第三关中，魔法师偷偷地把其中的一些纸牌给藏起来了，请你们猜猜哪两张纸牌不见了。

"1"不见了，它排在"2"的前面；

"1"和"3"不见了，它排在"2"的前面和后面；

"2"和"5"不见了，它排在"1"和"4"的后面。

三、参观神秘工厂

师：你们闯关成功了，现在我们一起去看看神秘工厂是什么吧？

原来是纸牌工厂，纸牌除了可以玩游戏，还可以搭积木，可以用来玩区域游戏，可以做手工。其实它还有更多的玩法，现在我们一起再去玩玩吧。

◎ 活动反思

此次活动选择的是孩子生活中熟悉的纸牌，孩子们的兴趣很高，对纸牌上的数字都认识。因此，在此次活动中，孩子们能很快说出1~5的数字，并且能根据数字取对应的牌，也能根据数字取1或者2张牌。对排序接龙的游戏，孩子们也有前期的经验，并且乐于游戏中。因此，在开展这个游戏的过程中，孩子们能很快地根据数字的大小顺序进行排列。

由于小班幼儿的形象思维活跃，对具体形象的事物更感兴趣，因此，我恰当并且正确地借助数字化游戏教学这个手段，将抽象枯燥的数学知识鲜明化、生动化，有利于幼儿多方面的发展。比如，对新知识的获取更加形象化，使幼儿加深印象，让幼儿的观察、思维等多种能力能够同时开发；加入有效的信息化手段，将平淡无奇的平面变成立体动画；在课件中制作了动画游戏，播放起来更能吸引幼儿的注意力，丰富了本次活动的趣味性。总体来说，运用数字化教学更能激发幼儿的探究兴趣。我利用白板可以拖动的功能，让孩子边操作边思考，如果放错了，白板上还有擦除和撤回的功能，可以进行修改；我利用白板笔的可触性及可代替鼠标的功能，让孩子们亲自动手去操作，去感受。课件画面生动，形象鲜明，颜色数量关系清楚，动态的图示不断地吸引孩子，他们边思考边观察。此时将电脑演示与动手操作有机结合，可以不断推动孩子的思维螺旋式上升，促进孩子达到更高层次的发展。由于白板操作直观方便，在组织教学活动中可以起到省时增效的作用。将数字化游戏与教学相结合，可以让幼儿在游戏活动中进行思考，在游戏过程中获得知识，并自主、快乐、有效地发展。

大班数学活动：有趣的纸牌

（天汾幼儿园　冯佳秋）

◎ 活动目标

1. 学习运用数序和分类经验进行猜牌游戏。
2. 积累逻辑推理经验，体验纸牌游戏的快乐。

◎ 活动准备

两副纸牌（一副牌吊线）、磁铁若干。

◎ 活动过程

一、了解纸牌的数字和花色，激发幼儿的游戏兴趣

1. 看看今天我们玩什么游戏呢？我手里的是什么？

2. 你们会用纸牌玩什么游戏呢？

3. 这是纸牌的反面，纸牌的正面有什么呢？谁来介绍一下？

小结：每张牌上都有图案和数字，它们都不太一样。

二、魔术师猜牌，运用数序的已有经验，提高幼儿的观察能力

1. 教师猜牌

游戏玩法：老师手里有红桃 1～10，请小朋友任意抽一张，老师不看就能猜到你抽的是哪张牌。

师：为什么我没看牌就能猜对？这个牌上有什么规律呢？

2. 幼儿猜牌

游戏玩法：请个别幼儿来做魔术师，请下面的小朋友任意抽一张让他猜。

师：说说自己是怎么猜到的？这个游戏的秘密是什么？

小结：这 10 张牌是按照数字大小顺序排列的，抽的是第几张，按顺序就能知道。

三、猜猜是哪张牌？运用分类、数序等经验，积累逻辑推理经验

游戏玩法：黑板上摆放若干张纸牌，正面朝上。从另一副一模一样的牌里面任意抽取一张（不给幼儿看），请幼儿用提问的方式来猜抽的是哪张牌，教师用"是"或"不是"回答，幼儿根据回答将排除的纸牌翻过去，直到猜出答案。

1. 第一次游戏：5 张同花色

尝试提问猜牌

师：刚才一共提了几个问题？在这些问题中，你觉得哪些问题问的比较好？好在哪里？

2. 第二次游戏：两种花色各 5 张

师：再来玩，你可以想想有什么问题可以翻掉更多牌的呢？

师：刚刚我们提的问题中哪些问题翻掉的牌比较多？

3. 第三次游戏：两种花色各 8 张

师：你可以用之前的好方法最快猜出到底是哪张牌吗？

小结：原来，通过花色、数字比大小、单双数都能帮助我们更快地猜出答案。

◎ 活动反思

数学是比较抽象的，教师把抽象的数学生活化并让幼儿在玩中学数学，在生活中

体验数学的快乐是非常难得的。纸牌是生活中常见的物品，它简便轻巧，玩起来千变万化，蕴藏着许多数学奥秘，引人入胜。本次我执教的大班数学活动"有趣的纸牌"，活动设计追随幼儿的兴趣，将纸牌作为操作和探索的媒介，以游戏化的情景手段，设计由易到难、循序渐进的三次游戏，帮助幼儿从自主探索纸牌的不同分类到运用提问、排除的方法寻找指定的牌，尽可能地让幼儿在玩中学，锻炼幼儿的逻辑思维能力，达到活动目标与幼儿兴趣的优化组合，并将枯燥、抽象的数学知识生活化、游戏化，让幼儿充分体验数学活动的乐趣。

同时，我认为将信息技术与数学活动相结合，会更加增添活动的魅力。时代在进步，我们的教学手段也要与时俱进。我利用白板的隐藏、移动、复制等功能，将实物纸牌放到电子白板上，请幼儿走到白板前亲身进行操作，留下探索学习的痕迹，得到实践参与的机会，为幼儿提供新的发展，为教学活动添色。

大班科学活动：纸牌挑战赛

（贝贝幼儿园　黄　巍）

◎ 活动目标

1. 通过改变纸牌的形状、增大支撑面来进行实验。
2. 在合作中探索纸牌搭高的方法。
3. 乐意分享搭建过程中成功的方法和失败的经验。

◎ 活动准备

经验准备：有搭积木、折纸的经验。

物质准备：纸牌若干。

媒体准备：PPT课件。

◎ 活动过程

一、活动引入

1. 小朋友们好！欢迎大家来参加纸牌挑战赛，今天我们要用纸牌来搭高楼！

2. 生活经验回顾：观看生活中高楼的图片。

二、第一次操作：探索各种纸牌站立的方法

1. 幼儿自由探索

师：我们首先来思考一个问题，"怎么样让纸牌站起来"？

2. 幼儿动手操作

3. 交流方法

师：大家了解哪些方法能让纸牌站起来？

小结：通过改变纸牌的形状（增大了接触面）让其站立起来，而且"站姿"也有好几种。

三、第二次操作：用纸牌搭一座三层的高楼

1. 提出操作要求：每个人拿10张纸牌，想办法造出三层高的楼，在3分钟时间内完成。

2. 幼儿动手操作。

3. 交流方法：你用的是什么方法？通过这种方法搭的高楼稳不稳？

4. 问题讨论：哪种方法可以让高楼搭得更稳更高？

小结：每一层都要有一个平面，搭的时候要轻拿轻放。

四、挑战任务：纸牌搭高楼

1. 提出操作要求

（1）每组一副纸牌，比比10分钟内哪组搭的楼又稳又高。

（2）两人一组，先和同伴商量：要搭建什么样的高楼？用什么样的站立方式才能让高楼又稳又高？怎样分工？

2. 幼儿操作，教师指导

（1）引导幼儿细致观察，发现问题。

（2）观察同伴，互相学习。

（3）提出疑问，引发思考。

3. 分享经验，拓展话题

（1）相互观看：比赛时间到了，相互看一下其他组搭建的成果。（照片）

① 请冠军组说说成功的秘密：搭得又稳又高的原因。

② 没有成功的小组说一说搭建时遇到了什么困难？高楼倒塌的原因。

（2）小结提升：用纸牌搭建一座高楼，底层的纸牌搭得越多，高楼的支撑面越大，高楼越稳固！

（3）经验拓展：如果不折叠纸牌，能否搭建高楼呢？看看其他挑战者挑战时的情景。

◎ 活动反思

在开始这个活动之前，我还一直在担心，小朋友们能不能想到让纸牌站立起来的方法，如果启发不起来，那么我的这个活动就难以进行下去。但是，他们在用一张牌站起来时就想出了很多的方法。让纸牌站得又高又稳这个环节，对幼儿来说虽有一定难度，但他们在探索中尝试，一直兴趣很高，最终活动结束时还意犹未尽。本次活动幼儿在游戏中也获得了乐趣。整个活动条理清晰，一个环节接着一个环节，活动开展得很顺利。

当然，在这次的活动中，我也有失误。活动中，教师的引导是关键，但是，在幼儿用一张牌站起来并想出很多方法时，我引导得还不够，未发现幼儿更多的闪光点。在合作和组合的问题上也没有提出来具体要求，导致有的幼儿是用纸牌在组合而不是在合作。这也给我在以后的活动中敲响了警钟：设计教学活动一定要考虑周全，在上课之前要设想多种可能发生的情况，多注意对幼儿的引导，这样上课才能更加地从容不迫。

◎ 主题反思

纸牌是接近儿童生活的一种游戏方式，我们能从中探索出教育的意义也是十分具有挑战意义的。纸牌游戏不仅更加贴近幼儿的生活，而且能够由此挖掘出幼儿感兴趣的事物或问题，能够有效帮助幼儿扩展视野和经验。纸牌游戏能有效帮助幼儿在游戏中得到快乐和自由，在一定程度上提高了幼儿对图形的认知度，深化了幼儿对数量概念的掌握等，在帮助幼儿提高感知力、思维能力的同时，还有效提高了幼儿的创造力、想象力以及动手能力等，对幼儿的全面发展有较大的促进作用，有利于提高幼儿的素质能力。纸牌游戏拥有不同玩法，对幼儿的吸引力是较大的，在集中幼儿注意力的同时，对提高幼儿的思维能力也有很大的帮助。

一、提高幼儿思维能力

大班幼儿发育尚未成熟，对于事物的理解能力较低，而且自身只具备图像思维能力，推理能力和理解能力不足。将纸牌引入自主游戏中，一方面是为了激发幼儿的学习兴趣；另一方面则是通过纸牌将图像呈现在幼儿面前，帮助幼儿加深对图像的理解。另外，在进行纸牌游戏的过程中，将数学计算的相关原理融入其中，能进一步让幼儿直观地了解数学知识，从而加深幼儿对数学计算的理解。通过这样的方式，为幼儿日后学习更深的知识打下坚实的基础。例如，在进行自主游戏时，纸牌游戏可以将幼儿的注意力吸引过去，激发幼儿的思维创新能力，从而帮助幼儿全面发展。

二、提高幼儿的综合能力

在自主游戏的过程中，幼儿的思维发散能力是较强的，且注意力能全部集中到游戏中。因而在游戏的过程中，幼儿能够通过纸牌进行游戏创造。幼儿在进行纸牌游戏时，可以将纸牌作为构造建筑的材料。在活动的过程中，为了完美地完成任务，幼儿在用纸牌构建建筑物时就可以加入自己的想法和见解。幼儿在进行游戏的过程中，能够保持身心的愉悦，在轻松欢快的氛围中进行自主游戏，从一定程度上来说，这对发散幼儿的思维有很大的促进作用，能够在帮助幼儿培养创造能力的同时，使幼儿解决问题的能力也得到很大的提高。

纸牌在自主游戏中的应用是十分有效的，扑克建筑师游戏能够培养幼儿的创造力、想象力、思维能力以及动手能力等。并且纸牌数字游戏的进行，能让幼儿加深对数字的理解，在一定程度上提高了幼儿对学习知识的兴趣。幼儿在扑克游戏中不断获取更多的知识和智慧，培养自身的能力和素质，同时也为今后的成长奠定了坚实的基础，促进自身的全面发展。

主题的实施，还存在很多的不足。比如：课程的具体实施过程、老师的预设和幼儿思维能力的结合是否到位、课程的延伸如何更加具体、面对不同年龄的幼儿纸牌与幼儿互动有什么不一样，这些都需要我们老师去思考和反思，去观察和发现！

主题材料探索与实践

主题活动：树叶的 100 种可能

秋天的落叶，绿得如玉，红的似火，黄的如金，把秋天打扮得分外神采，演绎着秋天的故事。

在散步时，小朋友们发现，有的树叶变黄了，有的树叶落下来了，有的树叶还是绿绿的。那些有趣而美丽的树叶随处可见，随手可得。于是，基于小朋友们的兴趣，我们班生成了本次的主题活动"树叶的 100 种可能"。让我们一起走进小朋友与树叶的美妙世界吧……

● 课程缘起

我们和落叶的故事，要从这里说起。

在一次午后散步活动中，孩子们惊奇地发现幼儿园的小花园里、操场上、水泥地上有好多树叶。一阵秋风吹过，落叶翩翩起舞，孩子们捡起地上的树叶，放在手中，左看右看，展开了七嘴八舌、天马行空的讨论……

龚弈丞："我捡到一片红色的叶子。"

庄程尧："老师，你看，我捡到了好多的树叶。"

包俊夕："老师，你看，我刚刚捡到了一片像小手的叶子。"

陈奕帆："老师，我捡到一片很漂亮的树叶。"

老师，我们能把捡到的落叶宝宝带回教室吗？

当然可以啊,把落叶宝宝请到我们大5班的教室来做客吧!

● 课程目标

1. 观察、了解各种叶子的外形特征,并能根据外形特征进行分类。了解叶子的不同特性及作用并知道其用途。以解决问题为契机,初步体验了解调查、分析和统计等方法。

2. 激发幼儿对植物的热爱,发挥幼儿的想象力。充分利用叶子来制作美工制品;通过歌曲能够表现出叶子的动态(飘落时的情景)。

3. 在观察叶子的过程中,进一步认识叶子,并能用语言表达出来,激发幼儿对叶子外形的联想。

4. 知道并认识可以泡茶的叶子。知道叶子的作用。通过"泡茶"、认识茶具等,初步了解中国的茶文化。

● 课程网络图

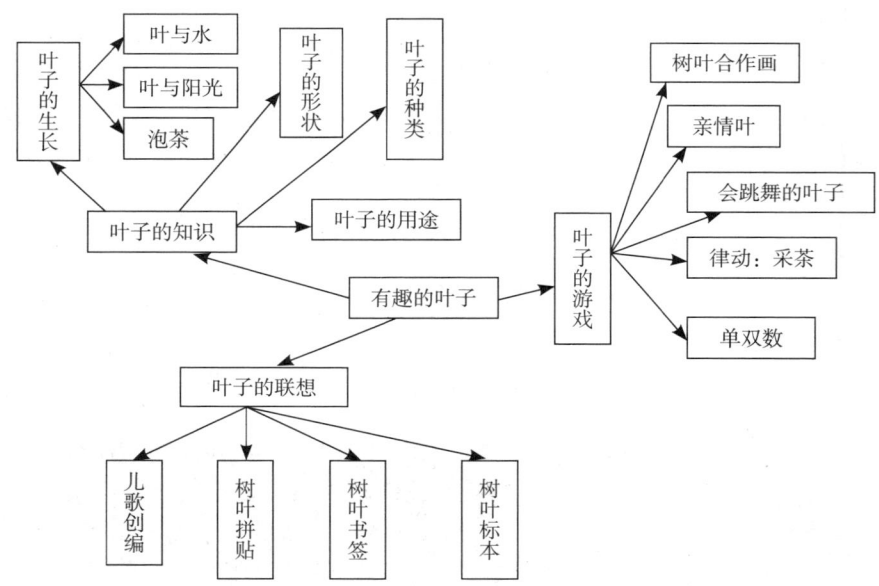

- 课程实录

一、树叶小知识

1. 寻找秋天的落叶

这一天,为了探究落叶的秘密,孩子们展开了讨论:我们可以在哪里捡到更多的落叶? 趁着阳光正好,趁着微风不燥,孩子们和爸爸妈妈一起出发去寻找落叶了!

2. 秋游

秋高气爽的天气最适合秋游。这次,我们秋游的地点是紫薇公园。在秋游前,我们让孩子和爸爸妈妈一起制作了一份出游攻略,并画下自己在公园最想参加的活动,好多孩子都想在公园里捡更多不同形状的树叶。因此,在秋游活动中,我们与孩子一起边走边寻找。

寻找落叶的过程中,孩子们的好奇心非常强,面对形状各异的树叶都想知道这是什么叶子? 于是,经过探究之后,孩子们把收集来的树叶带到幼儿园与大家分享,认识了树叶的种类和形状……

每一种树叶都有它不同的形状。

孩子们还做了树叶小名片,说以后可以送给中班的弟弟妹妹学本领用。

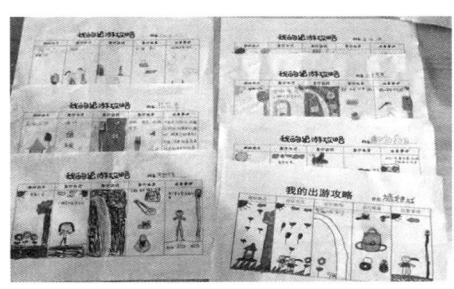 

3. 漂亮的叶脉

媛媛:"老师,每一片树叶上的叶脉都长得不一样。"

睿睿:"上面的线摸起来糙糙的,像是树叶的掌纹。"

亲爱的孩子们,老师很欣喜,你们明亮的大眼睛看到了万事万物许许多多的精彩,那我们就一起来研究研究吧!

树叶主要由叶片、叶脉、叶柄组成喔。

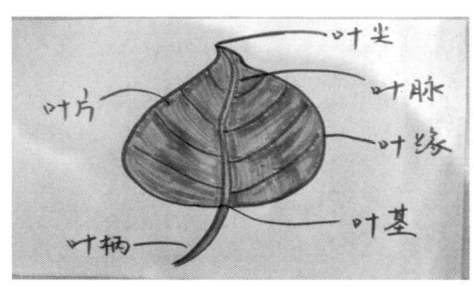
树叶的组成

幼儿在画树叶

二、树叶大联想

(一)团体大讨论

1. 怎么样制作树叶服装?

"可以直接粘在我们的衣服上。"

"那我们的衣服就全是胶水了!"

"把一张 A4 纸剪成衣服的样子,然后再用胶水把树叶粘好。"

"可以把叶子挂在绳子上,就是一条裙子。"

"把一块布剪成衣服的样子,然后把树叶粘在上面。"

2. 用什么把叶子粘上去呢?

"胶水""固体胶""双面胶""胶枪""蜘蛛网"

3. 衣服应该做多大呢?

"我觉得我们需要用一把尺子来量一量。"

"把我的衣服脱下来比一比。"

"把衣服放在布上,画下衣服的样子,用剪刀剪下来。"

"我觉得直接把布放在身上比一下就可以。"

确立主题后开展团体讨论活动,一方面是了解幼儿对制作树叶衣服的已知经验,另一方面是通过幼儿提出的问题，思考、讨论并归纳下一阶段可以支持幼儿解决问题的探索活动。

讨论过后，我们将需要的工具及废旧材料收集起来。

 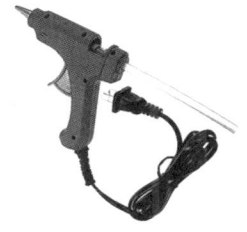

工具

（二）服装设计师

孩子们兴趣很浓，我们当即在区角活动时画了设计图，画好设计图后与孩子们共同分享。

分享过程中我们发现了问题：孩子们对树叶的形状、颜色、排版等不够了解。

支持策略1：在学校收集树叶材料

支持策略2：小朋友对叶子进行了分类，并制作叶子图谱

支持策略3：a. 与幼儿共同欣赏树叶时装秀

　　　　　　b. 提供树叶服装设计图

（三）操作初体验

孩子们按照自己的设计图进行分组，有的想做装饰、有的想做衣服，男孩子们想要组一个英雄联盟。

产生的问题：

1. 制作的衣服大小不合适
2. 制作树叶衣服的反面时，会压坏树叶和花
3. 虽然合作得很好，但穿脱纸质衣服易坏

支持策略：经过大家的讨论，软尺和模特架子可以解决上述问题。

（四）想办一场走秀

服装设计师们设计了那么多有趣的树叶衣服，想要给更多的小朋友一起分享。思琪提出的办一场树叶时装表演秀是个不错的主意。他们觉得如果真的要走秀，我们必须请全班所有的小朋友参与，因为他们发现叶子太容易枯萎了，而且制作时间比较长。于是，我们开启了全班大讨论，讨论如何开展一场走秀。最后，孩子们进行了分组。

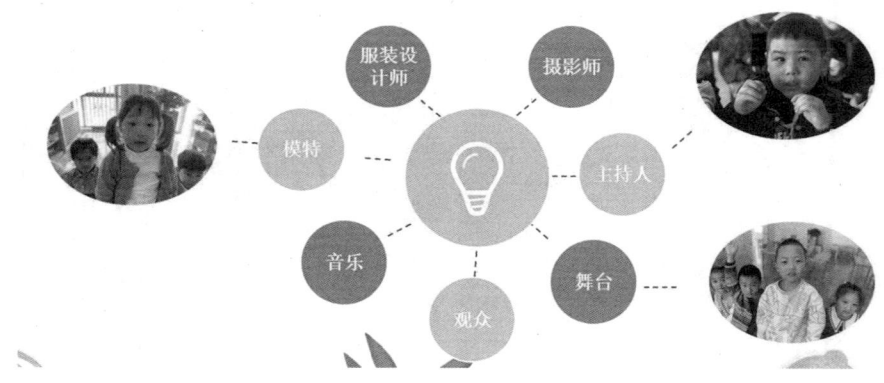

（五）搭建舞台

1. 关于选址：孩子们绕着学校跑了一大圈，最终选定了户外音乐区，他们的理由是可以伴奏。
2. 搭建舞台：在操场上，用安吉游戏里面的材料进行搭建。

| 选择搭建材料 | 太重了 | 尝试侧着搬运 | 使用运输工具 |

| 在老师的帮助下学会磊高 | 老师在设计师的"指导"下，进行装饰 |

（六）设计门票

门票在设计好之后，小希告诉大家，门票上要有特定的章才行，并且小希提醒在表演时注意验票。

要盖上我们特有的章，才是真正的门票！

（七）竞选主持人

这是孩子们在没有准备的情况下进行的竞选，竞选活动可能进行得不是很顺畅，但小朋友们都很乐于表现自己。最后，他们通过现场投票选出了小小主持人。

（八）选拔模特

因为班级里并没有很多小朋友愿意当模特，所以他们写了邀请函，邀请大1班的小朋友一起来表演。大1班的小朋友很重视，还举行了模特选拔赛！

（九）服装设计师讨论

1. 这次需要多做一些衣服，需要很多树叶。
2. 树叶很容易干枯，大的树叶更好些。

教师支持：带小朋友们去鹤城公园收集树叶，学校里的树叶不能满足幼儿需求。

（十）表演开始啦

三、树叶大狂欢

秋天，落叶这一材料不可辜负。

镜头一：抛接比赛

镜头二：树叶拓印画

孩子们巧妙运用不同的按压力度，形成一幅幅颜色深深浅浅、蕴含主题的作品。

镜头三：树叶仙人掌

将树叶随意摆个形态，画上尖尖的刺，贴上花盆，一盆仙人掌便完成了。

镜头四：树叶项链

镜头五：落叶绘本

孩子们还利用自己的想象进行了创编，利用树叶制作了一幅幅属于自己的故事。

● 课程反思

1. 提高幼儿自主性

《3～6岁儿童学习与发展指南》指出，大班幼儿应"具有自尊、自信、自主的表现，能主动发起活动或在活动中出主意，想办法"。在"树叶时装秀"活动中，教师尊崇幼儿，顺应他们的内在动机和真实需求，让幼儿根据自己的兴趣进行选择和创造。在自由宽松的环境里，幼儿的主体意识被唤醒，他们敢想、敢说、敢创，自主能力得到了充分的锻炼。

游戏中，幼儿是自己思想的主人。游戏促进了幼儿独立思考与创造力的发展，最大限度地展现了他们的自主意识。例如，在竞选小小主持人时，教师把选择权与决定权交给幼儿，孩子们提出用投票的方式进行表决。

2. 促进幼儿人际交往能力

游戏的顺利推进需要集体的"大智慧"来成就，幼儿在游戏中逐渐学会了更好地与人交流，学会了与同伴一起分享快乐，共同解决难题。例如，在布置舞台时，孩子间难免出现意见分歧，有的孩子会坚持想法，有的会选择妥协，有的会互相争执。但为了让自己的小组顺利地布置出美丽的舞台，每个人都学会了商量和讨论，这是幼儿逐渐脱离以自我为中心、学会合作的重要一步。这些游戏内容，都帮助我们达成了"幼儿在人际交往方面应学会分工合作，能和同伴一起克服困难"的教育目标。

3. 学会用心灵去感受和发现美，用自己的方式去表现和创造美

教师应提供丰富的便于幼儿取放的材料、工具或物品，支持幼儿进行自主制作。大自然穿在身上是什么体验？教师要鼓励孩子们用自己独特的视角观察自然，用适宜自己的表现方式去创作，并且乐于表达、表现。

游戏，让幼儿以积极、自主的姿态发展身体、语言、认知、情感和人格，使幼儿真正成为一名知情意行和谐统一的完整儿童。

参考文献

[1] 格朗兰德，詹姆斯. 聚焦式观察：儿童观察、评价与课程设计［M］. 梁慧娟，译. 北京：教育科学出版社，2017.

[2] 中华人民共和国教育部. 幼儿园教育指导纲要（试行）［M］. 北京：北京师范大学出版社，2001.

[3] 中华人民共和国教育部. 3～6岁儿童学习与发展指南［EB/OL］.（2012-10-09）[2023-03-24]. http://www.moe.gov.cn/srcsite/Ao6/s3327/201210/t20121009-143254.html.

[4] 戈柔，王明珠. 幼儿园科学探究故事［M］. 北京：中国轻工业出版社，2015.

[5] 邓福星，程明太. 美术教育学［M］. 哈尔滨：黑龙江美术出版社，2000.

[6] 朱光潜. 朱光潜美的人生［M］. 北京：新世界出版社，2012.

[7] 胡霞. 向美而生"玩"美童年：基于"活教育"理念的幼儿园美育课程案例评析［J］. 教育界，2021（49）：70-72.

[8] 包金花. 刍议幼儿绘画能力的培养［J］. 青少年日记（教育教学研究），2019（5）：159.

[9] 吴晨晨. 幼儿园教学中美育渗透的途径［J］. 好家长，2019（79）：45.

[10] 吴菊香. 以情促学 以美育人：幼儿园美育课程初探［J］. 科学大众（科学教育），2019（11）：116.

[11] 袁清华. 自然材料在幼儿美术活动中的创意表现［J］. 美术教育研究，2020（5）：140-141.

[12] 王艳. 建构新型幼儿美术活动模式，培养幼儿创新能力的实践研究［J］. 学周刊，2020（2）：168.

[13] 史津赫，刘霖芳. 幼儿园美术活动的提升策略研究［J］. 长春师范大学学报，2018，37（6）：168-170.

[14] 陈迎霞. 例谈幼儿创意美术活动的形式［J］. 文教资料，2019（30）：115-116.

[15] 张小雷. 发现、表现、创造：提升幼儿美术创作水平的几个维度［J］. 贵阳学

院学报（社会科学版），2019，14（3）：100-103.

［16］袁彩红．幼儿创意美术教学［J］．学周刊，2018（16）：182-183.

［17］吕燕燕．谈幼儿园中班创意美术教学［J］．课程教育研究，2017（12）：195-196.

［18］徐英．试析幼儿创意美术活动中生活化材料开发与利用［J］．学周刊，2019（31）：185.

［19］张世英．哲学导论［M］．北京：北京大学出版社，2002.

［20］杨汉麟，周采．外国幼儿教育史［M］．南宁：广西教育出版社，1993.

［21］陈池瑜．中国现代美育与艺术教育理论［J］．华中师范大学学报（人文社会科学版），2000（2）：124-130.

［22］张曦敏．学前儿童美术教育与活动指导［M］．2版．南京：南京大学出版社，2019.

［23］张益洁．集体教学中幼儿创造性绘画的教师支持策略研究［D］．兰州：西北师范大学，2019.

［24］黄侃，薛姗姗，周潇．美术概论［M］．北京：新华出版社，2014.

［25］Golomb．儿童绘画心理学：儿童创造的图画世界［M］．李甦，译．北京：中国轻工业出版社，2008.

［26］胡媛．学前美术教育与儿童人格培养探讨［J］．赤峰学院学报（自然科学版），2014，30（14）：226-227.

［27］崔贺．学前美术教育与儿童人格培养的探讨［J］．美术教育研究，2017（23）：130-131.

［28］杨珊珊，安红．幼儿园美育课程开发的价值选择及其实践路径［J］．齐鲁师范学院学报，2021，36（6）：99-105+120.

［29］刘红蕾．"无声"美育推动"有形"教育［J］．教育家，2021（32）：55.

［30］吴敏．幼儿园美育情境空间与儿童发展实践研究［J］．早期教育，2021（3）：10-12.

［31］蒋柳柳．在幼儿美育中渗透中国传统节日文化［J］．学园，2020，13（17）：105-106.

［32］赖兵．妙用自然环境，聚焦生态美育：幼儿园户外活动空间设计探索［J］．教育观察，2019，8（3）：32-34.

［33］王瑾．以图画书为载体的幼儿园美育实践研究：以福州市某幼儿园为例［D］.

福州：福建师范大学，2018.

[34] 邵红.审美教育中三维审美空间的构建[J].教育，2015（24）：42-43.

[35] 万历.基于地方文化的幼儿园美术课程资源开发利用研究：以五邑侨乡文化为例[J].科学咨询（科技·管理），2020（32）：103-104.

[36] 黄岩梅.民间美术与幼儿园课程资源开发的研究[J].太原大学教育学院学报，2015，33（2）：122-124.

[37] 郑玲.探"生活化美育"特色实施策略[J].新课程（上），2017（11）：250.

[38] 华中师范学院教育科学研究所.陶行知全集：第二卷[M].长沙：湖南教育出版社，1984.

[39] 徐恒醇.《美育书简》导读[M].成都：四川教育出版社，2002.

[40] 海灵格，韦伯，博蒙特.谁在我家：海灵格家庭系统排列[M].张虹桥，译.北京：世界图书出版公司，2003.

[41] Fisher.互动还是干扰？：有效提升师幼互动的质量[M].张永英，唐路阳，等译.北京：中国轻工业出版社，2022.

[42] 格朗兰德.发展适宜性游戏：引导幼儿向更高水平发展[M].严冷，译.北京：北京师范大学出版社，2014.